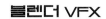

블렌더 VFX

영상 제작을 위한
블렌더 실사 합성 작업
워크플로

블렌더 VFX

영상 제작을 위한
블렌더 실사 합성 작업
워크플로

지은이 타카 타치바나

옮긴이 윤인성

펴낸이 박찬규 엮은이 전이주 디자인 북누리 표지디자인 Arowa & Arowana

펴낸곳 위키북스 전화 031-955-3658, 3659 팩스 031-955-3660

주소 경기도 파주시 문발로 115, 311호 (파주출판도시, 세종출판벤처타운)

가격 28,000 페이지 280 책규격 188 x 258mm

초판 발행 2024년 11월 05일

ISBN 979-11-5839-547-6 (13000)

등록번호 제406-2006-000036호 등록일자 2006년 05월 19일

홈페이지 wikibook.co.kr 전자우편 wikibook@wikibook.co.kr

JISSHA GOSEI NO TAME NO BLENDER 3DCG SEISAKU WORKFLOW
© 2022 GENKOSHA Co.,Ltd.
Korean translation rights arranged with GENKOSHA CO., Ltd.
through Japan UNI Agency, Inc., Tokyo and Botong Agency, Gyeonggi-do

블렌더 VFX

영상 제작을 위한
블렌더 실사 합성 작업
워크플로

타카 타치바나 지음
문일성 옮김

위키북스

4장 알아두면 좋은 지식

프롤로그

[촬영 지식을 갖고 블렌더 시작하기]
촬영 분야에서 일하던 내가
블렌더의 매력에 빠져 버린 이유

이 책의 감수를 담당하신 영상 작가 타카 타치바나 님과 블렌더에 처음 관심을 갖게 된 계기, 그 매력, 그리고 블렌더를 통해 겪은 변화와 작품에 대한 이야기를 나눴습니다.

저는 블렌더를 사용하기 시작한 지 약 2년 반 정도 되었습니다. 이전까지는 비디오그래퍼(videographer)로 활동하며 실사 영상의 촬영, 연출, 편집 등을 담당했고, 영상 작가로서 직접 단편 영상을 제작하기도 했습니다. 대부분 실사 영상 작업이었습니다.

10년 가까이 영상 작업을 했지만, CG 제작은 한 번도 해본 적이 없었습니다. 애프터 이펙트(After Effects)를 이용해 간단한 효과를 추가하는 것이 전부였습니다. 하지만 지금은 블렌더의 매력에 푹 빠져 제 커리어를 3D CG 제작으로 전환하고 있습니다. 과거에는 저에게 이런 커리어 변화가 일어날 것이라고는 상상도 못했었습니다. 블렌더에 매료되게 된 계기를 되돌아보며 그 이야기를 나누고자 합니다.

타카 타치바나(Taka Tachibana)

REEL 확인하기
https://taka-t.com

◉ 블렌더란?

블렌더(Blender)는 네덜란드에서 개발된 오픈 소스 3D CG 소프트웨어입니다. '오픈 소스'란 전 세계의 프로그래머들이 자발적으로 협력하여 개발한 소프트웨어로, 모든 사용자가 자유롭게 사용할 수 있도록 공개된 것을 말합니다. 워드프레스(WordPress)나 위키피디아(Wikipedia)를 떠올리면 그 개념을 더 쉽게 이해할 수 있습니다.

블렌더 역시 무료로 제공되는데, 이것이 기능이 부족하다는 의미는 아닙니다. 블렌더가 제공하는 기능은 다양하며, 한 사람이 모든 기능을 다 사용하기 어려울 정도로 광범위합니다. 실제로 상용 소프트웨어와 견줄만한 고급 기능을 많이 포함하고 있습니다.

블렌더는 여러 기능을 포함한 통합 소프트웨어로, 사용자가 소프트웨어 내에서 프로젝트를 처음부터 끝까지 완성할 수 있습니다. 이와 유사하게, Maya, 3ds Max, Cinema 4D 같은 널리 사용되는 다른 3D CG 소프트웨어도 통합형 소프트웨어의 예입니다.

◉ 블렌더와의 만남

블렌더를 접하기 전에는 Cinema 4D를 배우고 있었습니다. 과거 프로젝트를 진행하며 애프터 이펙트를 사용하던 때, CG보다는 모션그래픽과 VFX에 더 많은 관심을 가졌습니다. 하지만 더 다양한 표현법을 시도해 보고 싶어서 애프터 이펙트에 포함된 Cinema 4D Lite를 공부하기 시작했습니다. 하지만 Cinema 4D와 그 Lite 버전 간의 기능적 차이로 인해 튜토리얼을 따라하기 어려웠고 이로 인해 공부하기가 힘들었습니다. CG에 대한 열정이 솟구치는 시점에 실제로는 아무것도 진행하지 못하니 CG 공부를 포기할 뻔했습니다.

"비싼 금액을 들여 제대로 활용할 수 있을지도 모르는 소프트웨어를 구매해도 괜찮을까?"를 고민하고 있을 때 눈에 띄는 기사를 하나 발견했습니다. 바로 '에반게리온'이라는 유명한 애니메이션 제작사가 블렌더에 개발 지원을 하기로 했다는 내용이었습니다. 또한 '신 에반게리온 극장판'에서도 블렌더가 일부 사용될 예정이라는 소식이 있었습니다(실제로 엔딩 크레딧에 블렌더 로고가 나왔습니다).

무료로 사용할 수 있는 소프트웨어의 존재를 전혀 생각하지 못했던 저에게 이 기사는 상당한 충격이었습니다. 그렇게 블렌더에 대한 관심과 신뢰가 생겼고, 결국 2019년 8월부터 실제로 블렌더를 사용해 보기 시작했습니다.

다양한 영화에서 활용되는 블렌더

넷플릭스(Netflix) 오리지널 영화 「넥스트 젠」은 제작 과정의 대부분인 90% 이상을 블렌더를 통해 완성했습니다. 그뿐만 아니라, 「스파이더맨2(2004년)」, 「파리의 딜릴리(2018년)」 같은 영화에서도 블렌더가 활용됐습니다. 그리고 「신 에반게리온 극장판(2021년)」도 블렌더를 일부 사용하여 제작되었습니다.

「넥스트 젠」 영화 보기:
https://www.netflix.com/title/80988892

※ 넷플릭스 가입자만 볼 수 있습니다.

▲ 넷플릭스 오리지널 영화 「넥스트 젠」

실사 촬영에서 조명과 관련된 지식은 유용하게 활용될 수 있습니다

▲ 블렌더의 촬영 과정. 센서 크기와 렌즈의 초점 거리, 앵글을 지정할 수 있습니다. 또한 배경 흐림 효과 등도 활성화/비활성화할 수 있습니다.

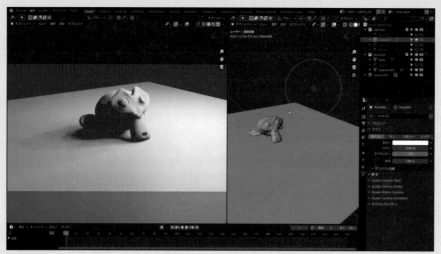
▲블렌더에서 CG 모델에 조명을 비추는 작업

◉ 실사 촬영과 같은 느낌으로 작업할 수 있어요, 3D CG 제작의 흥미로운 부분

오랫동안 실사 분야에서 일해온 사람으로서 촬영이라는 과정 없이도 영상을 제작할 수 있다는 것은 신선한 경험입니다. 또한 실사로 촬영한 소재와 결합함으로써 더 다양한 영상을 표현할 수 있습니다. 로봇이 춤추고, UFO가 침략하고, 공룡이 뛰어다니는 등 상상할 수 있는 모든 것을 구현할 수 있습니다. 상상만 할 수 있다면 불가능한 것은 거의 없습니다.

하지만 CG는 어렵게 느껴질 수 있고, 실사 촬영과 너무 다르다고 생각해서 시작하는 것부터 어렵다고 느끼는 분들도 있을 것입니다. 하지만 실제로는 실사 영상에서의 경험과 지식이 CG 제작에서 거의 모두 활용될 수 있습니다.

예를 들어, 앵글을 잡는 방법, 렌즈 선택, 카메라 워크, 조명 설정 등은 실사 촬영 때와 거의 같은 감각으로 사용할 수 있습니다. 실제 카메라와 같은 센서 사이즈와 초점 거리를 입력하면 실제 카메라와 같은 화각이 나옵니다. 실사에서 좋은 장면을 만들 수 있는 사람이라면 CG에서도 그 감각 그대로 좋은 장면을 만들 수 있을 겁니다.

또한 3D 제작의 좋은 점은 일단 무대나 캐릭터를 설정한 후, 원하는 앵글을 자유롭게 잡을 수 있다는 것입니다. 3D 공간에 장면을 이미 구현했으므로, 이후에 앵글을 자유롭게 조정할 수 있는 것입니다.

손으로 그린 애니메이션과 비교해 보면 쉽게 이해할 수 있을 것 같은데, 2D 제작 애니메이션은 그린 후에 반대편으로 돌아가거나 시점을 바꿔서 촬영하는 것이 불가능합니다. 그래서 실사 촬영 경험자는 현장에서 촬영하는 것과 유사한 느낌으로 작업할 수 있습니다.

개인적으로는 시뮬레이션 기능이 매우 흥미롭다고 생각합니다(자세한 내용은 3-10절을 참고하세요). 블렌더를 이용하면 중력, 충돌, 유체, 연기, 천 등의 다양한 움직임을 3D 공간에서 재현할 수 있습니다. 시뮬레이션은 애니메이션을 일일이 만들지 않아도 됩니다. 예를 들어, '사과가 땅에 떨어지는 애니메이션'을 만들고 싶다면 '지구와 같은 중력', '땅의 탄성력 정도' 같은 조건을 설정하고 재생 버튼을 누르기만 하면 됩니다. 그러면 사과가 자연스럽게 땅에 떨어지고, 튕겨 올라가는 모습을 볼 수 있습니다.

'CG 작업은 프레임 하나하나를 직접 만드는 것'이라고 생각할 수도 있지만, 모든 과정이 그렇지는 않습니다. 많은 부분이 컴퓨터에 의해 자동으로 계산될 수 있기 때문입니다.

◉ 블렌더를 시작하면서 일어난 변화

먼저, 표현할 수 있는 영상의 스펙트럼이 엄청나게 확장됐습니다. 이전에는 상상조차 못 했던 SF 장르의 작품을 만들 수 있게 됐고, 실사로는 구현하기 어려운 표현들도 표현할 수 있게 됐습니다. 마치 새로운 무기를 얻은 듯한 기분이 들었고, 그로 인해 영상 제작 과정 자체가 한층 더 즐거워졌습니다.

장소에 구애받지 않고 일할 수 있는 환경도 마련됐습니다. 촬영이라는 작업은 보통 현장에 직접 가야 하지만, CG 작업은 컴퓨터만 있으면 어디서든 할 수 있습니다. 저는 현재 대만에 거주하고 있는데, 일본에서 제작된 영상을 대만에서 합성 작업하는 등 원격으로 프로젝트에 참여하고 있습니다.

그리고 실사와 CG 모두를 다룰 수 있는 전문가는 아직 드뭅니다. 이 때문에 여러 곳에서 연락이 오는 경우가 많아졌고, 다양한 크리에이터와의 콜라보레이션 기회도 늘었습니다. SNS와 Slack 등을 통해 커뮤니티의 다양한 사람과 소통하는 것도 가능해졌습니다. 새로운 업무, 새로운 작품, 새로운 만남들… 블렌더 덕분에 제 커리어에 새로운 장을 열 수 있었습니다.

대만에서 원격으로 일본에서 진행되는 촬영에 참여했습니다

▲ 타치바나 님이 소속된 CHINZEI Inc.에서 제작한 'tarareva'라는 밴드의 뮤직비디오. 인물 촬영은 일본에서 진행했으며 대만에 있는 타치바나 님은 줌(Zoom)으로 원격에서 촬영에 참여하여 배경 CG와 편집을 담당했습니다.

뮤직비디오 보기
http://bit.ly/tarareva

No.	time	action: 歌詞	cast	image	lens	work	speed	備考
1	0:00-0:14		ヴォーカル・ギター		18mm	ドローンcutからドリーイン	normal	VとGで2種類
2	0:14-0:17	「どうして生きてるのかさえ分からない」	ヴォーカル		100mm	ドリーイン	normal	
3	0:17-0:18		ギターパーツ撮り		200mm	フィックス	normal	
4	0:18-0:19		ギター		150mm	ドリーイン	normal	

▲ 'tarareba'의 뮤직비디오는 블렌더로 미리 이미지 콘티를 만들고, 구글 스프레드시트 컷 테이블을 만들어 관계자들과 공유했습니다.

◉ 블렌더를 이용한 원격 뮤직비디오 제작

블렌더를 배운 지 약 반 년이 지난 후부터 업무에서 CG를 일부 활용하기 시작했습니다. 전체를 CG로 만드는 풀 CG 제작이라면 어려웠겠지만, 실사에 CG를 일부 합성하는 작업은 기존 워크플로를 크게 변화시키지 않아 쉽게 접근할 수 있었습니다.

블렌더를 본격적으로 사용하기 시작한 것은 「Anicca」라는 단편 작품부터였습니다. 「Anicca」는 대만의 거리 풍경에 해파리가 떠다니는 독특한 작품이었는데, 이전의 저라면 상상조차 할 수 없는 표현이었습니다.

제가 속한 CHINZEI Inc.에서는 정기적으로 실사 합성 작품을 제작하고 있습니다. 블렌더를 사용하여 제작한 프로젝트 중에는 실험적인 올 그린백[1] 뮤직비디오 제작이 특히 기억에 남습니다. 이 작품 역시 대만에서 원격으로 촬영 현장에 참여했습니다. 현장에 있는 분들이 저에게 바로바로 데이터를 전송해주어 합성과 검토를 진행했습니다.

사실 조명 담당자도 원격으로 참여했는데, 그 분도 현장에서 바로 커뮤니케이션하고 영상을 받아볼 수 있어 큰 문제가 없었다고 합니다. 저 역시 비슷한 느낌이었습니다. 물론 해상도와 데이터 전송 속도는 만족스럽지 않았지만, 인터넷 속도가 개선됨에 따라 이러한 문제는 점점 더 해결될 것으로 기대합니다. 이런 새로운 스타일의 영상 제작 방식은 앞으로 더 확산될 것입니다.

'tarareba'의 뮤직비디오는 밴드 측과의 협의 하에 서로 무료로 진행했지만, 이 경험 덕분에 이후 다른 곡의 뮤직비디오 제작 의뢰를 받을 수 있었습니다.

새로운 기술을 배움으로써 새로운 기회가 열린 순간이었습니다. 이렇게 블렌더를 시작한 이후로 매일 새로운 변화와 설렘을 느끼며 일하고 있습니다.

---

1 (옮긴이) 그린백 촬영은 배우와 대상을 단색 배경 앞에서 촬영한 뒤, 후반 작업에서 그 배경을 다른 장면이나 효과로 대체하는 영상 제작 방법입니다(이때 일반적으로 초록색 배경을 사용하므로, 그린백이라는 명칭이 붙은 것입니다). 올 그린백은 영상 전체를 이와 같은 방법으로 촬영했다는 의미입니다.

◉ 블렌더를 이제 막 시작하려는 사람들에게 드리고 싶은 조언

일단 무조건 블렌더를 실행해 보고 무언가를 만들어보세요. 블렌더는 무료이므로 손해 볼 일이 없습니다. 블렌더의 가장 큰 의미는 '누구나 부담 없이 CG에 도전할 수 있게 해준다는 것'이라고 생각합니다. 비싼 상용 소프트웨어를 구입해야만 했던 시대는 이미 지났습니다. 블렌더는 전 세계 사람들의 자원봉사와 기부로 만들어지는 소프트웨어입니다. 블렌더가 마음에 든다면 후원을 통해 지원하는 것도 좋은 방법입니다.

이 책이 '실사 영상 제작자를 위한 CG 제작'이라는 주제로 집필되었으니, 이와 관련하여 말씀드리자면, 블렌더나 다른 CG 소프트웨어를 배우는 과정은 쉽지 않을 수 있습니다. 하지만 실사 촬영 경험이 있는 사람이라면 큰 장점을 갖고 시작할 수 있습니다.

블렌더를 시작하면 계속해서 새로운 것을 배우며 매일 성장하고 있다는 느낌을 받을 수 있습니다. 현재 영상 제작에 종사하면서 새로운 자극을 찾는 사람, CG에 도전해 보고 싶었지만 부담을 느꼈던 사람 모두에게 블렌더를 추천합니다. 꼭 한 번 도전해 보기를 바랍니다.

▲타치바나 님이 운영하고 있는 블렌더 커뮤니티. 슬랙을 활용한 무료 커뮤니티로, 2023년 11월 기준, 약 1,600명이 넘게 가입했습니다.

1장

크리에이터
인터뷰

2045

1-1

[배경 아티스트]
타사키 님 인터뷰

다양한 3D CG 소프트웨어 중에서도 블렌더는 무료임에도 불구하고 크리에이터들의 마음을 사로잡는 매력이 있습니다. 영상 업계에서 널리 사용되는 Cinema 4D 사용자들 사이에서도 블렌더에 대한 관심은 높습니다. 전 세계적으로 블렌더는 많은 주목을 받고 있습니다. 3D CG 분야에서 영상과 CG에 활약하고 있는 타사키 요타 님이 블렌더를 활용한 개인 작품의 제작 과정과 블렌더의 매력에 대해 설명했습니다.

타사키 요타(Tasaki Yota)

주식회사 Khaki에 소속된 3D 아티스트입니다. 판타지 및 SF 세계관 구축을 전문으로 하고 있으며, 콘셉트 아트부터 최종 마무리 작업에 이르기까지 전체적인 워크플로를 담당하고 있습니다. CG, 이펙트, 컴포지팅 등 다양한 분야에서 활동하는 제너럴리스트로서 2022년부터는 루마니아 지사에서 활동 중입니다.

Khaki 웹 페이지

https://khaki.tokyo/

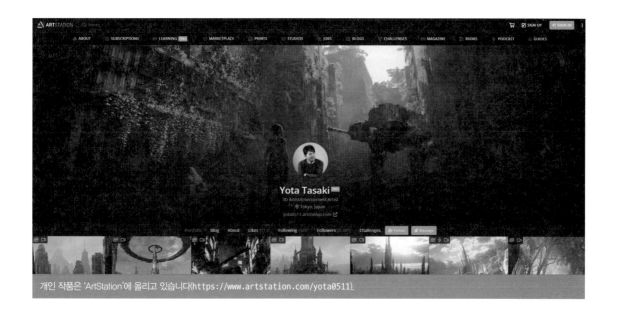

개인 작품은 'ArtStation'에 올리고 있습니다(https://www.artstation.com/yota0511).

◉ 개인 작업을 위해 시작한 블렌더

――타사키 님은 다양한 작품에 참여하셨는데, CG를 시작하게 된 계기는 무엇인가요?

저는 26세부터 영상 업계에서 일하기 시작했습니다. 4년 동안 주로 컴포지팅(편집) 관련 일을 맡았죠. 사실 다른 이들에 비해 시작이 다소 늦은 편이었습니다. 영상과 관련된 전문 학교를 다녔지만, 졸업 후 시간이 흐르면서 많은 것을 잊어버렸고, CG에 대한 지식은 따로 없었습니다.

처음에는 작은 포스트 프로덕션 회사[1]에서 2년간 근무한 후, 다른 프로덕션으로 옮겨 광고와 뮤직비디오 편집 업무를 2년 반 더 경험했습니다.

30세가 되어 프리랜서로 전환하면서, 관심이 있던 CG를 조금씩 공부하기 시작했습니다. 프리랜서였지만 단독으로만 작업한 것은 아니었습니다. 이전 회사의 선배, 미즈노(Mizuno, 현재 주식회사 Khaki 대표)와 함께 총 3명이서 'Khaki'라는 회사를 설립하고, 초기에는 이전 직장에서의 편집 작업을 계속 맡았습니다. 그리고 점차 Cinema 4D, 애프터 이펙트 같은 소프트웨어를 사용하며 CG 작업을 도입했습니다. 35세에는 'Khaki'를 법인으로 전환하여 활동하고 있습니다.

이런 커리어를 거치며 현재 40세가 되었지만, CG 분야에서의 경력은 상대적으로 짧은 편입니다. 아직 10년도 채 되지 않았습니다.

――블렌더를 사용하게 된 계기는 무엇인가요?

저는 2020년 9월경부터 블렌더를 사용하기 시작했습니다. 대략 1년 정도 지났네요(2021년 10월에 이 인터뷰를 진행했습니다). 그전까지는 주로 Cinema 4D를 사용했습니다.

---

1 (옮긴이) 포스트 프로덕션이란 촬영을 완료한 후 이를 기반으로 영상 편집, 시각 효과 추가, 사운드 트랙 작업 등을 적용해 최종 영상 제작을 완성하는 과정입니다.

2022년부터 Khaki가 해외 진출을 하게 되어, 저도 루마니아 지사에서 일하게 됐습니다. 해외에서 뛰어난 아티스트들과 함께 작업하는 것이 목표였기 때문에 제 포트폴리오를 강화할 필요성을 느꼈습니다. 이를 위해 'ArtStation', 'LinkedIn', 'Behance'와 같은 플랫폼에 가입하여 포트폴리오를 공개하기 시작했습니다. 이곳에는 회사 작품뿐만 아니라 개인 작업도 올려 아티스트로서 SNS 활동을 했습니다. 이런 SNS 활동은 매우 중요하다고 생각합니다. 실제로 보여줄 수 있는 작품이 없으면 아무리 유명한 영화에 참여했다고 해도 내 실력을 제대로 보여줄 수 없기 때문입니다.

일본에서의 작업은 저작권 문제로 인해 공개된 곳에 올릴 수 없기 때문에 해외 아티스트들과 경쟁하기 위한 개인 작업을 별도로 했습니다.

블렌더에 대해서는 2.8 버전 이전부터 좋은 평가를 들었기 때문에 관심이 있었습니다. '관심도 있으니 블렌더로 개인 작업을 해보자'라는 생각으로 블렌더 사용을 시작했습니다.

◉ 개인 작업하면서 블렌더 배우기

——실사 영상을 활용한 개인 작업 작품들에 대해서 알려주세요.

초기에는 실사 영상을 주로 사용했지만, 점차 외부 촬영의 번거로움을 느끼면서 최근에는 풀 CG 작업이 많아졌습니다. 오른쪽 그림은 제가 블렌더로 처음 만든 작업입니다.

아키하바라 거리의 아침 풍경을 아이폰으로 촬영한 영상을 모션 트래킹한 것입니다. 블렌더의 트래킹 속도가 생각보다 빠르고 정확도도 높아서 인상 깊었습니다. 다른 소프트웨어와 비교해도 블렌더는 정확도와 속도가 매우 빠른 편입니다. 무료 소프트웨어임에도 불구하고 매우 유용하다는 생각이 들었습니다. 모션 트래킹을 통해 3D 정보를 해석하고, 이를 기반으로 건물을 하나씩 모델링하여 아키하바라 거리를 재현했습니다. 모델링 과정에서 라이팅도 조정할 수 있어서 '폐허가 된 아키하바라'의 느낌을 만들기 위해 얼룩, 이끼, 깨진 유리 텍스처를 추가하고, 파티클을 이용해 풀과 돌을 배치했습니다. 역광과 안개 효과를 넣어 폐허 같은 분위기를 연출했습니다.

이 작품은 실사 위에 CG를 가공한 데이터를 올린 것이기 때문에 기본적으로는 실사 영상을 그대로 사용한 작품이 됩니다. 수동으로 3D 스캔한 것과 같은 느낌이 있습니다. 제작 기간은 약 2개월 반 정도 소요됐으며, 블렌더를 공부하며 일을 병행하느라 시간이 다소 걸렸습니다. 이 작품을

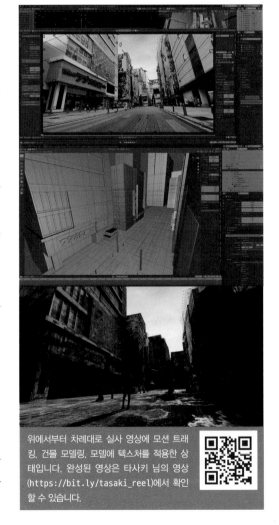

위에서부터 차례대로 실사 영상에 모션 트래킹, 건물 모델링, 모델에 텍스처를 적용한 상태입니다. 완성된 영상은 타사키 님의 영상 (https://bit.ly/tasaki_reel)에서 확인할 수 있습니다.

통해 블렌더를 확실히 익힐 수 있었습니다. 개인 작업은 작업을 통해 다양한 것을 배울 수 있다는 것이 큰 장점이라고 생각합니다.

개인 작업은 업무와 달리 완전한 자유를 느낄 수 있어서 정말 좋아합니다. 일을 하다가도 가끔 개인 작업을 하고 싶은 충동이 많이 생깁니다.

––개인 작업을 포트폴리오로 올린 것이 실제 업무로 이어지기도 하나요?

ArtStation에 작품을 올리기 시작하면서 해외에서 연락이 많이 오기 시작했습니다. 하지만 실제 업무로 이어진 경우는 많지 않았습니다. 대부분의 요청은 NFT 제작이나 강의 제작과 관련된 것이었습니다. 실제로 강의 제작 의뢰를 받아 최근에 판매를 시작했습니다.

타사키 님이 만든 강의 '블렌더로 대규모 판타지 도시 만들기'
(https://www.wingfox.com/c/8605)

아키하바라 영상에서는 잔디를 자라게 만드는 [Graswald]라는 유료 애드온을 사용했습니다. 비슷한 무료 애드온인 [Scatter Objects]도 많이 사용됩니다. 잔디 머티리얼 등을 매우 쉽게 사용할 수 있습니다.

◉ 현업에서 느끼는 블렌더의 매력

––현업에서 블렌더를 사용해본 적이 있나요?

'State of Survival'이라는 게임의 TV 광고 배경을 블렌더로 제작한 적이 있습니다. 블렌더를 사용한 지 1년 정도 됐을 때 블렌더로도 충분히 업무를 수행할 수 있겠다는 확신이 들던 찰나, 거의 혼자 진행하는 업무가 들어왔고 그때 블렌더를 활용해 봤습니다. 건물 등은 애셋을 사용했습니다.

Khaki에서는 주로 Cinema 4D를 메인 도구로 사용합니다. 따라서 팀 단위로 진행되는 프로젝트의 경우 협업을 위해 Cinema 4D를 사용하지만, 개인적인 업무에서는 블렌더를 사용합니다. 무료라는 사실을 제외하더라도 블렌더는 충분히 우수한 소프트웨어라고 생각합니다.

――업무에서 Cinema 4D를 주로 사용한다고 했는데, 블렌더와 다른 점은 무엇인가요?

사실 큰 차이가 없습니다. 그래도 유료 소프트웨어인 Cinema 4D가 좀 더 다양한 기능을 갖추고 있어 할 수 있는 것이 조금 더 많은 편입니다. 하지만 공통적으로 사용 가능한 기능에 있어서는 블렌더가 더 빠르고 편리하게 작업할 수 있게 설계됐다는 느낌을 받았습니다. 3D 도구는 보통 많은 단축키를 사용하는데, Cinema 4D에서 여러 단계를 거쳐야 하는 작업을 블렌더에서는 단 한 번의 조작으로 해결할 수 있는 경우도 있습니다. 이러한 차이가 하루에 수백 번의 조작에서 큰 작업량 차이를 만들어내기 때문에 개인적으로 기능이 약간 부족하더라도 사용 편의성 때문에 블렌더를 선호합니다.

'State of Survival' 출시   'State of Survival'
TV 광고   다운로드

https://bit.ly/sos_pv

제작환경		회사: Windows		집: Windows
	회사에서는 메인 PC 이외에도 와이드 모니터, 수직으로 세운 모니터, iMac, iPad 등도 사용	CPU	AMD Ryzen Threadripper 3990X	Intel Core i7-6950X
		GPU	NVIDIA GeForce RTX 3090	NVIDIA GeForce RTX 1080Ti를 2개 탑재
		메모리	128GB	128GB
		디스크	2TB(M.2 SSD)를 3개 탑재	3TB(SSD)를 2개 탑재
		주요 용도	업무 또는 개인 작업 렌더링	개인 작업

1-2

[영상 디렉터/VFX 아티스트]

와쿠이 님 인터뷰

그린백 합성을 이용한 실사와 3D CG가 결합된 뮤직비디오, 그리고 일러스트와 3D CG를 활용한 애니메이션 뮤직비디오 등 다양한 장르의 영상 작품을 제작하는 와쿠이 님과의 인터뷰를 진행했습니다. 3D CG로 영상 작품을 만들게 된 계기, 테고시 유야의 'ARE U READY' 뮤직비디오 제작 과정, 클라이언트 작업, 개인 작업에 대한 생각을 들어봤습니다.

와쿠이 레이(Wakui Ray)

1993년생으로 영상 디렉터 겸 VFX 아티스트입니다. 어릴 적부터 그림 그리기를 좋아했고 중학생 때부터 취미로 게임 제작을 시작했습니다. 대학 시절, 인터넷을 통해 만난 멤버들과 밴드 활동을 하면서 직접 제작한 뮤직비디오가 영상 제작의 시작이었습니다. 2019년 말에는 밴드 뮤직비디오 제작을 위해 3D CG를 도입하기로 결심하고, 블렌더를 독학으로 공부하기 시작했습니다. 주로 애프터 이펙트, 프리미어 프로, 블렌더를 메인 도구로 사용합니다.

와쿠이 님의 웹 사이트

https://www.raywakui.com

THE SIXTH LIE
「Everything Lost」MV

https://bit.ly/tsl_mv

그린백으로 촬영한 실사 소재를 3D CG로 합성해서 웅장한 세계관을 표현한 뮤직비디오입니다. 'CG스러움'을 최대한 배제했습니다.

◉ 가사에 맞는 웅장한 세계관을 표현하기 위해 시작한 3D CG

——와쿠이 님이 CG를 시작하게 된 계기가 궁금합니다.

일단 영상 제작은 제가 소속된 밴드의 뮤직비디오 제작 의뢰를 위해 업체를 만나려다가 '그냥 우리끼리 만들어 보자'라는 생각으로 시작하게 됐습니다. 그것을 계기로 다른 주변 밴드와 다양한 아티스트의 뮤직비디오도 촬영 하게 됐습니다.

이 과정에서 애프터 이펙트(After Effects)를 6~7년간 사용했지만, 3D CG 경험은 전혀 없었습니다. 어린 시 절부터 게임 제작과 프로그래밍에 관심이 많아 3D CG에 대한 동경이 있었습니다. 하지만 '이걸 직접 해야 할 까?'라는 고민도 있었습니다.

그러다가 2019년에 저희 밴드에서 발매한 앨범 중 'Everything Lost'라는 음악의 뮤직비디오를 촬영하게 됐습 니다(2021년 4월쯤 공개했습니다). '모든 것을 잃는다고 해도'라는 웅장한 가사가 있는데, 이 가사에 걸맞은 영 상을 어떻게 찍어야 할지 고민하다가 '한번 3D CG 작업을 추가해 웅장한 영상을 만들어보자'라는 이야기가 나 왔습니다.

――'Everything Lost' 뮤직비디오가 블렌더를 사용한 첫 작품인가요?

그렇습니다. 그래서 시간이 오래 걸렸습니다. Imagine Dragons의 'It's Time' 뮤직비디오에서 영감을 받아 퇴폐적이면서도 웅장한 분위기를 CG로 재현해 보기로 했습니다. 촬영을 2019년 말에 했는데, 이후 반년 정도 블렌더 공부를 열심히 했습니다. 다른 멤버들도 '합성 같은 느낌이 나지 않으면 좋겠다', 'Imagine Dragons의 뮤직비디오만큼의 퀄리티가 나오면 괜찮을 것 같다'라는 이야기를 했습니다. 그래서 최대한 자연스러운 합성과 CG 효과를 만들기 위해 노력했습니다. 첫 장면을 완성하는 데만 6개월이 걸렸습니다.

그때가 마침 Blender 2.8 버전이 나왔을 때인데, 블렌더가 엄청나게 발전했다는 이야기가 많았습니다. 이때 이안 휴버트(Ian Hubert) 님의 튜토리얼을 발견했는데, 이를 그대로 따라 해 봐도 괜찮겠다는 생각이 들었습니다. 그리고 무료 소프트웨어라도 이 정도 퀄리티를 낼 수 있으면 메인 도구로 사용해도 괜찮겠다고 생각했습니다.

◉ 상상하는 것을 만드는 즐거움

――테고시 유야 님의 'ARE U READY' 뮤직비디오 제작 과정에 대해 설명해 주세요.

먼 배경의 건물은 단순하게 Plane 오브젝트로 구현했습니다. 카메라가 포착하는 범위 안의 세계를 중점적으로 세심하게 만들었습니다. 그 후 인물들을 배치하면서 실제로는 불가능한 위치에 조명을 설정해 인물들을 돋보이게 했습니다. 이를 통해 역광 효과와 태양의 반사 등 다양한 연출이 가능했습니다. 이런 조합 과정이 참 재미있었습니다.

――CG로 현실에서 불가능한 조명 배치가 가능하다는 것도 흥미롭군요.

그렇습니다. 테고시 님의 모습을 보고 싶어 하는 팬들이 많을 것이라 생각해서 최대한 비주얼을 보여줄 수 있는 방향으로 갔습니다. 또한 이 뮤직비디오는 게임 세계 안에 있다는 설정이므로 어느 정도 CG의 느낌이 있어도 괜찮아서 좋았습니다. 하지만 너무 CG처럼 보이면 뮤직비디오를 보는 입장에서 거부감이 들 수 있을 것 같아 적당히 균형을 잡으려고 노력했습니다. 또한, CG에서는 카메라의 피사계심도[2]를 켜고 끄는 등 원하는 대로 조작할 수 있습니다. 최근 블렌더는 피사계심도로 인한 블러 효과가 굉장히 깔끔하게 생깁니다. Cycles 렌더러를 사용할 경우, 일반적인 렌즈와 큰 차이를 느낄 수 없을 정도입니다. 아무래도 EEVEE 렌더러는 반사와 관련된 부분이 약했는데, 여러 다른 기능을 활용해 어느 정도 보완할 수 있게 됐습니다. Cycles는 모든 것을 계산했지만, EEVEE는 화면의 화각에 맞는 부분만 만들 수 있게 됐습니다. 연기 등도 단순하게 Plane 오브젝트에 연기 소재를 붙여 넣어 사용했습니

EEVEE로 만든 씬. 게임 세계에서 노래하는 느낌을 구현했습니다.

---

2 (옮긴이) 피사계심도를 켜고 끈다는 의미는 초점을 맞춘 부분 이외의 영역을 선명하게 만들거나 흐리게 만든다는 의미입니다.

다. EEVEE는 렌더링 속도도 빨라서 실시간으로 재생하면서 결과를 볼 수 있으므로 Cycles처럼 한 프레임씩 시간을 갖고 기다린 뒤 결과를 확인할 필요도 없었습니다.

피사계심도 OFF

피사계심도 ON

촬영 후에도 카메라의 피사계심도를 조작해서 흐림 정도를 적절하게 조정할 수 있습니다. 아래 사진은 피사계심도를 극단적으로 깊게 만든 예입니다.

-- 테고시 유야 님을 촬영하고 있는 카메라는 고정 카메라인가요?

그렇습니다. 단순히 삼각대를 사용해 촬영했습니다. 테고시 유야 님은 Plane 오브젝트에 부착했으며 3D 공간에서 카메라가 회전할 때 이를 자연스럽게 따라가도록 했습니다. 트래킹을 위한 영상도 따로 촬영했는데, 필요한 트래킹 컷 수를 확실하게 정하지 못해 전체를 한 번에 촬영했습니다. 영상 파일이 너무 무거워 실시간 처리에 어려움을 겪지 않도록 4K로 촬영했지만 2K로 변환해 사용했습니다.

조명이 움직이면 좋겠다고 생각해서 붉은색과 하늘색 조명이 주변을 돌면서 움직이게 만들었습니다. 이렇게 생성된 조명은 사람에게 비칠 때 그들의 색을 변화시킵니다. 이는 CG라서 가능한 표현이었습니다. Plane 오브젝트이므로 그림자도 CG 공간 안에 자연스럽게 떨어뜨릴 수 있었습니다. 신경 써야 했던 부분은 키잉[3]과 배경 배치 정도였습니다. 나머지 작업은 그냥 즐겁게 컷을 하나하나 만들어 나간다는 느낌으로 진행했습니다.

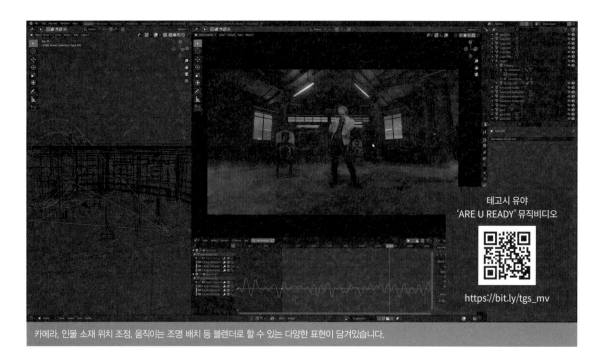

테고시 유야
'ARE U READY' 뮤직비디오

https://bit.ly/tgs_mv

카메라, 인물 소재 위치 조정, 움직이는 조명 배치 등 블렌더로 할 수 있는 다양한 표현이 담겨있습니다.

---

3 (옮긴이) 키잉이란 간단하게 영상에서 우리가 원하는 부분을 추출하는 작업을 의미합니다.

◉ 클라이언트 작업에 활용되는 개인 작업

——개인 작업으로 주로 어떤 것들을 하시나요?

제가 소속된 밴드의 뮤직비디오를 만듭니다. 클라이언트 작업도 즐겁지만, 개인 작업에서는 밴드의 뮤직비디오를 마음대로 만들 수 있어서 훨씬 재미있습니다. 처음에는 Cycles를 사용할 생각이었지만, 작업을 진행하다 보니 EEVEE로도 충분하다는 것을 깨닫고 지금은 주로 EEVEE를 활용하고 있습니다.

——개인 작업이 클라이언트 작업에 도움되나요?

물론입니다. 블렌더의 알파 또는 베타 버전에 추가되는 새롭고 불안정할 수 있는 기능을 클라이언트 작업에 적용하기는 어렵습니다. 하지만 개인 작업에서는 '책임도 내가 지면 되지'라는 생각으로 알파 버전 등의 개발 버전을 사용해 보고 있습니다. 또한 현재도 개인 작업에서 다양한 도전을 하고 있습니다. 1800년대 엘리베이터를 리깅해 보기도 하고, 여러 가지 기계적인 움직임을 구현해 보면서 다양한 자료를 조사하고 만들고 있습니다. 이러한 개인 작업을 통해 스스로 조금씩 발전한다고 생각합니다.

개인 작업 작품으로 처음 엘리베이터 리깅에 도전했습니다. 실제 구조를 찾아보면서 만들고 있습니다.

제작 환경		왼쪽: Mac(iMac(Retina 5K, 27-inch, Late 2015)) 오른쪽: Windows(SENSE Infinity by iiyama)	
		CPU	Intel Core i7	Intel Core i9

	Mac	Windows
CPU	Intel Core i7	Intel Core i9
GPU	AMD Radeon R9 M290	NVIDIA GeForce RTX 3080
메모리	32GB	64GB
스토리지	1TB(SSD)	1TB(SSD)
외장 스토리지	4TB(SSD／SanDisk)	4TB(SSD／SanDisk)
주요 용도	애프터 이펙트 등 어도비 (Adobe) 제품 사용	블렌더 사용

Dropbox를 사용해서 Windows와 macOS 사이의 파일 공유를 하고 있습니다. Windows에서 렌더링하는 동안 macOS에서 컴포지트(합성) 등을 하고 있습니다.

1-3

[18살의 블렌더 크리에이터]
카즈야 님 인터뷰

센다이의 특성화 고등학교에 재학 중인 카즈야 님은 블렌더를 사용하여 CG, 영상, 콘셉트 아트 등의 3D 작품을 제작하고 있는 재능 있는 디지털 아티스트입니다. 트위터에서 활발한 활동으로 주목받고 있는 신세대 아티스트 카즈야 님에게 블렌더를 시작하게 된 계기, 작품 제작에 필요한 요소, 그리고 향후 희망하는 직업에 대해 질문했습니다.

카즈야 오야나기(Kazuya Ohyanagi)

현재 17세, CG 경력은 1년 2개월. 미야기현 출신으로, 주식회사 Aww에 소속된 디지털 아티스트이며, Suishow 주식회사에서도 CVO(Chief Virtual Officer)로 활동 중입니다. 트위터, 유튜브, pixivFANBOX를 통해 블렌더 관련 딥과 애셋을 공유하고 있습니다.

Twitter

https://twitter.com/
adana_xxx

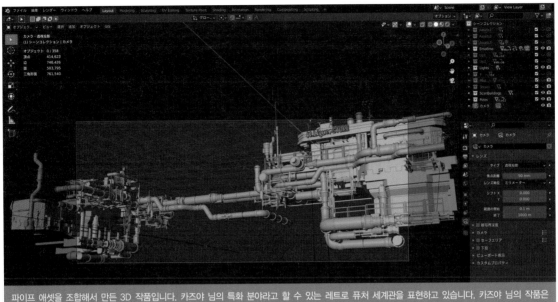

파이프 애셋을 조합해서 만든 3D 작품입니다. 카즈야 님의 특화 분야라고 할 수 있는 레트로 퓨처 세계관을 표현하고 있습니다. 카즈야 님의 작품은 X(Twitter)와 유튜브 등에 공개되어 있습니다.

◉ 트위터를 하면서 시작된 일과 인간 관계

ㅡㅡ블렌더를 시작하게 된 계기를 알려주세요.

유튜브에서 Tom Studio 님의 튜토리얼 영상을 보고 블렌더에 관심을 가지게 됐습니다. 매우 우연한 시작이었죠. 초보자도 이해하기 쉬울 정도로 친절하게 설명해서 저도 쉽게 따라 할 수 있었습니다. 그렇게 2021년 1월부터 본격적으로 CG 제작을 시작했으며, 6개월 후부터는 트위터에 영상을 올리기 시작했습니다. 이를 계기로 뮤직비디오와 기업 홍보 영상 제작 등의 업무를 제안받게 되었습니다.

ㅡㅡ학업과 일을 병행하고 있는 건가요?

지난해 8월부터 버츄얼 휴먼 제작회사 Aww[4]에서 일을 시작했습니다. 현재는 Aww의 업무, 개인 프로젝트, 그리고 학교생활을 병행하고 있습니다. 제가 다니는 학교는 5년제 전문 고등학교라서 졸업 후 바로 취업할 예정입니다. 현재 3학년이기 때문에 아직은 시간적 여유가 있습니다. 수업 중에도 블렌더 작업을 하거나 새로운 프로젝트를 구상하는 등 학교 공부보다는 CG 작업에 더 많은 시간을 할애하고 있습니다. 주변에서는 졸업 후 전문대학이나 일반대학 진학에 대해 조언하지만, 현재는 학업보다 CG 작업에 전념하고 싶은 마음이 큽니다.

ㅡㅡ처음 10개월 동안 이렇게 많은 CG 작업을 해낸 것이 정말 대단하네요. 블렌더 작업에 하루 몇 시간 정도 쓰시나요?

처음 블렌더 튜토리얼을 시작한 이후로 하루도 빠짐없이 사용했습니다. 최근에는 업무에도 적용하고 있어서 매일 8시간 이상은 사용하고 있습니다. 스스로도 꽤 열심히 하고 있다고 생각합니다.

---

4 (옮긴이) Aww는 한국에도 어느 정도 알려진 가상인간을 만드는 회사입니다. https://aww.tokyo/vhuman/

––실제로 CG로 일을 하게 된 것은 언제부터인가요?

CG를 시작한 지 4~5개월쯤부터 크라우드 소싱을 통해 개인 게임 제작용 모델과 월드를 만드는 일을 하기 시작했습니다. 또한 회의 프레젠테이션 자료용 CG 작업도 맡았습니다. 처음에는 생각했던 것과 다른 점이 있어서 조금 의욕이 떨어졌습니다. 하지만 트위터에 활동을 시작하면서부터 더 좋은 조건의 일을 받기 시작했습니다. 트위터(X)를 통해 다른 창작자들과의 교류도 늘었습니다. VFX/CG 아티스트 나가후지리쿠 님의 초대로 클럽하우스 이벤트에 참여해 보기도 했고, CG 크리에이터 후지카와 다이스케(Fujikawa Daisuke) 님과 일러스트레이터 Kawasoko9(河底9) 님과도 소통하며 친분을 쌓고 있습니다. 디스코드(Discord)를 통해 다양한 정보를 공유하며 새로운 영감을 얻고 있습니다. 이런 활동들이 창작 활동을 지속할 수 있는 원동력이 되고 있습니다.

◉ 1960년대 레트로 퓨처 장르와 사이버 요소의 결합

––블렌더를 사용하면서 가장 마음에 드는 기능은 무엇인가요? 다른 CG 소프트웨어와 비교했을 때 블렌더의 장점은 무엇이라고 생각하나요?

다른 소프트웨어를 많이 사용해 보지 않아서 정확한 비교는 어렵지만, 블렌더가 특히 직관적이고 사용하기 쉬운 것 같습니다. 지금까지 블렌더를 사용하면서 큰 실수를 한 적이 거의 없었으니까요. 뭐 블렌더를 좋아하기 때문일 수도 있겠지만요. 그래도 가장 큰 매력은 역시 무료라는 점일 겁니다.

––작품의 세계관을 확장하기 위해 무엇을 참고하나요?

최근에는 1960년대 스타일에 사이버적 요소를 추가한 레트로 퓨처 스타일에 매료되어 있습니다. 오래된 느낌과 가까운 미래의 기술이 섞인 스타일이 매력적입니다. 핀터레스트(Pinterest) 같은 플랫폼을 활용해 이러한 이미지를 많이 찾아보고 있습니다. 핀터레스트는 스마트폰으로도 접근하기 편해서 레퍼런스 수집에 아주 유용합니다. 또한 영상 표현에 대해서도 연구 중입니다. 다양한 영화나 드라마를 보면서 '어떻게 하면 관객에게 감동을 줄 수 있을까?'에 대해 생각하고 있습니다.

––사이버 펑크 장르에 매력을 느끼게 된 계기는 무엇인가요?

이안 휴버트의 작업을 보면서 사이버 펑크 장르에 관심을 가지게 됐습니다. 이안 휴버트 님 작품의 세계관은 오래된 요소와 가까운 미래의 기술이 조화롭게 어우러진 것으로, 그의 창작 방식과 세계관 반영 방법이 매우 인상적입니다. 그의 유튜브 튜토리얼을 보며 블렌더를 처음 시작했을 때부터 지금까지 많은 영감을 받고 있습니다. 이안 휴버트 님은 미래적인 세계관을 구축할 때 과거의 요소들을 잘 보존하면서 현대 기술과 어우러지게 하는 데 탁월한 능력을 보여줍니다.

◉ 애셋은 자산. 도시의 풍경도 CG의 소재가 될 수 있다

——작업 효율을 높이기 위해 필요한 것은 무엇이라고 생각하나요?

앞서 언급한 바와 같이, 애셋을 미리 만들어 두는 것이 중요하다고 생각합니다. 최근에는 직접 촬영한 사진을 기반으로 3D 모델을 만들어 애셋으로 저장해 두고 있습니다. 실사에 가까운 작업을 할 때는 일상에서 발견할 수 있는 소재를 활용하는 것이 매우 유용합니다. 이러한 소재들의 형태와 질감을 관찰하는 것도 작업의 큰 즐거움 중 하나입니다. 애셋은 '자산'입니다.

——그렇게 누적하는 것이 중요하군요.

맞습니다. 이 부분은 이안 휴버트 님의 영향을 많이 받았습니다. 효율적인 작업 방식을 고려하는 것도 중요합니다. 실제 카메라의 경우 원경은 흐릿해지므로 모든 부분을 완벽하게 만들 필요는 없습니다. 이런 효율성을 항상 염두에 두고 작업합니다.

용(龍) 네온사인이 돋보이는 인상적인 작품입니다. 일반적으로 3~4일 정도에 걸쳐서 작품을 만드는데, 이 작품은 도시의 디테일, 질감, 조명 등에 신경 쓰며 계속 수정해서 3주 정도 걸렸습니다.

URL https://bit.ly/dragon_neon

레프로 퓨처를 생각하며 만든 식당(위의 두 사진).

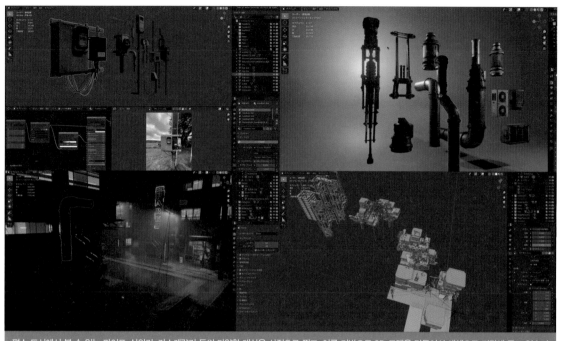

평소 도시에서 볼 수 있는 파이프, 실외기, 가스계량기 등의 다양한 대상을 사진으로 찍고, 이를 기반으로 3D 모델을 만들어서 애셋으로 저장해 두고 있습니다(중앙의 두 사진). 이러한 애셋을 작품의 요소로 넣고(왼쪽 아래 사진), 흐린 원경에 배치(오른쪽 아래 사진)해서 효율적으로 작품 제작을 하려고 노력합니다.

――앞으로 도전해 보고 싶은 작업이나 작품이 있나요?

이안 휴버트 님처럼 Patreon[5] 같은 아티스트 지원 플랫폼을 통해 독립적으로 수익을 창출하는 방식에 관심이 많습니다. 이안 휴버트 님은 약 6,000명의 회원을 보유하고 있으며, 어디에도 소속되지 않고 자신의 창작물을 좋아하는 사람들과 직접 교류하고 있습니다. 이러한 방식이 장차 저의 목표라고 할 수 있습니다. 사이버펑크나 스팀펑크 같은 장르는 이미 널리 알려져 있고 포화 상태에 이르렀기 때문에 저는 이런 기존 장르에서 벗어나 새로운 스타일과 장르를 탐색하고 개척해 보고 싶습니다.

제작환경	Macbook Pro(16-inch, 2021)	Windows 1	Windows 2
CPU	Apple M1 Max 10코어	AMD Ryzen9 3950X	AMD Ryzen9 5950X
GPU	Apple M1 Max 32코어	NVIDIA GeForce RTX 3090	NVIDIA GeForce RTX 3090
메모리	64GB	64GB	64GB
스토리지	1TB(SSD)	4TB(SSD)	4TB(SSD)
외장 스토리지	8TB(NAS)		
주요 용도	3D 모델 만들기	렌더링	렌더링

처리가 무거운 렌더링은 Windows, 이외의 작업은 macOS를 사용.

---

5 (옮긴이) Patreon은 창작자들이 자신의 팬들로부터 직접적인 금전적 지원을 받을 수 있도록 하는 멤버십 플랫폼입니다. 참고로 창작자들은 후원해주는 팬들에게 고해상도 결과 또는 강의 등을 제공해줍니다.

1-4

[대학원을 다니는 블렌더 크리에이터]
wanoco4D 님 인터뷰

wanoco4D 님은 대학원 공학부를 다니면서 취미로 블렌더를 활용해 CG 제작을 하고 있습니다. 기계공학 지식을 바탕으로 자동차, 비행기 등의 정교한 CG 제작에 특화되어 있으며, 캐릭터 CG 제작과 애니메이션 제작에도 참여하고 있습니다. SNS에서도 활발한 작품 활동을 보이는 wanoco4D 님과 CG 제작의 비하인드 스토리와 그 매력에 대해 대화를 나눴습니다.

wanoco4D

교토 대학교 공학부 물리공학과를 졸업하고 현재는 교토 대학원 공학 연구과에서 구조 연구를 수행 중입니다. 고등학교 1학년 여름방학에 블렌더를 시작했으며, 그 이후로 지속적으로 3D CG 제작을 하고 있습니다. 개인 CG 제작에서 가장 중요하게 생각하는 것은 전체적인 효율성보다는 각각의 제작 과정에서 아이디어를 신속하게 도입할 수 있는 워크플로입니다.

Instagram

https://www.instagram.com/wanoco4d/

처음 제작한 비행기에 말벌 줄무늬를 형상화한 패널을 적용해서 업그레이드한 것입니다. 작업을 시작하기 전에 별도의 콘셉트 아트를 그리지 않고, 바로 3D 공간에서 그리스펜슬(Grease Pencil)을 사용하여 스케치하는 방식으로 진행했습니다.

◉ 한 번 만든 모델을 계속해서 업그레이드하는 공부 방법

――블렌더를 사용하게 된 계기는 무엇인가요?

어렸을 때 영화 「트랜스포머: 패자의 역습」을 보고 매료됐습니다. 그 영화에서 영감을 받아 그와 같은 것들을 직접 만들어보고 싶다는 생각이 들었습니다. 시간이 지나 고등학교 1학년이 되었을 때 우연히 집 컴퓨터에 블렌더가 설치되어 있는 것을 발견했습니다. 아버지가 CG에 도전하려고 설치하셨던 것 같아요. 블렌더를 보고 이걸 활용하면 SF 영화를 만들 수 있겠다는 생각이 들어 사용하기 시작했습니다. 그로부터 벌써 7~8년이 지났습니다.

――전공이 CG와 관련이 없다고 들었습니다. 이과 전공이라고요?

네, 사실 CG에 이렇게까지 몰입하게 될 줄은 몰랐습니다. 기계에 관심이 많아 공대에 진학하여 기계공학을 전공했습니다. CG로 엔진을 제작할 때 학교에서 배운 기계 요소를 활용하기도 했습니다. 수업에서 배운 내용을 CG에 적용해 보면서 기계 부품들이 어떻게 힘을 전달하는지를 생각하며 제작해 보는 것이 즐거웠습니다.

――CG 완성도가 상당해서 놀랐습니다. 처음부터 이렇게 잘 만들 수 있었던 비결이 무엇인가요?

저는 과거에 만들었던 모델을 기반으로 개선하고 새로운 모델을 만들고 있습니다. 처음에 블렌더를 시작했을 때 제 상상 속의 비행기를 만들고 싶었습니다. 하지만 실제로 비행기는 원통형에 가깝고 표면에 불필요한 패널이 붙어 있지 않아 일반적인 비행기 모델을 만드는 것이 생각보다 어려웠습니다. 폴리곤을 돌출하는 방법을 배우고 나서야 조금씩 일반 비행기 모델을 만들기 시작했습니다. 이후에는 모디파이어(Modifier)라는 기능도 활용해 봤는데, 처음에는 이상해 보일 때가 많았습니다. 그래서 몇몇 비행기 파일은 만들다가 제작을 중단하기도 했습니다.

시간이 지나면서 마음에 드는 비행기를 만들었지만, 다시 보면 아쉬운 부분이 눈에 띄기 시작했습니다. 그래서 비슷한 형태로 계속 다시 만들며 조금씩 버전을 업그레이드하면서 배워 나갔습니다. 대학교 1학년 때 만든 비행기에는 공기를 빨아들이는 흡기구, 타이어, 플랩 같은 요소를 추가했습니다. 최근 만든 비행기는 더 단순하고 스타일리시해졌습니다. 날개 라인을 따라 플랩을 만들고, 실제로 조작할 수 있을 것 같은 형태, 광학적인 디자인으로 설계하고 있습니다. 마치 건담의 자크와 같은 느낌의 비행기를 많이 만들고 있습니다.

――설정을 잡으면서 만들고 있군요? 이미 무엇을 만들지 속으로는 다 생각해 놓은 건가요?

CG 작업은 마치 새로운 세계를 창조하는 것과 같습니다. '아무것도 없는 공간'에서 무언가를 만들어내는 과정이 영화의 플롯을 구상하는 것과 비슷하게 느껴집니다. 과거에는 객체 하나하나를 집중해서 만들었지만, 최근에는 이러한 객체가 어우러질 수 있는 배경도 함께 만들어보고 있습니다. 이를 통해 하나의 완성된 세계를 창조하는 것이 목표입니다.

◉ 배경 제작 도전 중 발견한 '지오메트리 노드'의 가능성

――최근에는 배경 제작에도 도전하고 있다고 들었습니다.

그렇습니다. 현재 하네다 공항을 배경 아트로 제작하고 있는데, 생각처럼 쉽게 되지 않네요. 가장 진짜 같은 것은 진짜이므로 일단 실제 배경을 수집하는 것으로 시작했습니다. 하네다 공항에 주목한 이유는 2021년 3월 국토교통성이 'PLATEAU'라는 3D 건물 데이터를 배포했기 때문입니다. 건물의 정확한 높이를 알 수 있어 이를 트레이싱[6]하고 있습니다. 배경이 건물만으로는 빈 느낌이 들어서 주변의 펜스나 도로도 포함해 제작하려고 했지만, 시간이 많이 걸리고 생각만큼 결과물이 나오지 않아 고민했습니다. 현명한 방법은 아니었지만, 도로는 서브디비전으로 메시를 만들고, 펜스는 따로 제작해 배치하는 등 시행착오를 겪으며 도로를 조금 만들어봤지만, 만족스러운 결과물이 나오지 않아 포기했습니다. 도로와 배수로, 펜스는 함께 제작해야 하는데, 도로의 어려운 점은 합류하는 부분이 있다는 것입니다. 한 방향 도로라면 쉽게 만들 수 있지만, 합류하는 도로는 제작하기가 어려웠습니다.

최근 Blender 3.0으로 업데이트되면서 지오메트리 노드가 많이 개선됐는데, 이 기능을 활용해 보려고 여러 시도를 해봤지만, 아직 지오메트리 노드로 제 생각을 완전히 표현하기는 어려웠습니다. 지오메트리 노드를 어느정도 활용할 수는 있었지만, 아직 완전히 이해했다고 느끼지는 못하고 있습니다. 예전에는 지형을 만들고 돌을 뿌릴 때 파티클만 사용했지만, 이제는 지오메트리 노드도 활용하고 있습니다. 이를 활용해 도로를 쉽게 만들 수있게 되기를 기대하며 계속 공부하고 있습니다.

---

6 (옮긴이) 트레이싱이란 실제 이미지를 뒤에 깔고, 이를 대고 모델링하는 방법을 의미합니다. 2D 작업에서는 금기처럼 여겨지는 방법이지만, 3D 작업에서는 자주 활용하는 방법입니다.

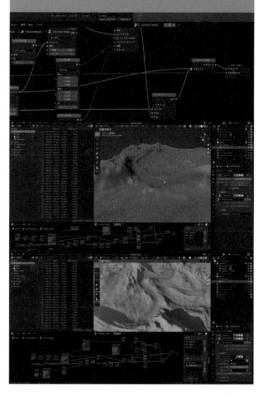

Blender 3.0에서는 지오메트리 노드 기능을 사용하기 시작했습니다. 노드와 노드를 연결하고 파라미터를 지정하면 객체를 원하는 형태로 변형할 수 있습니다.

지금까지는 사람이나 사물만 만들었지만, 배경이 없으면 빈 느낌이 들어 배경 제작에 도전했습니다. 하네다 공항이라는 배경을 만들고, 하네다 공항에 있는 도로 위에서 어떤 이야기를 갖고 움직이는 자동차를 만들어 보고 싶습니다.

모델링과 라이팅 작업을 동시에 할 수 있다는 점이 매력이라고 말하는 wanoco4D 님. "여러 소프트웨어를 사용하면 예를 들어 한 쪽에서 렌더링한 후 다른 쪽에서 추가로 조정해야 합니다. 하지만 블렌더는 한 소프트웨어에서 모든 것을 할 수 있어서 이전 단계의 작업으로 돌아가기가 쉽습니다. 라이팅, 렌더링 작업 중 문제가 보였을 때 문제의 근원이라고 할 수 있는 모델 자체를 바로 바꿀 수 있다는 점이 참 좋았습니다."

⊙ wanoco4D 님이 느끼는 블렌더의 4가지 매력

――지금까지 블렌더를 다루면서 재미있다거나 멋지다고 생각했던 부분이 있다면 어떤 부분인가요?

블렌더의 가장 큰 매력은 모델링, 렌더링, 라이팅 등 영상 제작의 모든 과정을 한 소프트웨어에서 할 수 있다는 것입니다. 예를 들어, 라이팅 작업 중에 새로운 모델을 추가해서 그림자 효과를 만들고 싶다는 아이디어가 떠오르면 바로 모델링에 들어갈 수 있습니다. 또한 블렌더의 조작은 전반적으로 매우 가볍고 빠릅니다. 이는 심지어 블렌더를 사용하지 않는 사람들도 인정하는 부분입니다. 블렌더가 실행될 때의 속도뿐만 아니라, 전체적인 작업 속도가 빠르기 때문에 생각난 아이디어를 즉시 작업에 반영할 수 있습니다.

EEVEE라는 실시간 렌더링 엔진의 사용도 큰 장점입니다. EEVEE와 패스 트레이스 렌더러인 Cycles를 모두 갖추고 있어 다양한 렌더링 요구를 만족시킬 수 있습니다. EEVEE의 속도는 실시간으로 결과를 보며 모델링할 수 있게 해줍니다.

라이선스 관리가 없다는 점도 큰 매력 중 하나입니다. 연구실에서 구조 생성, 부품 설계, 제너레이티브 디자인 같은 연구를 하는 데도 블렌더를 많이 사용합니다. 3D 프린팅에서 사용하는 STL 데이터로 쉽게 출력할 수 있고, 사용 방법이 간단해 연구실 동료들도 빠르게 적응하고 있습니다. 블렌더는 그 자체로 다양한 가능성을 제공하는 강력한 도구라고 할 수 있습니다.

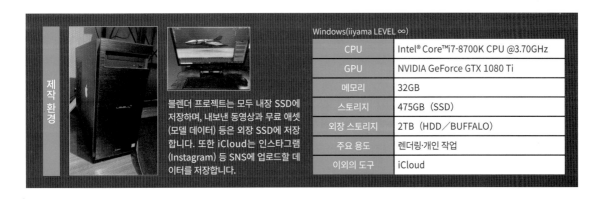

제작 환경

블렌더 프로젝트는 모두 내장 SSD에 저장하며, 내보낸 동영상과 무료 애셋(모델 데이터) 등은 외장 SSD에 저장합니다. 또한 iCloud는 인스타그램(Instagram) 등 SNS에 업로드할 데이터를 저장합니다.

Windows(iiyama LEVEL ∞)	
CPU	Intel® Core™i7-8700K CPU @3.70GHz
GPU	NVIDIA GeForce GTX 1080 Ti
메모리	32GB
스토리지	475GB (SSD)
외장 스토리지	2TB (HDD／BUFFALO)
주요 용도	렌더링·개인 작업
이외의 도구	iCloud

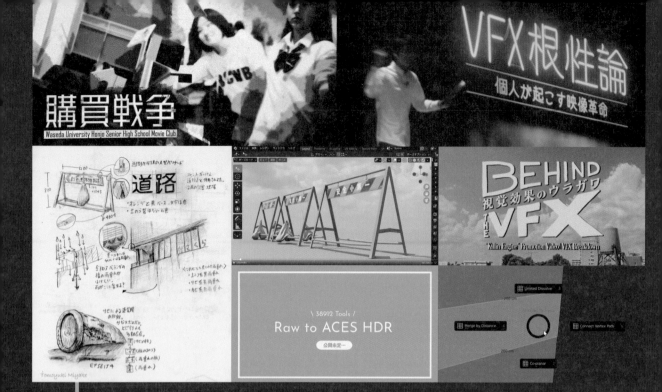

1-5

[영상, VFX 전문가]
미야케 님 인터뷰

미야케 토모유키 님은 어린 시절부터 VFX의 매력에 매료됐습니다. 지금까지 다양한 영상 작품, 3D CG, VFX 작업에 참여해 오면서 목표를 향해 꾸준히 나아가고 있습니다. 블렌더를 거의 10년간 사용했으며, 파이썬(Python)을 활용하여 자체적인 애드온과 도구를 개발하기도 합니다. 이러한 미야케 님에게 오브젝트 제작에 대한 생각, 영상 작품에서 표현하고 싶은 바, 영감을 얻는 방법 등에 대해 들어봤습니다.

미야케 토모유키(Miyake Tomoyuki)

2000년 도쿄에서 태어났으며 현재 와세다 대학교 교육학부 복합문화학과에 재학 중입니다. 초등학교 시절부터 이미지 합성과 영상 제작에 관심을 갖기 시작해 중학교 3학년 때 공개한 VFX 영화 「2045」는 150만 회 이상의 조회수를 기록했습니다. 현재는 도쿄에 있는 영상 제작 회사에서 아르바이트를 하고 있습니다.

YouTube

https://bit.ly/miyake_youtube

『2045』

https://bit.ly/2045_miyake

◉ 1-초등학교 1학년 때부터 'CG를 하자'라고 결심했다

--CG에 관심을 갖게 된 계기를 알려주실 수 있나요?

제가 VFX에 관심을 가지게 된 것은 초등학교 1학년 때부터였습니다. 야마자키 다카시 감독의 영화 「올웨이즈 – 3번가의 석양」과 그 메이킹 필름을 봤을 때입니다. 메이킹 필름에서 야마자키 감독은 "VFX라는 것은 CG, 실사, 모형을 조합해서 현실에서 촬영하기 어려운 영상을 만들어내는 기술이다"라고 말했던 것이 지금도 기억에 남습니다. 영상이 마법처럼 만들어지는 것을 보고 VFX의 매력에 푹 빠졌습니다.

하지만 갑자기 CG 제작을 할 수는 없었으므로 집에 있던 맥북의 iMovie를 사용해 조르주 멜리에스의 영화 「달세계 여행」 스타일의 간단한 컷 편집이나 모델 촬영 후의 간단한 합성으로 특촬물[7] 같은 느낌을 만들어보기 시작했습니다. CG를 본격적으로 시작한 것은 초등학교 고학년 때로 당시 무료로 사용할 수 있었던 스케치업 (SketchUp)으로 시작했습니다.

블렌더를 처음 접하게 된 것은 초등학교 4학년 때였습니다. 당시는 2.5 버전이었고, 블렌더를 설명하는 책들을 따라하며 블렌더 사용법을 배웠습니다. 해외 유튜브 영상도 많이 봤고, 자동 번역과 마우스 움직임을 보면서 이해하며 배웠습니다. 초등학교 6학년쯤에는 블렌더에 어느 정도 익숙해졌고 본격적으로 사용하기 시작했습니다.

---

7 (옮긴이) 특촬물이란 '특수 촬영물'의 줄임말입니다. 다만 현재는 '특촬물'이라는 장르로서 '일부러 옛날 느낌이 나는 특수 효과를 사용한 장르'를 의미합니다. 파워레 인저, 벡터맨, 후뢰시맨 등이 특촬물의 예입니다.

——「2045」는 어떻게 제작하게 됐나요?

중학교 3학년 때 1년 동안 어떤 한 가지를 해오는 과제가 있었습니다. 그때 블렌더를 사용해 뭔가 만들어보고 싶다는 생각이 들었습니다. 이 과정에서 영화 「올웨이즈 – 3번가의 석양 속편」과 2012년 도쿄도 현대미술관에서 열린 '안노 히데아키 특촬 박물관'의 단편 특촬 영화 「거신병 도쿄에 나타나다」를 보고 도시 파괴 장면에 흥미를 느꼈습니다. 이에, 다양한 명소를 파괴하는 영상을 만들었고, 이러한 시도를 종합해 스토리를 붙여 완성한 것이 바로 「2045」입니다.

블렌더 커뮤니티에서 피드백을 받기 위해 유튜브에 영상을 업로드했는데, 예상외로 많은 조회수를 기록하며 많은 관심을 받았습니다. 시청자들의 평가를 바탕으로 더 많은 것을 배울 수 있었고, 이러한 경험이 저에게 큰 자극이 되었습니다.

◉ 대상을 리얼하게 만드는 가장 중요한 요소는 관찰

——작품 제작을 위해서 평소에 하는 일이 있나요?

제가 특히 좋아하는 것은 도시의 모습입니다. 도시의 전봇대, 건물 등의 무생물과 그 안에서 이루어지는 인간과 자연의 상호작용이 참 멋집니다. 이를 위해 평상시에 걸어 다니면서 관찰하고 느낀 점을 메모합니다. 현실에 대한 깊은 관찰을 통해 대상에 대한 풍부한 정보를 얻는 것이 작품을 생동감 있게 만드는 데 중요하다고 생각합니다.

예를 들어, 가상의 전봇대를 만들 때도 현실의 전봇대가 갖는 기능과 구조에 대한 이해가 필요합니다. 이렇게 하면 현실감 있는 전봇대를 만들 수 있습니다. 건물 역시 마찬가지입니다. 판타지 속의 건물이라 할지라도 현실에 존재하는 본질적인 요소를 포함시켜야 사람들이 실제로 거주하는 것처럼 느껴지게 만들 수 있습니다.

길을 걷다가 시간이 부족할 때는 간단하게 스마트폰으로 사진을 찍기도 하지만, 단순히 사진을 찍는 것만으로는 관찰이라 할 수 없습니다. 따라서 이후에 그림과 메모로 정리합니다. 그림이나 글로 옮기는 과정에서 '여기에 빗물이 떨어져서 녹이 생겼구나'와 같이 풍경이 생긴 이유를 생각해 보기도 하는데, 이러한 깨달음이 정말 재미있습니다.

——지금까지 작업한 작품 중에서 가장 인상 깊었던 작품과 그 제작 과정에 대해 이야기해주세요.

고등학교 시절 영상 동아리에서 제작한 「구매 전쟁」이라는 작품이 가장 기억에 남습니다. 당시 영상, 연극, 미술 동아리에 모두 참여하고 있었는데, 연극 동아리 친구들의 도움으로 이 작품을 포함해 여러 작품을 촬영할 수 있었습니다. 동아리 활동에서 감독, 촬영, VFX까지 다양한 역할을 맡았고, 후배들을 위해 블렌더 강의도 열어 CG 작업을 도와줬습니다.

또한 고등학교 졸업을 앞두고 졸업 논문으로 개인 영화 작업도 진행했습니다. CG와 실사의 색상 매칭 문제에 자주 부딪혔는데, 이는 VFX 작업에서 흔히 마주치는 문제입니다. 이에 대해 궁금해서 ComperK 님에게 연락해 질문도 했습니다.

그 결과, CompetK 님으로부터 매우 친절하게 안내를 받을 수 있었습니다(당시의 내용은 "애프터 이펙트에서 OCIO를 사용한 ACES 장면 리니어 워크플로우"[8]라는 제목의 글에 있습니다). 이후로 점점 더 색공간에 빠졌습니다. 지금도 색공간에 대해 계속 공부하고 있는데, 배울수록 이론을 뒷받침하는 이론이 꼬리를 물고 이어집니다. 지금은 색채 공학의 세계까지 깊게 파고들고 있습니다.

기초를 다져두면 문제가 발생했을 때 원인을 좁혀 해결책을 세울 수 있습니다. 중학생 때는 전부 감각에 의존해 파라미터를 조절하며 색을 맞췄습니다. 실제로 색은 '색공간', '조명', '피사체의 질감' 등 여러 요소의 영향을 받습니다. 특히 색공간 같은 것은 이론적으로 처리할 수 있는 부분이 많습니다. 감각에 의존하는 부분을 최대한 줄여 효율적으로 좋은 결과를 얻을 수 있게 됐습니다.

◉ 디테일에 신경 쓰는 즐거움

--CG를 직업으로 삼게 된 것은 언제부터인가요?

업무는 대학생이 된 후부터 시작했습니다. 도쿄에 있는 영상 제작 회사에서 아르바이트도 했습니다. 「KillinEngine」의 PV[9]는 친동생의 친구가 개발자 한 분을 소개시켜 주어 담당하게 됐습니다. 시간이 많지 않았지만, 자유롭게 제작할 수 있어 VFX 컷을 아주 디테일하게 만들 수 있었던 작품입니다. 모델링은 블렌더, 3D 텍스처링은 Substance Painter, 컴포지트는 Nuke를 사용했습니다. 이 워크플로는 NHK 인터넷 방송에서 VFX 단편 작품을 만들 때 확립했으며, 현재도 이 방법으로 안정적으로 좋은 수준의 작품을 만들고 있다고 느낍니다.

「KillinEngine」 PV 영상에서는 CG에서 실사로의 전환에 카메라 프로젝션 기법을 사용했습니다. VFX에서 흔히 쓰이는 매치무브는 실사 카메라의 움직임에 CG 카메라의 움직임을 맞추는 방법입니다. 이 영상에서는 실제 영상을 왜곡시켜 CG 공간 위에 집어넣었습니다. 구체적으로 간단한 방 모델을 만든 후, 그곳에 실사 영상을 프로젝션해서 맞췄습니다. 흰 방에 빔프로젝터로 촬영한 영상을 프로젝션 매핑하는 것과 비슷합니다. 프로젝션하는 카메라와 실사 영상의 움직임을 매치무브로 조금만 조정하면, 프로젝션한 영상이 고정된 것처럼 보입니다. 그 위에 촬영용 카메라를 추가하여 밖에서 안으로 들어가는 형태로 촬영해서 카메라 워크를 만들었습니다.

오른쪽의 카메라가 프로젝터 역할을 합니다. 실사는 색 관리(컬러 매니지먼트)가 쉬운 Blackmagic Pocket Cinema Camera 4K로 촬영했습니다.

실내에서 실사를 제외한 모든 것은 CG입니다. 천 등은 자연스럽게 만들려면 시간이 많이 걸리므로 사진 측량(Photogrammetry)하는 것이 좋을 수 있습니다.

---

8 http://compojigoku.blog.fc2.com/blog-entry-66.html (일본어로 작성된 블로그이기는 하지만, 궁금한 사람은 구글 번역 등의 기능을 활용하여 확인해 보기 바랍니다.)

9 (옮긴이) PV는 Promotional Video의 줄임말로, 광고 영상을 의미합니다.

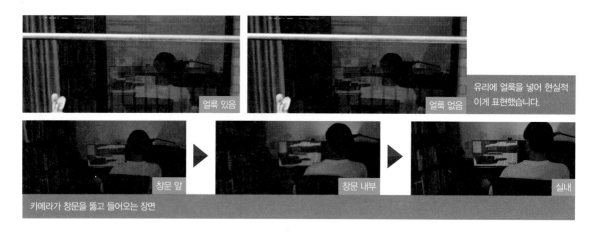

블렌더에서 컬렉션별로 패스를 렌더링하고 Nuke로 옮겨 컴포지팅 효율을 올렸습니다. 특히 창문 유리 표현은 단순히 물리적으로 정확하기만 해서는 '진짜 같아' 보이지 않는 경우가 많아 세부적인 조정이 필요했습니다.

실제 세계에서 밝은 밖에서 어두운 실내를 들여다볼 때 사람은 뇌로 보완해 외부 풍경과 방의 상황을 동시에 볼 수 있습니다. 하지만 영상 세계에서는 둘 중 하나의 밝기를 맞추면 다른 쪽이 제대로 보이지 않습니다. 물리적으로 정확하게 합성하려고 하면 사람의 인식과 차이가 생길 수 있습니다. 그래서 사람의 감각에 맞게 조정해 영상에 '진짜 같음'을 부여했습니다. 또한 유리가 너무 깨끗해서 모든 것을 반사하면 CG처럼 보일 수 있습니다. 그래서 일부러 유리 일부를 오염시켜 유리판 느낌을 표현했습니다. 이것도 사람의 감각에 맞게 조정하는 연출이라고 할 수 있습니다.

또한 유리를 뚫고 들어가는 장면에서는 뚫고 들어가는 순간 유리의 반사를 페이드 아웃 하여 오염만 남겼습니다. 현실에서는 유리에 가까이 갈수록 카메라를 들고 있는 사람이 반사되어 보여야 합니다. 하지만 실제 영상에서 이러한 반사는 영상이 촬영됐다는 것을 너무 직접적으로 보여줍니다. 아무것도 없는 것 역시 CG처럼 보일 수 있습니다. 차라리 카메라가 창문 유리에 가까워질 때 서서히 반사를 안 보이게 만드는 것이 더 자연스럽습니다. 실제로 실사 촬영할 때 편광 필터를 씌우는 것과 비슷합니다.

그리고 유리를 뚫고 들어갈 때 왜곡과 흐림을 적용하고, 배경의 대비를 강화해서 유리 입자를 뚫고 들어가는 느낌을 연출했습니다. 현실에 무조건 가깝게 만드는 것이 리얼리즘이라고 할 수는 없습니다. 실제 현실에서 유리를 뚫고 나간다면 유리 부분에서만 잠시 왜곡이 생기거나 할 것입니다. 하지만 연출을 추가하면 진짜보다 더 진짜 같은 느낌으로 '유리를 지금 통과했다'는 것을 눈으로 확인할 수 있습니다. 순식간에 끝나는 장면이지만, 이 장면이 있고 없고에 따라 느낌이 확실히 달라집니다.

——앞으로 도전하고 싶은 것을 알려주세요.

지금까지 무기물에만 관심이 있어서 유기물(생물)을 만들어본 적이 전혀 없습니다. 유기물을 만들 수 있으면 재미있을 것 같아서 앞으로는 캐릭터 모델링이나 애니메이션에도 도전해 보고 싶습니다.

제작환경

▲4K 모니터 2대(왼쪽·중앙)와 BenQ 컬러 매니지먼트 모니터(오른쪽). 책상에 있는 믹서(KORG nanoKONTROL2)는 MA 전용, 펜 태블릿(Wacom Intuos Pro)은 모델링 전용입니다. 모델링할 때는 태블릿이 훨씬 편한 것 같습니다.

Windows(조립 PC)	
CPU	Intel Xeon CPU E5-2640 v4
CPU	NVIDA GeForce GTX 1080을 4개 사용
메모리	256GB
스토리지	1TB（SSD）
기타	실외에서 작업할 때는 서피스 북(Surface Book)을 사용합니다. 데이터를 교환할 때는 구글 클라우드(Google Cloud)를 사용합니다.

2장

블렌더
기본 조작

2-1

studio.blender.org

New File
- General
- 2D Animation
- Sculpting
- VFX
- Video Editing

- Open...
- Recover Last Session

Getting Started
- Manual
- Tutorials
- Support
- User Communities
- Blender Website

- Donate
- What's New

4.2.0

[기본 조작 살펴보기]

블렌더 조작 설명

이번 절에서는 블렌더를 설치하는 방법부터 렌더링하는 방법까지 3D CG를
제작하는 기본 과정을 살펴보며, 블렌더의 기본 조작 방법을 설명합니다.

Taka Tachibana

이 절의 개요

- 설치 방법과 환경 설정
- 인터페이스와 뷰포트 조작
- 'Object Mode' 기본 조작
- 'Edit Mode' 기본 조작
- 알아두면 좋은 중요 포인트
- 워크스페이스와 3D CG 완성까지의 워크플로

영상으로 설명!

https://bit.ly/blender_basic

설치 방법과 환경 설정

블렌더를 처음 시작하는 분이라면 블렌더 공식 사이트에서 애플리케이션을 다운로드해서 설치합니다. OS는 Windows, macOS 등 모두 지원합니다.

설치 후 실행하고, 환경 설정을 시작으로 다양한 설정을 진행하겠습니다. 자신의 컴퓨터 환경에서 사용하기 쉽게 최적화합시다.

◉ 설치와 언어 설정

소프트웨어는 공식 사이트에서 다운로드합니다. 원하는 언어로 소프트웨어를 사용하려면 시작 화면의 [Languages]를 [English] 또는 [Korean(한국어)]로 선택합니다. 만약 언어를 잘못 설정했다면 이후에 상단 바에 있는 [Edit]→[Preferences] →[Interface]→[Translation]→[Language]에서 변경할 수 있습니다.[1]

▲공식 사이트(https://www.blender.org/)

▲언어 설정

▲실행 화면

◉ 환경 설정

환경 설정을 완료했다면 ▤→[Auto-Save Preferences]에 체크되어 있는지 확인하고 창을 닫습니다.

입력

블렌더는 숫자 패드와 버튼을 3개 가진 마우스로 조작합니다. 만약 숫자 패드 또는 버튼을 3개 가진 마우스가 없다면, [Input]→[Emulate Numpad]/[Emulate 3 Button Mouse]에 체크합니다. 여기에 체크하면 메인 키보드의 숫자가 키패드의 숫자로 인식되며, [Alt]+클릭이 마우스 중간 버튼으로 인식됩니다.

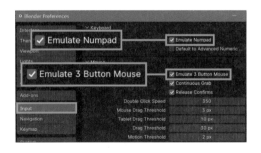

---

1 (옮긴이) Blender의 한국어 번역이 어색한 부분이 많아서 이 책에서는 기본으로 영어 메뉴로 설명합니다.

키맵

필수는 아니지만, [Tab for Pie Menu], [Pie Menu on Drag], [Extra Shading Pie Menu Items]를 모두 체크하는 것을 추천합니다(파이 메뉴는 38페이지 아래에서 소개하는 메뉴입니다).

시스템

GPU를 가지고 있다면 [Cycles Render Devices]에서 GPU에 체크합니다. 이렇게 하면 GPU를 활용하므로 처리 속도가 빨라집니다.

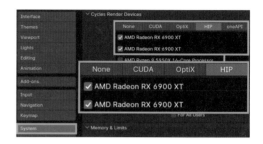

※ 이 책에서는 기본으로 Windows에서의 단축키를 소개합니다. 만약 macOS를 사용하고 있다면 [Ctrl]→[⌘], [Alt]→[Option]으로 변경해서 사용해주세요.

인터페이스와 뷰포트 조작

◉ 실행 때의 화면 인터페이스 구성

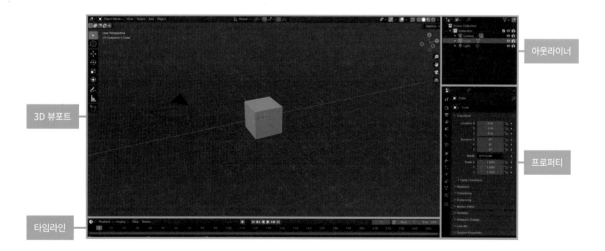

블렌더의 기본 화면(워크스페이스)에는 4개의 영역이 있습니다. 중앙 영역은 '3D 뷰포트', 오른쪽 위 영역은 '아웃라이너', 오른쪽 아래 영역은 '프로퍼티', 아래 영역은 '타임라인'입니다. 3D 뷰포트에 이미 존재하는 Cube, Camera, Light는 모두 아웃라이너에도 표시되어 있습니다. 프로퍼티에서는 탭의 아이콘을 클릭해서 탭을 전환하며 다양한 설정을 할 수 있습니다(50페이지 참고).

블렌더는 소프트웨어 안의 3D 공간에서 CG 모델을 만들고, 촬영하고, 조명을 배치하고, 텍스처 매핑 등 다양한 작업을 합니다. 이 과정에서 3D 뷰포트의 시점을 전환하면서 여러 각도에서 작업합니다.

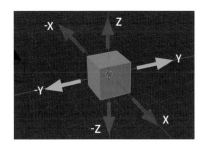

▶ 블렌더의 3D 뷰포트 방향은 XYZ축으로 표시됩니다. 기본적으로 붉은색 선이 X축(좌우), 초록색 선이 Y축(전후), 파란색 선이 Z축(상하)입니다[2]. 참고로 Z축은 기본 설정으로 비표시되어 있습니다.

⊙ 시점 전환 방법

줌

마우스 휠을 움직이거나 [Ctrl]을 누르면서 마우스 중간 버튼을 클릭해서 줌 인(zoom-in)과 줌 아웃(zoom-out)을 할 수 있습니다. macOS에서 매직 마우스를 사용하고 있다면, [Command]를 누르면서 스크롤합니다.

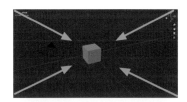

회전

마우스 중간 버튼을 클릭한 채 드래그하면 시점을 회전하면서 오브젝트를 볼 수 있습니다. 오른쪽 이미지는 상하로 회전한 예입니다. 매직 마우스를 사용할 경우, 마우스 표면으로 스크롤합니다.

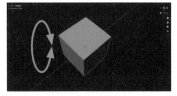

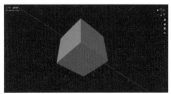

---

2 (옮긴이) 축의 색과 방향을 기억하기 힘들 수 있는데, RGB 색상을 순서대로 XYZ에 대응한 것입니다. 따라서 Red=X, Green=Y, Blue=Z입니다.

[Shift]를 누른 상태에서 마우스 중간 버튼을 클릭한 상태로 움직이면 시점을 상하좌우로 움직일 수 있습니다. 매직 마우스의 경우는 [Shift]를 누르면서 스크롤합니다.

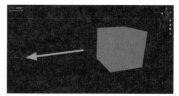

'Object Mode' 기본 조작

◉ 단축키를 활용해서 효율적으로 조작하기

실행 시에는 기본적으로 '[Object Mode](오브젝트 모드)' 상태입니다. 이러한 [Object Mode]에서는 오브젝트에 위치 변경, 확대와 축소, 회전 등의 조작을 할 수 있습니다. 참고로 35~36페이지에서 설명한 방법은 시점을 전환하는 것이지, 오브젝트를 조작하는 것은 아닙니다. 각 조작은 화면의 도구를 클릭해서도 할 수 있지만, 단축키를 기억해 두면 훨씬 더 효율적으로 조작할 수 있습니다. 일반적으로 단축키를 사용하는 것이 좋습니다.

이동/확대 · 축소/회전 조작

이동의 [G]는 'Grab=움켜잡음', 회전의 [R]은 'Rotation=회전', 확대 · 축소의 [S]는 'Scale=축적'을 의미하므로, 영어 단어를 생각하면 단축키를 쉽게 기억할 수 있습니다. 오브젝트를 이동하는 중간에 마우스 오른쪽 버튼을 클릭하면 조작이 취소되어 원래 위치로 돌아옵니다. [Alt]를 누르면서 [G], [R], [S]를 누르면 각각의 조작이 초기화됩니다.

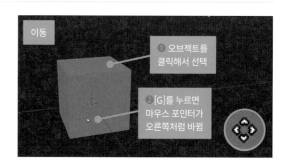

도구 바에 표시되는 ▦로 이동, ◉로 회전, ◨로 확대 · 축소 조작을 할 수도 있습니다.

회전

오브젝트 선택 → [R] 누름 → 마우스를 움직여서 방향 조절 → 클릭해서 결정

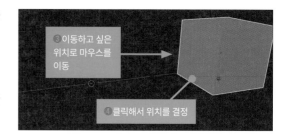

확대와 축소

오브젝트 선택 → [S] 누름 → 마우스를 움직여서 크기 조절 → 클릭해서 결정

XYZ축으로 조작하기

축을 고정해서 조작하고 싶다면, 이동의 경우 [G]를 누른 후에 [X]를 누르면 됩니다. 이렇게 하면 X축을 따라서만 움직입니다. 마찬가지로 [Y]를 누르면 Y축, [Z]를 누르면 Z축으로 제한됩니다. 이러한 조작은 회전과 확대 · 축소 조작에도 사용할 수 있습니다. 또한 [Shift]를 누른 상태에서 각 축에 해당하는 키를 누르면 해당 축 이외의 축을 따라 조작할 수 있습니다(예를 들어 [Shift]+[X]를 누르면 Y축과 Z축은 고정됩니다).

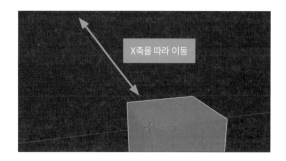

X축을 따라 이동

참고로 [G]를 누른 뒤 마우스 가운데 버튼을 클릭하면, 가까운 축에 스냅해서 축을 조정할 수 있습니다.

제거/복제/복수 선택

오브젝트를 제거할 때는 오브젝트를 선택한 상태에서 [X]를 누르고 [Delete]를 클릭합니다. 원래대로 되돌리고 싶은 경우 [Ctrl]+[Z]를 누릅니다. 복제할 때는 오브젝트를 선택한 상태에서 [Shift]+[D]를 누릅니다. 또한 [Shift]+클릭으로 여러 개의 오브젝트를 동시에 선택하고 움직일 수

▲제거

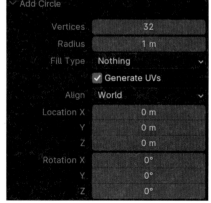

▲복제

복제한 오브젝트

있습니다. 드래그하면 사각형 올가미 형태로 선택되며, 선택한 오브젝트를 한꺼번에 조작할 수 있습니다.

새로 오브젝트 추가하기

신규 오브젝트를 추가하고 싶으면 3D 뷰포트 헤더에서 [Add]→[Mesh]를 선택합니다. 단축키 [Shift]+[A]로도 [Add] 메뉴를 표시할 수 있습니다. 메시는 폴리곤(다각형)이 모여 있는 형태(3D 오브젝트)를 의미합니다. 참고로 오브젝트를 새로 추가하면 영역 왼쪽 아래에 플로팅 윈도우가 나타납니다. 이를 열면 여러 가지 파라미터를 조정할 수 있습니다. 다만 화면의 다른 곳을 클릭하면 플로팅 윈도우가 사라지며 이후로는 다시 표시되지 않으므로 주의해야 합니다.

▲[Add] 대화상자

Add Circle	
Vertices	32
Radius	1 m
Fill Type	Nothing
	✓ Generate UVs
Align	World
Location X	0 m
Y	0 m
Z	0 m
Rotation X	0°
Y	0°
Z	0°

▲플로팅 윈도우

전체 선택

[A]를 누르면 오브젝트 전체를 선택할 수 있습니다. 전체 선택을 해제하고 싶다면 [A]를 2번 누르거나 [Alt]+[A]를 누릅니다.

숫자 패드로 시점 전환하기

[.][0]~[9]의 숫자 패드로도 시점을 변경할 수 있습니다. [.]을 누르면 오브젝트에 포커스가 맞춰집니다. 추가로 [Shift]+[C] 또는 [Home]을 누르면 현재 화면에 있는 모든 요소가 한 화면에 표시됩니다.

[7] 탑뷰(위에서 보는 시점)

[8] 위로 조금 회전

[9] 시점을 반대 방향으로 돌리기

[4] 왼쪽으로 조금 회전

[5] Perspective와 Orthography 전환

[6] 오른쪽으로 조금 회전

[1] 프론트뷰(정면에서 보는 시점)

[2] 아래로 조금 회전

[3] 라이트뷰(오른쪽에서 보는 시점)

[0] 카메라 뷰

[.] 선택한 요소를 집중 표시

※ Perspective는 원근법을 적용한 표시 방식, Orthography는 원근법을 적용하지 않은 표시 방식입니다.

표시 방법 전환하기

[Shift]+[Z]를 누르면 와이어프레임 모드와 솔리드 모드를 서로 전환할 수 있습니다. 또한 [Z]를 누르면 표시 방법 전환과 관련된 파이 메뉴가 표시됩니다. 파이 메뉴를 사용하지 않더라도 3D 뷰포트 헤더 오른쪽에 있는 [Shading] 메뉴에서도 같은 조작을 할 수 있습니다(오른쪽 두 모드와 관련된 내용은 47페이지에서 설명합니다).

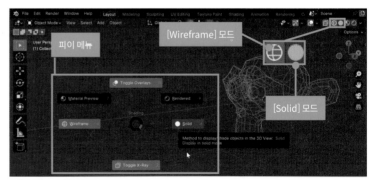
▲[Wireframe] 모드

'Edit Mode' 기본 조작

◉ 편집 모드란?

'편집 모드(Edit Mode)'는 오브젝트 자체를 변형할 때 사용하는 모드입니다. [Tab]을 누르면 편집 모드와 '오브젝트 모드(Object Mode)'를 서로 전환할 수 있습니다. [Tab]을 누르면서 마우스를 움직이면 파이 메뉴가 표시되며 다른 모드로도 전환할 수 있습니다. 참고로 편집 모드에서 메시를 추가하면 현재 선택된 오브젝트 내부에 새로운 메시가 추가되는 것이므로 주의하세요.

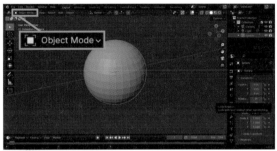 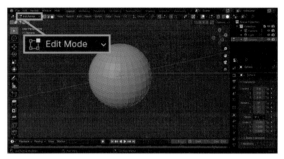

▲[Tab]을 누르면 오브젝트 모드와 편집 모드를 서로 전환할 수 있습니다.

버텍스/에지/페이스 선택

모드 선택 메뉴 오른쪽에 왼쪽부터 버텍스 선택 모드([Vertex Selection Mode]), 에지 선택 모드([Edge Selection Mode]), 페이스 선택 모드([Face Selection Mode]) 버튼이 있습니다. 단축키는 메인 키보드의 [1], [2], [3]입니다(숫자 패드 쪽의 [1], [2], [3]은 시점 단축키, 메인 키보드의 [1], [2], [3]은 선택 모드 단축키입니다).

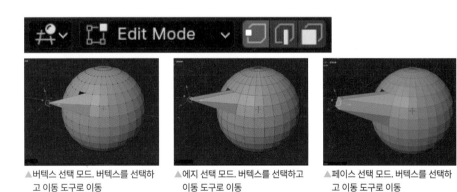

▲버텍스 선택 모드. 버텍스를 선택하고 이동 도구로 이동

▲에지 선택 모드. 버텍스를 선택하고 이동 도구로 이동

▲페이스 선택 모드. 버텍스를 선택하고 이동 도구로 이동

또한 [Alt]+[Z]를 누르면 엑스레이 표시(투명 표시)를 전환할 수 있습니다. 엑스레이 표시 상태에서 어떤 지점을 선택하면 해당 지점의 반대 쪽에 있는 가려진 부분도 함께 선택됩니다. 3D 뷰포트 헤더 오른쪽에 있는 🔲도 같은 기능입니다. 이외에도 드래그해서 원형으로 선택하는 [Select Circle], 올가미로 감싸서 선택하는 [Select Lasso] 등의 방법도 있습니다.

여러 개의 버텍스, 에지, 페이스를 선택하고 싶을 때는 [Shift]를 누르면서 클릭해서 선택합니다. 그리고 [Alt]를 누르면서 클릭하면 선택한 버텍스, 에지, 페이스와 연결된 부분을 한꺼번에 선택할 수 있습니다. 이를 '루프 선택'이라고 합니다. 자주 사용하는 기능이므로 기억해 두세요. 참고로 [Preferences]→[Input]의 [Emulate 3 Button Mouse]을 활성화했다면 이 기능을 사용할 수 없습니다.

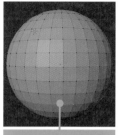

구체의 가로 방향 루프를
선택한 상태

'비례 편집(Proportional Editing)'은 특정 버텍스, 에지, 페이스를 선택하고 이동, 확대 · 축소, 회전했을 때 범위 내 요소들이 함께 움직이게 해주는 기능입니다. 이 범위의 크기는 마우스 휠을 돌려서 조정할 수 있습니다. 3D 뷰포트 헤더 중앙에 있는 아이콘 ◎을 클릭해서 비례 편집을 활성화하거나 비활성화할 수 있습니다.

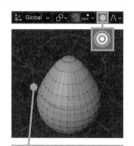

범위 내부의 요소가 한꺼번
에 움직입니다.

알아두면 좋은 중요 포인트

◎ 원점

기본 조작을 이해할 때 알아둬야 하는 것이 바로 '원점(Origin)'과 '3D 커서(3D Cursor)'입니다. 이를 잘 이해할수록 앞으로 조작을 원활하게 이해하고 활용할 수 있습니다. 일단 원점에 대해 설명하겠습니다. '원점(Origin)'이란 오브젝트의 중심을 의미하며, 주황색 점으로 표시됩니다. 블렌더에서 오브젝트에 어떤 조작을 가하면 기본적으로 이러한 원점을 기준으로 조작이 이루어집니다. 이전에 배웠던 확대축소와 회전 조작 모두 이 원점을 기준으로 이루어집니다.

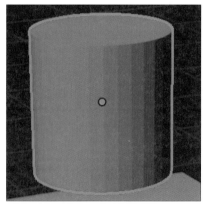

◀오브젝트의 중심에 있는
주황색 점이 원점

▲원점이 오브젝트의 아랫부분에 있을 경우, 아랫부분을 기준으로 위를 향해 확대축소가 이루어집니다.

▲원점이 오브젝트 중앙에 있을 경우, 모든 방향으로 확대축소가 이루어집니다. 현재 그림의 경우 나무가 바닥을 뚫고 들어갑니다.

원점은 기본적으로 해당 오브젝트의 중심이 되는 위치에 배치됩니다. 하지만 원하는 위치로 옮길 수 있습니다. 예를 들어 나무와 집처럼 지면에 닿아 있는 물체를 조작할 때는 물체의 바닥을 원점으로 설정하는 것이 좋

습니다. 이렇게 하면 바닥(지면과 접지하는 곳)을 기준으로 확대축소가 일어나므로 조작하기가 쉽습니다. 원점을 움직이고 싶다면 [N]으로 표시되는 사이드 메뉴에서 [Tool]→[Options]→[Transform]의 [Affect Only]에서 [Origins]를 체크합니다. 이 상태에서 조작하면 원점만 조작되므로 원점을 원하는 위치와 방향으로 이동할 수 있습니다. 체크를 해제하면 다시 이전처럼 오브젝트를 조작할 수 있습니다.

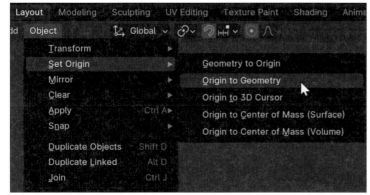 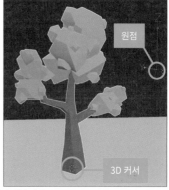

▲헤더 메뉴의 [Object]→[Set Origin]으로 원점을 오브젝트 중심 또는 3D 커서 등 원하는 위치로 이동할 수 있습니다.

◉ 3D 커서

'3D 커서(3D Cursor)'는 블렌더에서 다음 그림과 같은 마크를 의미합니다. 오브젝트 조작은 기본적으로 오브젝트의 원점(origin)을 기준으로 이루어집니다. 하지만 3D 커서를 기준으로 해서 조작할 수도 있습니다. 참고로 기본 설정으로 오브젝트를 생성하면 원점과 3D 커서가 월드 원점(world origin)[3]에 배치됩니다.

---

3 (옮긴이) 월드 원점을 3D 좌표계에서 (X, Y, Z)=(0, 0, 0)을 나타내는 위치를 의미합니다.

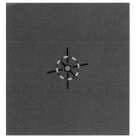

▲원점과 3D 커서

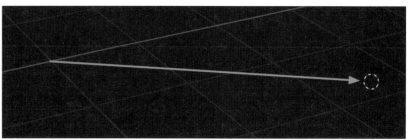

▲[Shift]+마우스 오른쪽 클릭으로 원하는 위치에 배치할 수 있습니다.

3D 커서는 애프터 이펙트의 '앵커 포인트(Anchor Point)'와 비슷합니다. 예를 들어 3D 커서를 기준으로 여러 오브젝트를 회전시키거나 조작할 수 있습니다. 또한 메시를 새로 추가할 때도 3D 커서 위치에 배치됩니다. 모두 굉장히 자주 사용하는 기능이므로 기억해 둡시다.

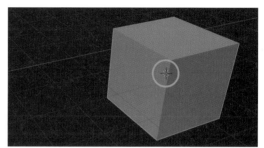

▲새로운 메시를 추가하면 3D 커서와 해당 오브젝트의 원점이 겹치게 배치됩니다.

오브젝트의 기준점이 되는 '원점'과 모든 조작의 기준점이 되는 '3D 커서'를 항상 의식하면서 작업하는 것이 좋습니다. 3D 뷰포트 헤더 중앙을 보면 [Transform Pivot Point]라는 메뉴가 있습니다. 이를 활용하면 원점을 기준으로 할지, 3D 커서를 기준으로 할지 선택할 수 있습니다.

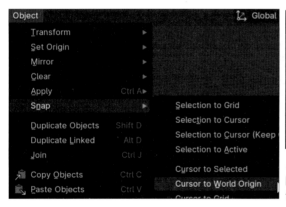

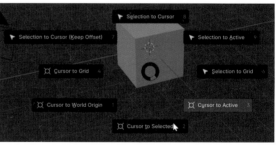

◀◀3D 커서를 초기 위치(월드 원점)로 되돌리고 싶은 경우, [Object]→[Snap]→[Cursor to World Origin]을 선택합니다. [Shift]+[S]를 눌렀을 때 표시되는 파이 메뉴에서 같은 조작을 할 수 있습니다.

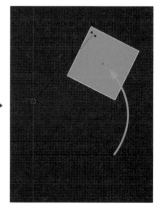

▲▶3D 뷰포트 헤더 중앙의 [Transform Pivot Point]에서 [3D Cursor]를 선택하고 오브젝트를 회전하면 3D 커서를 기준으로 회전할 수 있습니다.

⦿ 스냅

스냅(Snap)이란 자석처럼 딱 붙게 조작하는 것을 의미합니다. 오브젝트들을 완벽하게 정렬해서 배치하고 싶을 때 이 기능을 활용합니다. 헤더의 스냅 메뉴를 활성화([Shift]+[Tab])하고, 원하는 타입을 선택하면 됩니다. [Face]를 선택하면 페이스와 페이스가 서로 붙게 스냅합니다. [Increment]는 그리드에 맞춰 배치합니다. 깔끔하게 정렬해서 배치하고 싶을 때 유용하게 활용할 수 있습니다. 참고로 [Increment]는 따로 활성화하지 않아도 오브젝트를 조작할 때 [Ctrl]을 누르면서 조작하면 비슷한 효과를 낼 수 있습니다. 또한 [Shift]+[Ctrl]을 누르면 더 미세한 그리드에 스냅합니다.

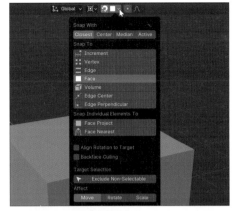

▶ 스냅되는 부분은 주황색 원으로 표시됩니다.

⦿ 모디파이어

모디파이어(Modifier)는 간단하게 '효과를 부여하는 것'을 의미합니다. 비파괴적(효과를 제거하면 원래대로 돌아가는 것)으로 다양한 효과를 추가할 수 있습니다. 단독으로 사용할 수도 있고, 여러 개를 결합해서 사용할 수도 있습니다. 자주 사용하는 모디파이어 몇 가지를 소개하겠습니다[4].

---

4 (옮긴이) 2024년은 3.8LTS 버전과 4.X 버전이 공존하는 기간입니다. 아직 큰 차이는 없지만, 모디파이어를 추가할 때 카테고리가 구분되어 있는지 여부가 다릅니다. 다음 모디파이어 소개에서 앞에 붙어있는 [Generate], [Physics] 등은 카테고리를 의미합니다. 찾기 힘들다면 메뉴에 검색창이 붙어있으므로 이를 활용하세요.

[Generate]→[Array]

오브젝트를 복제하고 나열합니다. 어떤 특정 오브젝트를 같은 간격으로 배치할 때 유용합니다. 1차원(일렬)으로 나열할 수 있을 뿐만 아니라, 2차원과 3차원으로도 나열할 수 있습니다.

[Generate]→[Bevel]

오브젝트의 모서리를 부드럽게 만듭니다. 이 모디파이어를 사용하지 않고도, 에지를 선택한 뒤 [Ctrl]+[B]를 눌러 원하는 에지를 베벨하는 조작도 많이 사용합니다.

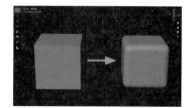

[Generate]→[Mirror]

거울처럼 축을 기준으로 반대편에 메시를 자동으로 생성합니다. 모델링할 때 자주 사용하는 모디파이어입니다. 인물과 제품 등 좌우 대칭되는 모델을 만들 때 활용하면 효율적으로 작업할 수 있습니다.

[Generate]→[Solidify]

페이스를 돌출해서 두께를 가진 오브젝트로 만듭니다. 참고로 물리 연산에서 물체가 물체를 뚫고 가거나 빛이 새어 나오는 경우 등에 이를 활용하면 대부분 해결됩니다.

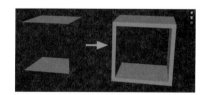

[Generate]→[Boolean]

다른 오브젝트의 형태만큼 제거하거나 추가할 수 있습니다. 로봇처럼 딱딱한 표면을 만드는 하드 서피스 모델링을 할 때는 다음 그림처럼 다른 오브젝트를 제거하는 조작 등을 많이 활용합니다.

에지에 두께를 주어서 와이어 프레임 효과를 만듭니다. 섬유, 철로 만들어진 격자(철탑 등), 홀로그램 등을 표현할 때 많이 활용합니다.

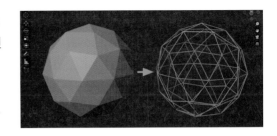

바다의 파도를 표현합니다. 파도의 크기와 높이 조정은 물론이고, [Time] 항목을 활용해서 애니메이션도 만들 수 있습니다.

Tips

이외에도 지금 설명하지 않은 모디파이어도 다음과 같이 소개합니다.

3-2 3D 모델 구입과 사용 방법

- [Generate]→[Subdivision Surfaces]
- [Generate]→[Decimate]

3-3 블렌더 리깅 + 애니메이션 기초

- [Generate]→[Build] · [Deform]→[Simple Deform] · [Deform]→[Displace]
- [Deform]→[Wave] · [Deform]→[Curve]

워크스페이스와 3D CG 완성까지의 워크플로

◉ 다양한 3D CG 제작 워크플로

3D CG 제작 과정은 '무엇을 만드는가?'와 '누가 만드는가?'에 따라 굉장히 다릅니다. 이번 절에서는 일반적인 워크플로를 소개하지만, 이 흐름에 너무 얽매이지 않아도 괜찮습니다.

블렌더는 기본적으로 각각의 작업에 적합한 워크스페이스를 제공합니다. 상단 바의 [Shading], [Animation] 등이 이러한 작업을 할 때 활용하면 좋은 워크스페이스입니다. 이러한 워크스페이스를 사용해도 되고, 직접 자신에게 맞는 워크스페이스를 만들어 활용해도 됩니다. 블렌더는 영역 분할 기능이 굉장히 자유로우므로 원하는 형태의 레이아웃을 만들어 활용할 수 있습니다.

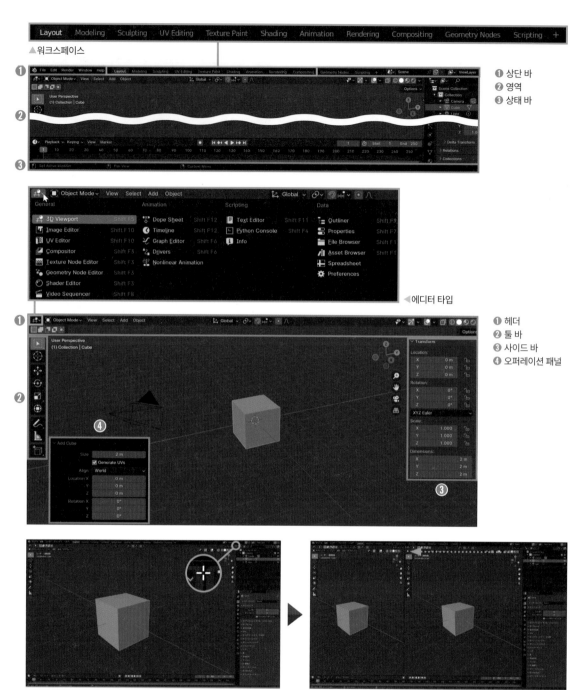

▲워크스페이스

❶ 상단 바
❷ 영역
❸ 상태 바

◀에디터 타입

❶ 헤더
❷ 툴 바
❸ 사이드 바
❹ 오퍼레이션 패널

▲영역 분할. 마우스 포인터가 변화했을 때 원하는 방향으로 드래그하면 영역이 분할됩니다.

◉ ❶ 모델링

모델링은 입체적인 물체를 만들어내는 작업을 의미합니다. 'CG'를 모델링과 같은 것이라고 생각하는 사람도 많습니다. 하지만 모델링은 3D CG 제작에 있어서 하나의 공정일 뿐입니다. 폴리곤을 하나하나 만들어서 조형하는 방법도 있으며, 조소처럼 조형을 만들어내는 '스컬프트 모델링'이라는 방법도 있습니다. 이외에도 프로그래밍을 활용해서 조형을 만들어내는 '프로시저럴 모델링' 등 다양한 종류가 있습니다.

일반적으로 CG 작업에서 모델링을 가장 처음 진행하므로 이 책도 모델링을 먼저 다루기로 했습니다. 하지만 이 책은 실사 합성을 위한 내용을 담고 있으므로 모델링은 간단하게만 다루겠습니다.

참고로 모델링을 모두 직접 해야 하는 것은 아닙니다. 3장 칼럼에서 3D 모델을 구입해서 활용하는 사례도 소개하겠습니다. 모델링은 사실 쉽지 않은 부분이므로 좋은 의미로 최대한 편하게 실사 합성을 즐겨볼 수 있게 구입해서 활용하는 것도 괜찮습니다.

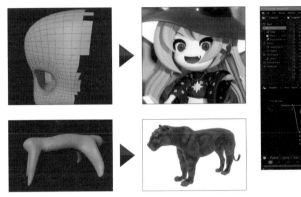
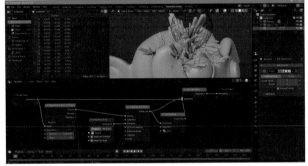

◉ ❷ 머티리얼

제작 또는 구입한 3D 모델의 재질을 만들어내는 과정입니다. 같은 3D 모델이라도 금속 재질을 입히거나, 유리 재질을 입히거나, 광택 없는 질감을 내는 등 다양한 형태로 재질을 표현할 수 있습니다. 컬러 그레이딩으로 영상의 전체적인 느낌을 잡을 수 있는 것처럼 3D 모델의 전체적인 느낌도 머티리얼로 잡을 수 있습니다. 머티리얼과 관련해서 [Shader]라는 이름의 워크스페이스가 만들어져 있으며, 여기에서 '노드'를 조합하거나 이미지 소재를 사용해서 다양한 질감을 만들어낼 수 있습니다.

머티리얼을 설정할 때는 셰이딩 모드를 전환해서 작업을 진행합니다. '셰이딩'이란 간단하게 말하면 '묘사 방법 또는 처리'를 의미합니다. 3D 뷰포트 헤더 오른쪽 끝에 있는 4개의 동그라미를 선택해서 셰이딩 모드를 전환할 수 있습니다. [Solid]와 [Wireframe]은 이미 소개했습니다. [Material Preview]를 선택하면 색과 반사 등이 계산된 미리보기를 볼 수 있습니다. 그리고 직접 배치한 조명과 환경의 영향 등이 적용된 최종 렌더링 결과를 보고 싶을 때는 [Rendered]를 사용합니다. 이와 같은 셰이딩 모드 전환 조작은 [Z]를 길게 눌렀을 때 표시되는 파이 메뉴를 활용해서도 할 수 있습니다.

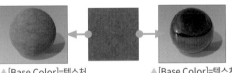

▲[Base Color]=텍스처
[Metalic] =0(최소)
[Roughness] =1(최대)

▲[Base Color]=텍스처
[Metalic] =1(최대)
[Roughness] =0(최소)

▲[Wireframe] 모드　　　　▲[Solid] 모드　　　　▲[Material Preview] 모드　　　　▲[Rendered] 모드

◉ ❸ 애니메이션

3D 모델을 움직이는 작업입니다. 키프레임을 찍거나 그래프의 커브를 조정하면서 움직입니다. 또한 3D CG의 특징적인 '리깅(Rigging)'이라는 작업이 있습니다. 이는 사람처럼 모델에 실제 골격을 넣어서 보다 효율적으로 움직일 수 있게 만드는 작업입니다.

추가로 '드라이버(driver)'라는 기능(애프터 이펙트의 확장 비슷한 것)과 '모디파이어(modifier)'를 활용해 효과를 적용해 움직이기도 합니다.

그래프 에디터

◉ ❹ 촬영 · 라이팅

카메라의 위치와 렌즈를 결정하고 조명을 설정하는 과정입니다. 다음 이미지처럼 카메라 화각을 맞추고 오른쪽에서 조명을 비추면 피사체 왼쪽에 그림자가 생깁니다. 거의 실제 촬영과 같은 느낌이라고 생각하면 됩니다. 블렌더 카메라 뒤에 실제로 촬영한 영상을 밑그림처럼 배경에 깔고, 이에 맞게 모델과 조명을 배치하는 등 실제 촬영처럼 작업합니다. HDRI라는 360도 환경 사진을 활용해서 블렌더 내부에 리얼한 공간(사실적인 공간)을 재현하기도 합니다.

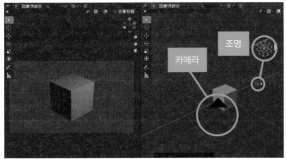

◉ ⑤ 렌더링 · 컴포지트

렌더링은 카메라로 찍은 영상을 최종 출력하는 과정입니다. [Render Properties]에서 렌더링 설정을 할 수 있습니다. 또한 [Output Properties]에서 해상도, 종횡비, 프레임 레이트, 저장 위치 등을 설정할 수 있습니다. 렌더링은 상단 바에 있는 [Render] 메뉴에서 실행할 수 있습니다. 한 장의 이미지를 렌더링할 때는 [Render Image] 또는 [F12]를 누릅니다. 이미지로 저장하고 싶을 때는 [Blender Render] 화면의 [Image] 메뉴에서 [Save]를 선택합니다. 애니메이션으로 내보내고 싶을 때는 [Render Animation]을 선택합니다. [Ctrl]+[F12]로 같은 조작을 할 수 있습니다.

Tips

렌더링은 아웃라이너에 표시되는 뷰 레이어별로 이루어집니다. 씬([Scene]), 뷰 레이어([ViewLayer]), 컬렉션([Collection])의 관계를 정리해 보면 다음 그림과 같습니다. 그림처럼 근경, 원경, 그림자 등으로 구분해 두면 이후에 합성할 때 각각의 레이어를 독립적으로 조정할 수 있어서 편리합니다.

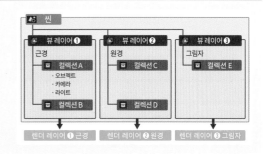

렌더링으로 출력된 결과물은 필요에 따라 컴포지트(합성)합니다. 블렌더에서 컴포지트는 [Compositing]라는 워크스페이스에서 할 수 있습니다. 컴포지트는 블렌더가 아니라, 애프터 이펙트 등의 다른 외부 소프트웨어로 하는 사람도 많습니다. 이 책에서는 두 가지 방법을 모두 설명하므로 자신에게 맞는 방법을 찾아보기 바랍니다.

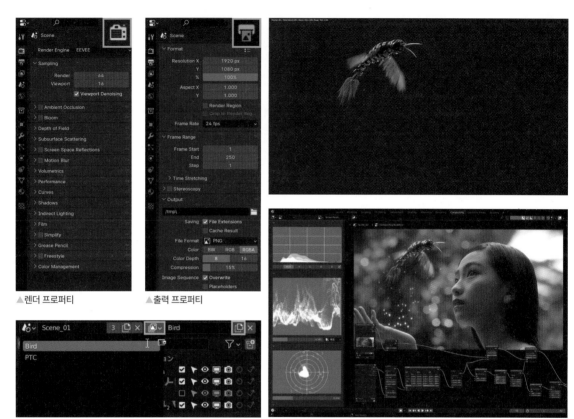

▲ 렌더 프로퍼티   ▲ 출력 프로퍼티

▲ 뷰 레이어 추가는 █, 전환은 █▾로 합니다.

칼럼①
Blender3.0 정보

studio.blender.org

블렌더는 2021년 12월 3일에 메이저 업데이트를 통해 3.0 버전이 됐습니다. 2.7 버전에서 2.8 버전으로 올라갈 때 대규모 업데이트를 진행했던 것이 2019년입니다. 이때 추가하지 못했던 기능들을 추가하면서 3.0 버전을 출시했습니다. 다음 세대를 향한 새로운 출발이라고 할 수 있습니다. 따라서 지금이 블렌더를 공부하기에 좋은 시점이라고 할 수 있습니다. 그럼 주요 기능을 소개하겠습니다.

Taka Tachibana

| Cycles X 렌더링

◉ 3배 빠른 렌더러 Cycles X의 등장

3-12절에서 자세하게 설명하겠지만, 블렌더에는 EEVEE와 Cycles라는 메인 렌더러(렌더링 엔진)가 있습니다. CG를 처음 접하는 분에게는 어렵게 느껴지는 내용일 수도 있지만, 렌더링을 할 때는 다양한 렌더러를 사용할 수 있습니다. 일반적으로 만들고자 하는 내용과 조건에 맞는 렌더러를 선택해서 사용합니다.

최근 등장한 EEVEE는 고품질 실시간 렌더러로 주목받고 있으며, Cycles는 기존에 존재하던 포토 리얼리스틱[5] 한 표현을 위한 렌더러입니다. 이러한 Cycles 렌더러가 등장한 지 10년째를 맞아 'Cycles X'로 새롭게 태어났습니다. 가장 큰 변화는 GPU 렌더링 속도가 평균 약 3배(조건에 따라서 2~8배) 정도 빨라졌다는 것입니다.

또한 블렌더는 지금까지 엔비디아(NVIDIA)의 GPU만 지원했지만, 이제 AMD의 GPU도 지원합니다. 또한 애플(Apple)이 블렌더 재단에 참여하게 되면서 macOS에서의 최적화도 빠르게 이루어지고 있습니다.

---

5 (옮긴이) 포토 리얼리스틱(photorealistic)이란 "실제 사진처럼 현실적인"을 의미하는 말입니다.

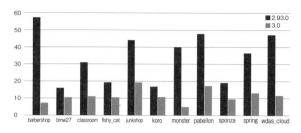

▲출처: Blender Developer Wiki. 「Blender 3.0: Cycles」. https://wiki.blender.org/wiki/Reference/Release_Notes/3.0/Cycles (2022-01-18 기준)

▲Cycles 속도 테스트에 활용된 데모 자료. 왼쪽 위부터 차례대로 barbershop, bmw27, classroom, fishy_cat, junkshop, koro, monster, pabellon, sponza, spring, wdas_cloud.

Cycles X 비교 검증

이전 버전의 Cycles	Cycles X
작은 타일이 원을 그리면서 렌더링된다	큰 타일 형태로 한꺼번에 표시되며, 조금씩 해상도가 올라간다
렌더링 시간 2분 25초	렌더링 시간 0분 58초

▲비교에는 같은 GPU(GeForce RTX 3060)를 사용했습니다. 3.X 버전 이전과 이후의 속도 차이가 약 2.5배 정도 발생하는 것을 알 수 있습니다. 또한 실질적인 결과에서도 차이가 있습니다. 테스트에는 블렌더 공식 사이트에서 사용할 수 있는 스플래시 화면(소프트웨어 시작 시 표시되는 화면)의 프로젝트를 사용했습니다.

Cycles X가 어느 정도로 빨라졌는지 실제로 렌더링 비교 테스트를 해봤습니다. 실제로 결과를 보면 렌더링 속도뿐만 아니라, 뷰포트 표시도 빨라져 조작감이 굉장히 향상됐습니다.

이처럼 근본부터 설계를 바꾼 Cycles는 강력한 GPU를 사용할 경우, EEVEE만큼 빨라질 수도 있습니다. 하드웨어 변화 없이 소프트웨어 업데이트만으로 이렇게 큰 폭으로 렌더링 속도가 향상되는 것은 흔치 않은 일입니다.

애셋 브라우저

◉ 편리하게 구현된 애셋 브라우저

3.X 버전 이전까지의 블렌더는 애셋(소재)을 읽어 들일 때마다 하나하나 읽어 들여야 하는 번거로움이 있었습니다. 그리고 이로 인해 애셋을 관리하는 기능이 부족하다는 지적을 많이 받았습니다. 하지만 3.X 버전부터는 애셋 브라우저 기능이 구현되어 애셋을 쉽게 읽어 들이고 배치할 수 있게 됐습니다.

이 기능을 활용하면 일종의 전용 창고를 가질 수 있습니다. 머티리얼뿐만 아니라 오브젝트, 월드 환경도 저장해 둘 수 있습니다. 드래그 앤드 드롭하기만 하면 애셋 브라우저에서 곧바로 프로젝트 내부에 소재를 배치하고 적용하는 것이 가능하므로 반복적으로 사용하거나 사용 빈도가 높은 소재를 등록해 두면 굉장히 편리합니다.

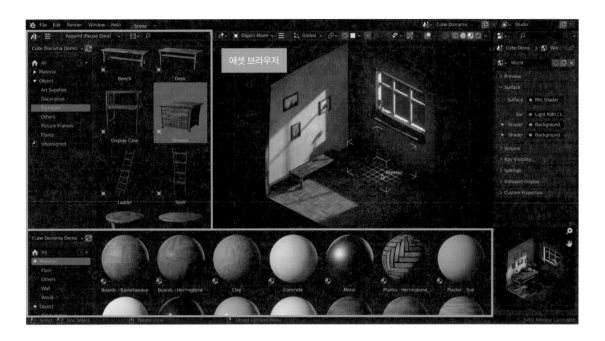

사용하기 쉬워진 UI

UI는 2.9 버전과 큰 차이가 없지만, 더욱 현대적인 디자인으로 바뀌어 사용하기에 편리해졌습니다. 원래 블렌더의 UI는 굉장히 자유롭습니다. 그런데 너무 자유로워서 불편한 부분도 조금 있었습니다. 예를 들어 화면 분할 기능이 그랬습니다. 익숙하면 편리한 기능이지만, 초보자 입상에서는 원래대로 돌리는 방법도 알기 힘들어 당황할 수밖에 없던 기능입니다. 이러한 문제도 이번 버전에서 잘 해결됐습니다. 화면과 관련해서 알아두면 유용한 것을 정리해서 소개하겠습니다.

화면 분할/영역 제거하기

화면 분할 방법은 기본 조작편에서 설명했습니다. 마찬가지로 영역을 반대 쪽으로 드래그하면 화면 분할로 만들었던 영역을 제거할 수 있습니다. 2.X 버전까지는 화면과 화면이 같은 높이가 아니면 영역을 제거할 수 없었습니다. 하지만 3.X 버전부터는 모든 상황에서 영역을 쉽게 제거할 수 있게 됐습니다. 굉장히 작은 변화 같지만, 체감상 크게 느껴지는 개선점입니다. 이처럼 블렌더는 1년에도 여러 번 마이너 업데이트를 거듭하고 있어 발전 중이라는 것을 매일 느낄 수 있을 정도입니다.

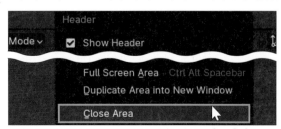

▲영역 위에서 마우스 오른쪽 클릭해서 표시되는 메뉴에서 [Area]→[Close Area]를 선택해서도 닫을 수 있습니다.

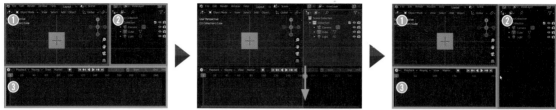

▲기존에는 영역❶과 영역❷가 같은 높이와 너비가 아니면 반대 방향으로 드래그해도 영역을 제거할 수 없었지만, 3.X 버전부터는 간단하게 영역을 제거할 수 있게 됐습니다.

새 화면 영역 복제

◀영역 위에서 마우스 오른쪽 클릭하고 [Area]→[Duplicate Area into New Window]를 선택하면 새로운 영역이 새로운 팝업 창에 열립니다. 듀얼 디스플레이에서도 쉽게 작업할 수 있게 됐습니다.

가시성 향상

◀블렌더는 업데이트 될수록 계속해서 UI를 조금씩 업데이트해서 더 잘 보일 수 있게 만들고 있습니다. 3.X 버전에서는 노드 종류별로 링크를 색으로 구분했으며, 4.X 버전부터는 요소가 너무 많은 경우 이를 묶어서 표시하고 있습니다.

지오메트리 노드

2.92 버전부터 탑재된 지오메트리 노드는 향후 미래가 기대되는 기능 중 하나입니다. 지오메트리 노드가 어떤 기능인지 초보자에게 정확하게 설명하는 것은 힘들지만, 간단하게 '프로그래밍적으로 모델링하는 것'이라고 할 수 있습니다. 일반적인 모델링 작업은 손으로 하나하나 만들지만, 지오메트리 노드는 다음 페이지 그림처럼 노드를 연결해서 작업합니다.

프로그래밍적이라고 해도 텍스트로 된 코드를 작성하는 것이 아니라, 다양한 종류의 노드를 연결하면서 명령을 내리는 형태입니다.

2.93 버전까지는 활용할 수 있는 노드가 적었지만, 3.0 버전부터는 노드의 종류가 대폭 늘어나서 표현의 폭이 넓어졌습니다. 이 책은 실사 합성을 메인으로 다루므로 지오메트리 노드를 깊게 다루지는 않습니다. 그래도 4장에서 간단하게라도 활용해 보니 관심이 있다면 꼭 참고하기 바랍니다.

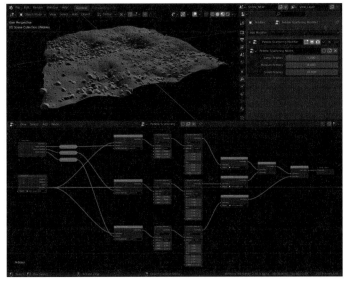

◀ 노드를 연결한 후 명령하여 지면에 돌을 흩뿌려 배치한 모습. 돌을 하나하나 배치할 필요 없이 대량의 오브젝트를 한 번에 조작할 수 있습니다.

◉ 향후 업데이트 계획

참고로 블렌더는 향후 업데이트 로드맵도 이미 계획되어 있습니다. 업데이트를 하면 버그가 있을 수밖에 없습니다. 그래서 블렌더는 각 버전별로 LTS 버전을 출시하고 있습니다. 다음 그림을 예로 들면 3.0 버전의 개발을 진행하면서도, 2.8 버전과 2.9 버전 등의 안정 버전을 2년 동안 지원한다는 것입니다. 업무에 활용할 때는 이와 같은 '안정성'이 굉장히 중요하므로 이는 사용자를 위한 배려라고 할 수 있습니다. 블렌더는 한 컴퓨터에도 여러 버전을 실치할 수 있으므로 입무용으로는 LTS 안정 버전, 개인적 목적으로는 최신 버전을 동시에 활용할 수도 있습니다.

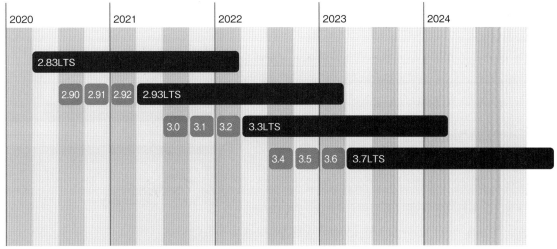

▲ 재단에서 운영하는 블렌더 버전 정보. 공식 블로그와 커뮤니티를 통해 개발 상황을 매일 공개합니다.

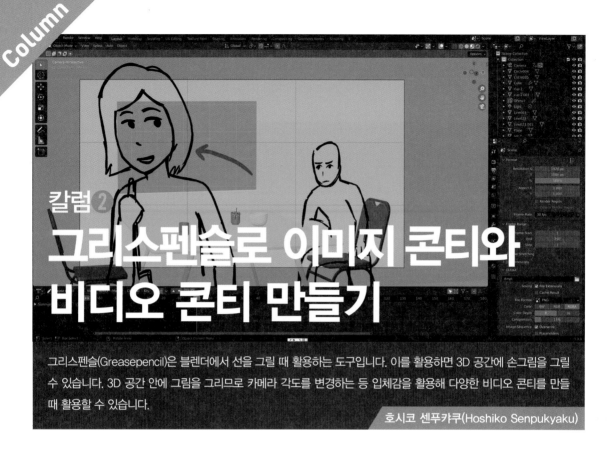

칼럼②
그리스펜슬로 이미지 콘티와
비디오 콘티 만들기

그리스펜슬(Greasepencil)은 블렌더에서 선을 그릴 때 활용하는 도구입니다. 이를 활용하면 3D 공간에 손그림을 그릴 수 있습니다. 3D 공간 안에 그림을 그리므로 카메라 각도를 변경하는 등 입체감을 활용해 다양한 비디오 콘티를 만들 때 활용할 수 있습니다.

호시코 센푸캬쿠(Hoshiko Senpukyaku)

3D 공간에 이미지 배치하기

그리스펜슬은 블렌더의 기능 중에서 최근 빠르게 발전하고 있는 기능 중 하나입니다. 가장 큰 특징은 블렌더의 일반적인 3D 모델링과 다르게, 그림을 그리는 것처럼 손을 자유롭게 움직여 이미지를 형태로 만들어 낼 수 있다는 것입니다. 물론 포토샵과 클립 스튜디오 페인트(CLIP STUDIO PAINT) 등의 소프트웨어에서 그린 그림을 블렌더로 읽어 들여 사용하는 것도 가능하지만, 그리스펜슬은 블렌더 내에서 곧바로 그리고, 3D 공간에 배치할 수 있다는 장점이 있습니다. 또한 그리스펜슬 기능으로 만들어진 '그리스펜슬 오브젝트'는 선을 그린 이후에도 미세하게 편집이 가능하므로 선을 그린 후 일부분을 제거하거나 위치, 크기, 굵기, 불투명도, 색상 등의 프로퍼티를 조정할 수 있습니다.

이러한 특징으로 그리스펜슬은 일러스트와 애니메이션 분야에서 표현의 폭을 넓히고자 하는 사용자들이 주목하는 기술입니다. 기능이 방대하여 이 책에서 모든 기능을 설명할 수는 없으므로 실사 영상을 위한 이미지 콘티와 비디오 콘티를 만들 때 활용할 수 있는 내용을 소개하고자 합니다. 3D 위에 콘티를 만들면

▲인물의 표정과 시선까지 콘티 단계에서 결정할 수 있습니다.

▲인물 앞에 카메라를 배치한 상태

▲CG에 얽매이지 않고 자유롭게 시행착오를 반복할 수 있습니다.

대담한 구도와 카메라 워크를 다양하게 생각
해 볼 수 있고, 직관적으로 그릴 수 있는 선
을 활용해 인물의 표정을 나타내 감정적인
씬을 표현할 수 있습니다.

Tips

그리스펜슬의 장점은 직관적으로 선을 그릴 수 있다는 데 있습니다.
따라서 펜 태블릿이나 액정 태블릿을 사용하는 것이 좋습니다.

그리스펜슬로 콘티, 비디오 콘티를 제작할 때는 3 종류의 오브젝트를 사용합니다. 일단 구도를 설정하는 카메라
오브젝트, 배경이 되는 메시 오브젝트, 그리고 메인이라 할 수 있는 그리스펜슬 오브젝트입니다.

배경 이외에도 인물의 앞을 지나가는 자동차 등의 움직이는 물체, 컵과 같은 소품 등을 메시 오브젝트로 만들
면 효율적입니다. 그리스펜슬 오브젝트는 표정이 있는 캐릭터, 형태가 변하는 것, 이펙트 등을 그릴 때 적합합
니다.

1 [Object Mode]와 편집 모드 등을 활용
해서 씬에 필요한 **오브젝트를 모델링·**
배치해서 세트(배경)를 만듭니다. 여기까
지는 일반적인 블렌더의 조작 방법과 큰
차이 없습니다.

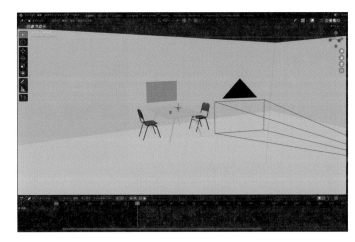

Tips

컬렉션을 사용해서 배경 오브젝트를
모아두면 이후에 한꺼번에 조작할 수
있습니다.

2 [Object Mode]에서 [Shift]+[A]를 눌
러 추가 메뉴를 표시하고, [Grease
Pencil]→[Blank]를 선택해서 그리스펜
슬 오브젝트를 추가합니다.

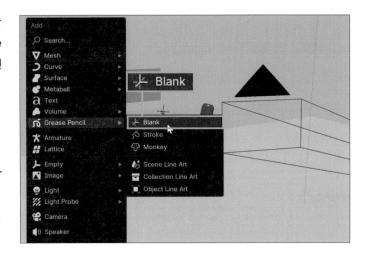

Tips

추가해도 그려진 것이 없어 잘 보이지
않겠지만, 3D 커서 위치에 주황색 원
점이 표시되는 것을 볼 수 있습니다.

3 그리스펜슬 오브젝트를 선택하고, [Ctrl]+[Tab]을 누른 뒤, 모드 전환 파이 메뉴에서 [Draw Mode]를 선택합니다. 화면 왼쪽 위에 있는 드롭다운 메뉴로도 모드를 전환할 수 있습니다.

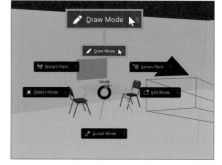 

> **Tips**
>
> 그리스펜슬 오브젝트를 선택할 때는 아 웃라이너를 활용하는 것이 편리합니다.

4 화면 왼쪽 위의 ✏를 클릭하고, 사용하 고 싶은 선의 종류에 맞는 브러시를 선 택합니다. 화면 상단의 숫자 입력 슬라이 더를 활용해 브러시 선 굵기, 투명도, 필 압 영향 등을 조정할 수 있습니다.

5 숫자 패드에서 [0]을 눌러 카메라 시점 으로 전환한 뒤, [Draw] 도구(✏)로 선 을 그립니다. 선의 일부 또는 전체를 지 우고 싶은 경우, [Ctrl]을 누르면서 드래 그하거나 ✏를 클릭해서 [Erase] 도구 로 전환합니다.

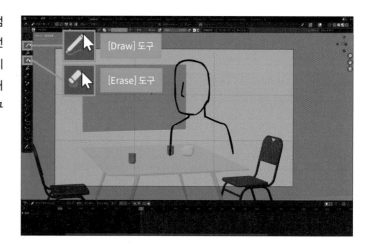

Tips

[Erase] 도구를 선택했을 때 [Eraser Mode]가 [Dissolve]로 선택되어 있으면 지우개가 약해서 잘 지워지지 않는다는 느 낌을 받을 것입니다. [Eraser Mode]는 [Point] 또는 [Stroke]를 사용하는 것이 편하므로 이를 활용하세요.

6 3D 공간 위에 그려진 선을 제어할 때는 화면 상단 중앙에 있는 [Stroke Placement]와 [Drawing Plane](기본적으로 [Origin]과 [View]로 되어 있는 것)을 적절하게 전환하면서 사용해야 합니다. 또한 [Draw Grease Pencil]에서 [Canvas]를 활성화하면 어디에 그림을 그리는지 쉽게 알 수 있습니다.

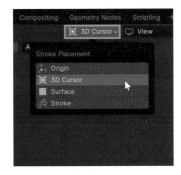

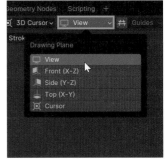

Tips

[Canvas]의 슬라이더를 조작하거나 숫자를 입력해서 불투명도를 설정할 수 있습니다.

7 의도하지 않은 부분에 선이 있다면 [Object Mode]에서 시점을 전환하면서 조정합니다. 스트로크 또는 버텍스 단위로 조정하고 싶다면 [Edit Mode]에서 해당 부분을 선택해서 조정합니다.

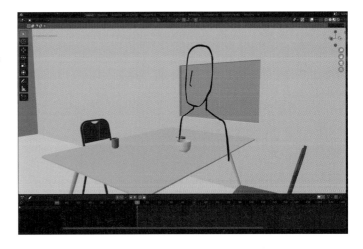

8 카메라 앵글을 바꾸겠습니다. 카메라를 선택하고 [I]를 누른 뒤, [Location& Rotation] 키프레임을 찍습니다.

Tips

이미지 콘티의 경우 한 프레임씩, 비디오 콘티의 경우 상황에 맞는 프레임 수만큼 타임라인을 움직여서 카메라 워크 애니메이션 등을 함께 적용합니다.

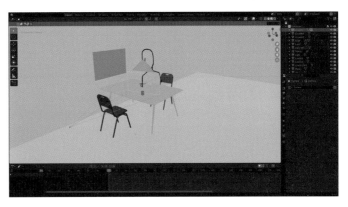

9 카메라 앵글을 설정하고, 다시 한번 그리
스펜슬 오브젝트를 선택합니다. 이어서
[Draw Mode]에서 앵글에 맞는 그림을
그립니다. 타임라인에 [Auto Keying]이
활성화되어 있다면 자동으로 그리스펜슬
키프레임이 추가됩니다.

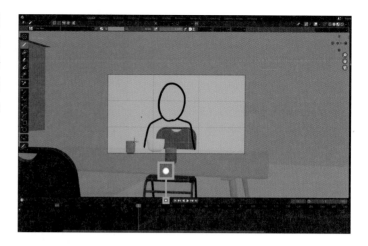

이미지 콘티 또는 비디오 콘티를 만들어서 활용하면 미리 생각을 정리하고, 구도, 카메라 워크, 템포, 속도감 등을 좀 더 의도에 맞게 연출할 수 있습니다. 게다가 팀으로 제작하는 경우 또는 클라이언트가 따로 있는 경우에도촬영 전에 완성된 기획을 공유하면 보다 원활하게 제작이 이루어질 수 있습니다.

그리스펜슬은 폴리곤 모델링 또는 스컬프팅과 조작하는 느낌이 많이 다르고, 2D와 비교할 때도 깊이라는 개념이 생소해서 어렵게 느껴질 수 있습니다. 하지만 간단하게라도 이미지 콘티, 비디오 콘티 과정을 제작 워크플로에 포함시키면 보다 설득력 있는 영상을 만들 수 있습니다. 그러니 조금 생소하고 어렵더라도 꼭 도전해 보세요.

3장

블렌더
워크플로

칼럼❸
CG 제작 워크플로

CG는 굉장히 많은 과정을 거쳐 만들어집니다. 개인적으로 시작하는 사람들은 그 과정이 많다는 사실에 놀라기도 합니다. 하지만 실제 하이엔드 현장에서는 각 파트를 각각의 전문가가 담당하므로 모든 것을 직접 할 필요는 없습니다. 이번 칼럼에서는 CG 제작 워크플로의 한 예를 소개하겠습니다. CG로 무엇을 만들고 싶은지 기획부터 하고, 기획을 기반으로 차근차근 모델링을 시작합니다. 참고로 실제 제작에서는 붉은색 화살표로 표시된 부분처럼 여러 과정을 왔다 갔다 합니다.

Vary / Taka Tachibana

컴포지트

CG와 실사를 합성하는 과정입니다. 색감 조정 등도 진행합니다.

3-8절 참고(194페이지~)

렌더링

3D CG를 2D 영상으로 내보내는 과정입니다.

3-6절 참고(150페이지~)

촬영과 라이팅

공간 내부에 조명을 비추고 촬영하는 과정입니다. 실사 경험이 있다면 굉장히 쉽게 접근할 수 있습니다.

3-6절 참고(150페이지~)

애니메이션

CG에 움직임을 부여하는 과정입니다. 직접 모델을 움직여서 키프레임을 찍는 방법 이외에도 소프트웨어에게 물리적 연산을 시켜 자동으로 애니메이션을 만들게 할 수도 있습니다.

3-3절(87페이지~) 및 3-4절 참고(108페이지~)

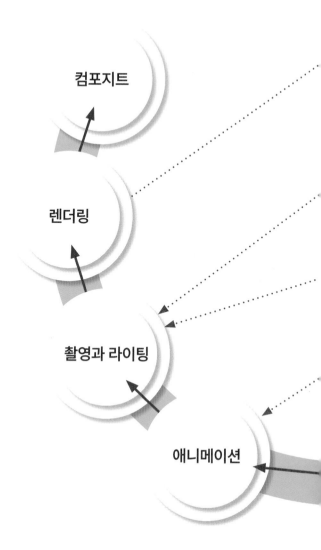

컴포지트

렌더링

촬영과 라이팅

애니메이션

◉ 관심있는 분야부터 시작하기

CG 제작이라고 하면 기본적으로 '모델링부터 차근차근 해야 한다'고 생각하는 분이 많습니다. 하지만 다음 플로 차트를 보면 알 수 있듯이, CG를 공부할 때 꼭 그렇게 모델링부터 시작할 필요는 없습니다. 모델링은 영상 제작과 전혀 다른 기술입니다. 모델링을 못해도 영상 제작은 할 수 있으므로 자신이 잘하는 분야부터 시작하는 것도 좋습니다. 모델링, 리깅, 텍스처 매핑은 3D 모델을 구매해서 대체할 수도 있기 때문입니다. 따라서 이런 것을 활용한다면 촬영, 라이팅, 컴포지트부터 해도 문제 없습니다. 모델링이 아닌 다른 것부터 시작해도 결국은 여러 과정을 조금씩 접하게 되므로 자연스럽게 전체적인 기술을 접하고 배울 수 있습니다.

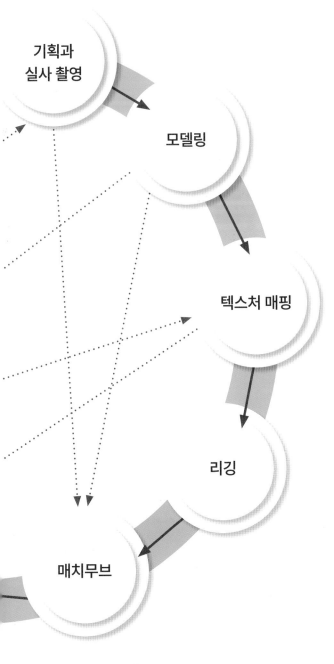

모델링

CG로 조형을 만드는 과정입니다.

3-1절 참고(66페이지~)

텍스처 매핑

색과 질감을 만드는 과정입니다. 모델의 전개도를 만들고(UV 전개), 색과 질감을 적용하는 경우도 있습니다.

3-5절 참고(124페이지~)

리깅

스키닝 또는 셋업이라고도 부르며, 3D 모델에 뼈대를 삽입하는 과정입니다.

3-3절 참고(87페이지~)

매치무브

트래킹이라고도 부르며, CG 소프트웨어에서 실사 영상의 움직임과 깊이를 계산하는 과정입니다. 이 과정이 있어야만 실사 영상과 3D CG 영상을 합성할 수 있습니다. 실사 합성에 있어서 굉장히 중요한 과정이라고 할 수 있습니다.

3-7절 참고(166페이지~)

3-1

[3D CG를 처음 시작하는 사람들을 위한]
블렌더 모델링 기본

모델링은 캐릭터, 기계, 소품, 배경 등을 만드는 과정을 의미합니다. 이번 절에서는 모델링을 처음 시작하는 사람들을 위해 기본적인 용어, 모델링의 종류, 효율적으로 모델링을 연습하는 방법 등을 소개하겠습니다.

이 절의 개요

- 모델링을 시작하기 전에
- 모델링할 때 알아둬야 하는 지식
- 모델링 연습: 주사위 만들기
- 모델링 공부를 위한 조언

Vary

프리랜서 CG 모델러/에디터입니다. 중학생 때부터 취미로 영상 편집을 시작했습니다. 학원 강사, 부동산 영업 등을 거쳐 영상 제작 분야에서 일하고 있습니다. 시네마 카메라를 활용한 영상 촬영, 편집, 모션그래픽, 그래픽 디자인 등 다양한 실무 경험을 갖고 있습니다.

모델링을 시작하기 전에

◉ 3D CG 표현의 매력

실사와 3D CG는 각각 영상으로서 다른 매력을 갖고 있습니다. 실사는 현실에 존재하는 부분을 잘라내어 가공한 것입니다. 반면 3D CG는 현실에 존재하지 않는 것을 만들거나(물리 법칙을 무시하고 움직이는 등) 현실에 존재하는 것을 모방해서 재현(포토 리얼리즘)한 것입니다. SF 세계관을 만들 수도 있고, 현실보다 더 현실적인 세계를 만들 수 있는 것이 3D CG의 매력입니다. 이번에는 모델링을 중심으로 기초적인 내용부터 설명하겠습니다.

▲실사

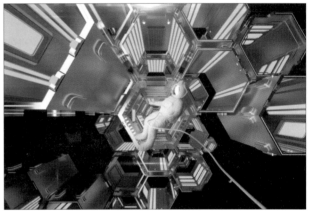
▲CG

◉ 실사 영상 크리에이터가 3D CG 제작을 도전해볼 수 있을까?

실사 영상 크리에이터는 3D CG 제작을 할 수 있을까요? 개인적으로 실사 영상 크리에이터는 3D CG를 쉽게 시작할 수 있을 것이라고 생각합니다. 3D CG는 실사 영상과 거리가 멀다고 생각할 수도 있겠지만, 실사 영상과 관련된 지식이 있다면 3D CG를 제작할 때 굉장히 유용합니다.

예를 들어서 렌즈 초점 거리를 생각해 봅시다. mm 값에 따라서 화각과 왜곡이 어떻게 일어나는지 어느 정도 알 수 있습니다. 또한 프레임 레이트와 해상도와 관련된 개념도 이미 알고 있을 것입니다. 현실과 동떨어진 SF 세계관 캐릭터를 만들 때도 실사 영상의 법칙을 활용하면 더 사실적으로 보이게 만들 수 있습니다. 따라서 3D CG를 할 수 있을까 없을까 걱정하는 실사 영상 크리에이터라면 꼭 도전해 보기 바랍니다.

3D CG를 활용하면 현실에 존재하지 않는 것을 만들 수 있으며, 현실에서 있을 수 없는 움직임도 부여할 수 있습니다. 물론 존재하지 않는 것을 만드는 것도 매력이지만, 합성을 위해 촬영한 실제 사진과 3D 스캔 데이터를 활용해서 정말 현실적인 것도 재현할 수 있습니다.

3D 모델링으로 정말 다양한 3D 모델을 만들 수 있습니다. 그리고 이를 영상 분야뿐만 아니라 게임, 건축, 의료 등의 다양한 영역에서 활용할 수 있습니다. 사실 저도 과거에는 사진 크리에이터였지만, 3D CG를 접하면서 작업의 폭이 굉장히 넓어졌습니다.

영상 크리에이터뿐만 아니라, 다양한 분야의 크리에이터들이 3D CG에 어느 정도 도움이 되는 지식과 테크닉을 갖고 있다고 생각합니다. 일러스트레이터와 그래픽 디자이너라면 선을 긋는 것에 익숙할 텐데, 이러한 테크닉도 3D CG에 도움이 됩니다. 또한 프라모델, 미니어처, 조소 등을 좋아하는 사람이라면 입체적인 물체를 만드는 데 어느 정도의 감이 있을 것이므로 모델링에 쉽게 접근할 수 있습니다. 심지어 3D 게임을 좋아하는 분도 모니터로 3D 물체를 보는 데 익숙해 3D 공간을 파악하는 데 도움이 되므로 마찬가지로 3D CG에 쉽게 접근할 수 있습니다.

◉ 모델링이란?

소프트웨어를 사용해서 3D 모델의 형태를 새로 만드는 작업을 **모델링**이라고 부릅니다. 모델링으로 사람, 캐릭터, 배경, 소품 등을 만들 수 있습니다. 영상 분야는 물론이고 게임, 애니메이션, 만화, 일러스트, 건축, 제품 디자인, 학술 연구, 의료 분야 등 다양한 분야에서 3D CG가 활용되고 있습니다.

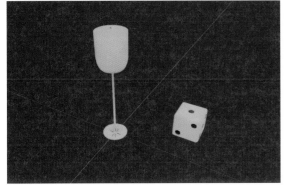

▲ 모델링은 영상 업계뿐만 아니라, 다양한 업계에서 활용되고 있습니다.

모델링할 때 알아둬야 하는 지식

◉ 모델링의 기본 용어

여기서는 모델링할 때 알아둬야 하는 기본 용어를 설명하겠습니다. 처음 모델링할 때는 모르는 용어가 많아서 어렵게 느껴질 수도 있습니다. 모르는 용어가 나오면 그냥 넘어가지 말고 꼭 찾아보기 바랍니다.

폴리곤/메시/와이어프레임

3개 이상의 점이 연결되어 만들어지는 페이스(면)를 '폴리곤(Polygon)'이라고 부릅니다. 이러한 폴리곤을 하나 이상 조합해서 만든 조형물을 '메시(Mesh)'라고 부릅니다. 3D 모델은 대부분 이러한 메시라고 할 수 있습니다. '와이어프레임(Wireframe)'은 이러한 메시의 에지(변)만 표시한 것을 의미합니다. 와이어프레임 상태에서는 가려진 뒤쪽 부분도 확인하고 선택할 수 있으므로 작업할 때 많이 활용합니다.

▲ 폴리곤

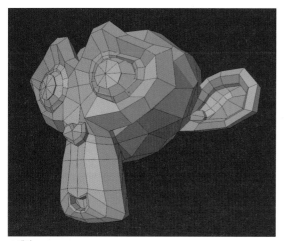
▲메시

▲와이어프레임

트랜스폼

위치, 회전, 확대축소 등 모델을 이동하고 변형하는 기능을 의미합니다. 3D CG에서는 X, Y, Z라는 3개의 축을 사용해 오브젝트를 3차원으로 트랜스폼할 수 있습니다. 카메라와 라이트 같은 오브젝트도 트랜스폼할 수 있습니다.

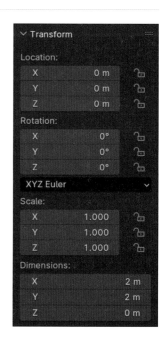

미러링

오브젝트를 한 축으로 반전해서 복사하는 것입니다. 예를 들어 다음 예에서 대칭되지 않는 옷의 로고와 주머니를 제외하면 인물이 완전히 대칭된다는 것을 알 수 있습니다. 이런 인물은 오른쪽 부분을 먼저 만들고, 미러링해서 왼쪽 부분을 만듭니다(참고로 로고와 주머니는 이후에 추가한 것입니다). 작업해야 하는 양을 줄일 수 있는 테크닉이므로 많이 사용합니다(※ 오른쪽 모델은 mixamo의 모델입니다).

오브젝트를 이동, 회전, 확대축소 할 때 무엇을 기준으로 할
지 정하는 기능입니다. 블렌더의 기본 설정인 [Global]은
오브젝트와 상관없이 앞뒤 방향을 X축, 좌우 방향을 Y축,
상하 방향을 Z축으로 다룹니다(소프트웨어에 따라서 XYZ
축의 방향이 다릅니다). 오브젝트를 회전했을 때는 회전된
축을 활용하는 [Local]을 사용하는 경우도 많습니다.

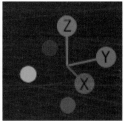

세분화

폴리곤 수를 늘려서 메시를 부드럽게 보이게 만드는 것입니다. 서브디비전 서피스([Subdivision Surfaces])라
고도 부릅니다. 폴리곤 수가 늘어나면 모델의 윤곽이 굉장히 부드러워지지만, 컴퓨터의 처리도 그만큼 무거워집
니다(느려집니다).

▲폴리곤 수 적음　　　　　　　　　　　▲폴리곤 수 많음

베벨

베벨이란 테두리를 깎는 것을 의미합니다. 즉, 수직으로 꺾
이는 페이스를 부드럽게 연결하는 기능입니다. 현실 세계에
서도 딱 90˚도 꺾이는 각도를 갖고 있는 물체는 거의 존재하
지 않습니다. 그래서 물체를 조금 더 리얼하게 보일 수 있게
자주 사용하는 기능입니다.

▲베벨 적용 전　　　　　　　　　　　▲베벨을 적용한 상태

파티클

파티클이란 입자를 나타냅니다. 3-4절에서 시뮬레이션을 다루면서 소개하겠지만, 파티클을 활용하면 비, 불,
잔디, 머리카락 등 다양한 것을 대량으로 복제하고 움직이게 만들 수 있습니다. 아래 오른쪽 그림은 파티클을 사
용해서 만든 머리카락입니다.

두 형태가 있을 때 한쪽 형태를 기반으로 다른 쪽 형태를 제거 또는 융합하거나, 겹치는 부분만 추출할 수 있는 기능입니다. 너트, 컵처럼 속이 빈 형태를 조형할 때 많이 사용됩니다.

 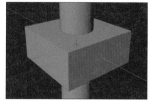

◉ 대표적인 모델링 종류

모델링은 여러 가지 방법으로 할 수 있습니다. 그중 대표적인 모델링 방법이 바로 '폴리곤 모델링'과 '스컬프트 모델링'입니다.

폴리곤 모델링은 타일 형태를 가진 폴리곤을 하나하나 붙여서 형태를 만들어 나가는 모델링 방법입니다. 과거부터 사용된 전통적이며 일반적인 방법입니다. 폴리곤을 돌출(extrude)하거나 세분화(subdivide)하면서 형태를 잡습니다. 프라모델 조립 등을 좋아하는 분들이라면 좋아할 방법이라고 생각합니다.

스컬프트 모델링은 찰흙을 빚거나 조각하는 것처럼 모델을 만들어 나가는 방법입니다. 스컬프트 모델링은 직관적이며, 세부적인 부분까지 비교적 쉽게 만들 수 있다는 장점이 있습니다. 다만 폴리곤 수가 급격하게 많아져 데이터가 무거워진다는 단점이 있습니다. 그래서 스컬프트 모델링을 할 때는 게임용 PC와 같은 높은 그래픽 성능을 가진 컴퓨터가 필요합니다. 현재 CG 업계에서는 '스컬프터'라는 직업이 따로 있을 정도로 하나의 새로운 모델링 장르로 자리를 굳건히 하고 있습니다.

어떤 상황에 어떤 모델링 방법을 사용하는 것이 좋을지 고민될 수 있습니다. 간단하게 '하드 서피스'라고 불리는 스마트폰, 컴퓨터, 카메라 등의 각이 지고 딱딱한 대상은 폴리곤 모델링을 하는 것이 좋습니다. 반대로 동물처럼 곡선적이고 부드러운 대상은 스컬프트 모델링을 사용하는 것이 좋습니다.

이외에도 폴리곤 모델링과 함께 사용되는 커브(곡선) 모델링, 수식을 활용해서 만드는 프로시저럴 모델링 등 다양한 방법이 있습니다. 하지만 이러한 모델링 방법은 폴리곤 모델링 또는 스컬프트 모델링과 익숙해진 뒤에 접하는 것이 좋다고 생각합니다.

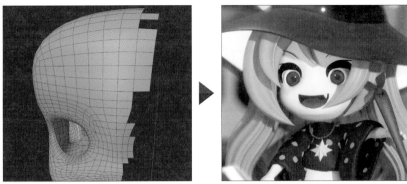

▲ 폴리곤 모델링
폴리곤이라는 사각형 형태의 종이를 서로 붙여 나가면서 모델링하는 방법입니다. 가장 기본적인 모델링 방법입니다.

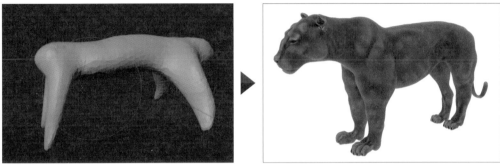

▲ 스컬프트 모델링
스컬프트는 '조소(재료를 깎고 빚는 행위)'를 의미합니다. 즉, 흙을 깎고 빚어서 결과를 만들어내는 모델링 방법입니다.

모델링 연습: 주사위 만들기

그럼 초보자가 연습할 때 도움이 될 수 있는 모델로 주사위를 만들어보겠습니다. 기본적인 조작만으로도 만들 수 있는 모델이라 초보자도 쉽게 만들 수 있습니다. 어느 정도 모델링에 익숙해지면 여러 자료를 수집한 뒤 다른 것도 만들어보세요. 와인잔 등을 추천합니다.

만드는 과정 영상

http://bit.ly/dice_m

모델링

텍스처 매핑(색 적용)

1 헤더 왼쪽에 있는 모드 선택 메뉴를 사용해 [Object Mode]에서 [Edit Mode]로 전환합니다.

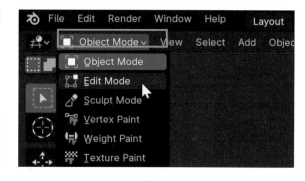

2 큐브의 가장자리를 부드럽게 만들겠습니다. 일단 [A]를 눌러서 오브젝트 전체를 선택합니다❶. [Ctrl]+[B]를 누르면 베벨을 실행할 수 있습니다. 마우스를 움직여서 베벨 범위를 조정할 수 있으며❷, 마우스 휠로 베벨 세분화 단계(폴리곤 수)를 조정할 수 있습니다❸. 최종적으로 클릭해서 확정합니다.

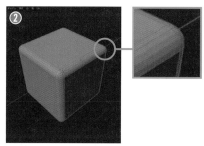
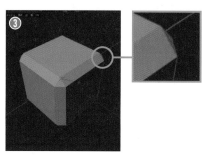

3 루프컷 기능으로 주사위의 모든 면(페이스)을 9개로 분할하겠습니다. [Ctrl]+[R]을 누르고, 마우스 휠을 조작해서 루프컷 선을 2개로 만듭니다. 이어서 루프컷을 적용할 곳에서 마우스 왼쪽 버튼을 클릭하고, 곧바로 마우스 오른쪽 버튼을 클릭해서 위치를 제자리로 확정합니다❶. 마찬가지 방법으로 X, Y, Z축 방향으로 모두 루프컷하면 주사위의 모든 면이 9개로 분할됩니다❷. 참고로 루프컷 이후에도 영역 왼쪽 아래의 조작 패널(플로팅 윈도우)에서 [Number of Cuts]를 설정할 수 있습니다❸.

4 주사위의 눈을 만들 부분을 [Shift]+마우스 왼쪽 버튼 클릭으로 선택합니다❶. 모두 선택했다면 [I]를 누르고 새로운 페이스를 안쪽으로 돌출(Inset 조작)합니다❷. 영역 왼쪽 아래의 플로팅 윈도우에서 [Individual]에 체크합니다❸.

5 주사위 눈에 [Extrude]를 사용해서 안쪽으로 들어가게 만듭니다. [Alt]+[E]를 누르고 [Extrude Individual Faces]를 선택한 뒤, 마우스를 위아래로 움직이면서 들어가는 정도를 조정합니다.

6 [Object Mode]로 돌아옵니다. 오브젝트를 클릭해서 선택하고 마우스 오른쪽 버튼을 누른 뒤, [Shade Smooth]를 선택합니다. 이렇게 하면 주사위 표면이 부드러워집니다.

7 표면의 셰이드 스무스와 셰이드 플랫 상태를 조금 더 확실하게 설정하겠습니다. 화면 오른쪽 아래에 있는 프로퍼티 화면에서 [Object Data Properties]❤️를 선택하고, [Normals] → [Auto Smooth]에 체크합니다. 이렇게 하면 인접한 페이스의 각도가 30° 이하인 부분[1]만 부드럽게 스무스 처리되며, 이외의 부분은 플랫 처리됩니다.

---

1 (옮긴이) 정확하게는 법선(노멀)의 각도가 30° 이하인 것들을 의미합니다.

8 주사위의 눈을 원형으로 만들겠습니다. [Modifier Properties]🔧에서 [Add Modifier]를 선택합니다. [Subdivision Surfaces]를 선택하면 움푹 들어가게 만든 부분이 원형에 더 가까워집니다. [Viewport]와 [Render]의 숫자를 크게 만들수록 더 부드러워집니다.

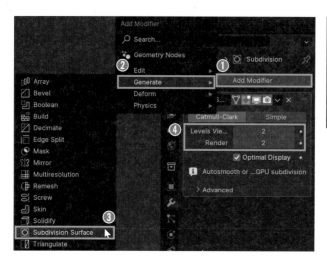

9 오브젝트를 흰색으로 만들겠습니다. [Material Properties]를 선택하고 [New]를 클릭하면 머티리얼이 추가됩니다❶. 헤더 오른쪽에 있는 [Viewport Shading]을 [Material Preview]로 변경하면❷ 오브젝트 전체가 흰색으로 표시되는 것을 확인할 수 있습니다.

Tips

머티리얼 이름은 알기 쉽게 설정하는 것이 좋습니다. 따라서 'Dice'라는 이름을 붙이겠습니다.

10 검은색과 붉은색 머티리얼을 추가하겠습니다. [+]를 클릭해서 머티리얼 슬롯을 추가합니다. [New]를 클릭하고, [Base Color]를 검은색으로 설정합니다. 붉은색 머티리얼도 같은 방법으로 만듭니다.

Tips

마찬가지로 이름을 'Black'과 'Red'로 설정합니다.

11 색을 변경하고 싶은 페이스를 선택합니다. [Modifier Properties]🔧에서 🖥를 클릭해서 모디파이어를 비표시한 상태에서 [Edit Mode]로 전환한 뒤 페이스를 선택하면 됩니다. 그리고 [Ctrl]+[+]를 누르면 선택하고 있는 페이스와 인접한 페이스까지 선택 범위가 늘어납니다. 이를 활용하면 움푹 들어간 가장자리 부분까지 전부 쉽게 선택할 수 있습니다.

12 [Material Properties]🔵로 돌아와서 [Black]을 선택하고 [Apply]를 클릭하면 주사위의 눈이 검은색으로 바뀝니다. 같은 방법으로 주사위 눈이 1개인 부분의 눈을 붉은색으로 만듭니다. 마지막으로 [Modifier Properties]🔧에서 🖥를 클릭해서 모디파이어를 다시 표시합니다.

> **Tips**
>
> 과정 **9**~**12**처럼 주사위에 색을 입히는 작업을 '텍스처 매핑'이라고 부릅니다. 이와 관련된 내용은 3-5절에서 더 자세하게 설명합니다.

▌모델링 공부를 위한 조언

◉ 모델링을 효율적으로 공부하기 위한 방법

모델링도 그림 그리기처럼 계속해서 손을 움직이면서 연습해야 합니다. 그래도 조금 더 효율적으로 공부할 수 있는 방법을 소개하자면, 무작정 독학하지 말고 레퍼런스(참고 자료)를 모으면서 공부하는 것입니다. 고양이를 만들고 싶다면 고양이 자료를 잘 조사한 뒤 이를 보면서 모델링하는 것이 좋습니다.

다음은 참고 자료의 예입니다. Anatomy Next와 Topology Guide는 해외 사이트로 3D CG 분야에서 굉장히 유명한 사이트입니다. Anatomy Next는 근육과 골격 등 인체 구조를 이해할 때 편리하게 활용할 수 있습니다. '토폴로지(Topology)'는 폴리곤과 메시의 구조를 의미하는 말입니다. 처음에는 크게 신경 쓰지 말고 만들어보세요. 모델링에 익숙해진 뒤부터 토폴로지를 생각하면서 검색해 보면 수많은 참고 자료를 확인할 수 있습니다. 다른 그림 훈련과 마찬가지로 잘 그리는 사람의 그림을 모작하는 것이 실력 향상에 도움이 되는 공부 방법이라고 생각합니다.

또한 지금까지 해본 적 없는 것을 작품에 조금씩 도입해 보는 것도 중요합니다. 같은 것을 반복하는 것도 중요하지만, 그것만으로는 성장할 수 없습니다. 블렌더와 관련된 다양한 정보와 튜토리얼을 인터넷에서 확인할 수 있으므로 독학하는 사람도 새로운 것을 접하기 쉽습니다. 다양한 정보를 살펴보며 자신이 만들고 싶은 것을 위해 어떤 것들이 필요한지 계속 확인하고 시도해 보기 바랍니다.

◉ 모델링 공부를 위해 추천하는 참고 사이트 BEST 3

Anatomy Next(https://www.anatomy.net/)

인체 해부학과 관련된 3D, 2D, 사진 등이 정리되어 있는 사이트입니다. 유료로 구독하면 모든 레퍼런스를 볼 수 있지만, 무료로도 다양한 레퍼런스를 볼 수 있습니다. 사람의 머리, 눈, 귀처럼 신체 부위별로 카테고리가 분류되어 있습니다. 3D 모델의 경우 마우스로 드래그해서 다양한 각도로 볼 수 있습니다.

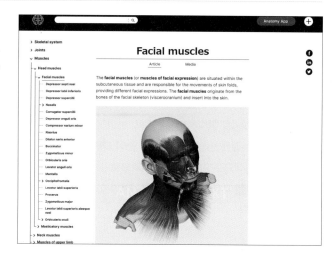

Topology Guides(https://topologyguides.com/)

모델링에서 '토폴로지(Topology)'란 폴리곤과 메시의 구조를 의미하는 단어입니다. 이 사이트에서는 다양한 3D 토폴로지를 확인할 수 있습니다. 모델링할 때 도움되는 사이트이므로 참고하기 바랍니다.

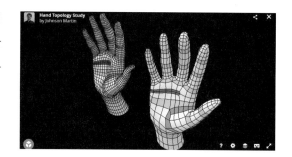

PureRef(https://www.pureref.com/)

지정한 이미지를 바탕화면 전체에 표시할 수 있는 캔버스 형태의 이미지 뷰어입니다. 이미지를 드래그 앤 드롭해서 추가하고, 이렇게 추가한 레퍼런스 이미지들을 원하는 형태로 나열할 수 있습니다. 투명하게 만드는 기능도 있어서 트레이스 할 때도 활용할 수 있습니다.

3-2

[실사 합성을 처음 입문하는 사람들을 위한]
3D 모델 구입과 사용 방법

실사 합성을 잘 하려면 모델링을 잘해야 한다고 생각하는 분이 많습니다. 하지만 꼭 그렇지는 않습니다. 'CG=3D 모델링'이라고 생각할지도 모르지만, CG 제작 전체 흐름에서 모델링은 하나의 과정일 뿐입니다. 따라서 직접 모델링하지 않고, 3D 모델 판매 사이트에서 모델을 구입해서 활용해도 괜찮습니다. 이번 절에서는 3D 모델을 구입하는 방법, 읽어 들이는 방법, 이를 효율적으로 다루는 방법, 발생할 수 있는 문제와 그 대처 방법에 대해 소개하겠습니다.

이 절의 개요

- 파일 형식과 읽어 들이는 방법
- 텍스처 다루기
- 기억해 두면 좋은 편리한 기능

Taka Tachibana

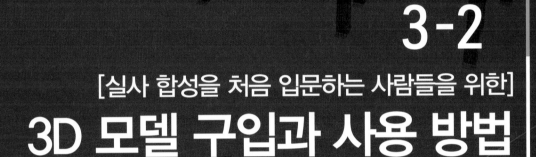

Turbosquid(https://www.turbosquid.com/)

▲모델링에 익숙하지 않은 사람은 위와 같은 사이트에서 모델을 구입해서 활용해도 괜찮습니다.

파일 형식과 읽어 들이는 방법

◉ 블렌더에서 읽어 들일 수 있는 파일 형식

블렌더는 다양한 데이터 형식을 지원합니다. 많이 사용되는 3D 모델 형식은 .blend, .fbx, .obj입니다. 일단 이렇게 3가지만 기억해 두면 크게 문제없을 것입니다. .blend는 블렌더의 네이티브 파일 형식(기본 파일 형식), .fbx와 .obj는 범용성이 높으며 다른 3D CG 소프트웨어에서도 호환되는 파일 형식입니다. .fbx는 리깅과 애니메이션 데이터까지 기록할 수 있으므로 움직임을 가진 3D 오브젝트에 적합합니다. .obj는 이러한 리깅과 애니메이션 데이터까지 기록할 수는 없지만, 가볍다는 특징이 있습니다. 어떤 형식을 사용해도 상관없지만, 블렌더는 .blend 형식을 사용하는 것이 호환성 측면에서 가장 좋습니다. 소재 사이트에서 소재를 구입할 때는 데이터 형식 이외에도 텍스처와 리깅 유무를 확인할 수 있으므로 잘 보고 자신에게 맞는 소재를 구입하기 바랍니다.

◀일반적으로 구입 후에 지원되는 형식을 선택해서 다운로드할 수 있습니다. 텍스처가 함께 제공되는 파일의 경우, 텍스처가 별도의 파일로 제공되는 경우도 있으므로 잘 확인하고 다운로드하기 바랍니다. 스크린숏은 Turbo Squid이지만 다른 사이트도 사용 방법은 대부분 비슷합니다.

▲Turbosquid의 필터링 기능입니다. 그림은 .obj, .fb, .blend만 보이게 설정한 상태입니다.

◉ 모델을 읽어 들이는 3가지 방법

블렌더에서 소재를 읽어 들이는 방법은 [Import], [Append], [Link]로 3가지입니다. 모두 화면 왼쪽 위의 [File]에서 할 수 있습니다.

프리미어 프로(Premiere Pro) 등의 동영상 편집 소프트웨어와 마찬가지로 소재를 읽어 들이는 일반적인 방법입니다. .fbx와 .obj 등 다양한 파일 형식을 지원합니다. 일단 어떤 파일 형식을 읽어 들일지부터 선택해야 합니다. 조금 더 편하게 읽어 들이고 싶다면 다음 페이지에서 소개하는 애드온을 활용해 보기 바랍니다.

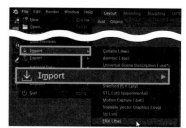

▲[File]→[Import]에서 다양한 형식을 선택할 수 있습니다.

Append

익숙하지 않은 단어일 수도 있겠지만, .blend 파일을 읽어 들이는 기능입니다. .blend 파일 내부에는 다양한 파일이 폴더별로 구분되어 저장돼 있습니다. 그중에서 오브젝트와 머티리얼 등의 원하는 데이터를 선택해서 읽어 들일 수 있습니다. 구입한 .blend 파일을 그대로 열어서 사용할 수도 있겠지만, 일반적으로 구입한 .blend 파일은 이처럼 [Append]로 읽어 들이는 경우가 많습니다.

Link

[Append]와 비슷하지만, 링크를 복제해서 .blend 파일을 읽어 들이는 방법입니다. [Append]로 읽어 들인 파일은 편집할 수 있지만, [Link]로 읽어 들인 파일은 위치와 크기를 변경하는 조작 이외에는 편집이 불가능합니다. 대신 원래 .blend 파일에서 오브젝트를 변경하면 이 내용이 반영됩니다. 캐릭터처럼 같은 데이터를 여러 프로젝트에서 사용하고 싶은 경우, 편리하게 활용할 수 있는 기능입니다.

◉ 플러그인을 활용해 간편하게 읽어 들이기

블렌더가 기본으로 제공하는 방법으로 소재를 읽어 들이면 다음과 같이 귀찮은 상황이 꽤 있습니다.

❶ 여러 파일을 한꺼번에 읽어 들일 수 없음(.fbx 형식은 가능)

❷ fbx 형식이 오래된 형식이라 오류가 발생해서 읽어 들일 수 없음

구입한 소재가 오래된 .fbx 형식이라면 3D CG 소프트웨어인 3D Max와 Maya로 유명한 Autodesk의 FBX Converter를 사용해서 최신 .fbx 형식으로 변환할 수 있습니다(무료로 제공되는 소프트웨어입니다). 다만 읽어 들일 때마다 변환하는 것이 조금 귀찮을 수 있으므로 Better Fbx Importer & Exporter라는 유료 애드온을 추천합니다. 이를 활용하면 오래된 .fbx 형식도 그냥 읽어 들일 수 있습니다. 또한 .fbx뿐만 아니라, .obj를 포함해 다양한 형식을 지원하고, 한 번에 여러 데이터를 읽어 들일 수도 있습니다. 블렌더가 제공하는 기본적인 읽어 들이기 방식과 다르게, 처음에 형식을 선택할 필요도 없습니다. 굉장히 편하므로 파일을 읽어 들일 때 스트레스를 느끼고 있는 분이라면 꼭 사용해 보기를 추천합니다.

▲다운로드는 Blender Market(https://blendermarket.com/products/better-fbx-importer-exporter)에서 할 수 있습니다. ▲서로 다른 형식의 데이터를 동시에 읽어 들일 수도 있습니다.

◉ 자신의 UI 설정을 유지한 상태로 다른 사람이 만든 .blend 파일을 여는 방법

.blend 형식의 데이터를 구매하고 다운로드할 때 [append]하지 않고 곧바로 프로젝트를 열어서 사용하는 경우도 있습니다. 일반적인 방법으로 제작된 파일이라면 제작자의 UI 설정이 함께 읽어 들여집니다. 해당 UI를 사용하는 것이 편리할 수도 있겠지만, 자신의 UI 설정을 활용하는 것이 좋다는 생각이 들 때도 있을 것입니다. 자신의 UI 설정을 유지한 상태로 다른 프로젝트를 여는 방법은 간단합니다. 일단 프로젝트를 새로 만들고,

[File]→[Open]으로 원하는 프로젝트를 엽니다. 이때는 [N]을 눌러 표시되는 사이드 바에서 [Load UI]가 활성화되어 있을 것입니다(기본 설정입니다). 이를 비활성화하면 자신의 UI 설정을 유지한 상태로 다른 사람이 만든 프로젝트를 읽어 들일 수 있습니다.

Tips

3D 모델을 구입할 때 모델을 구성하는 폴리곤이 삼각형인 것과 사각형인 것으로 구분되는 것을 확인할 수 있습니다. 삼각형은 효율적으로 연산을 처리할 수 있으므로 화질보다는 한정된 리소스로 빠른 처리를 해야 하는 게임에 적합합니다. 반면 사각형은 처리 속도보다 화질을 우선하는 영상 용도에 적합하며, 서브디비전 서피스 모디파이어(85페이지) 등을 활용해 모델링을 추가로 수정하는 경우 깔끔하게 처리됩니다. 소재를 판매하는 사이트 대부분에서는 구매 전에 이러한 폴리곤 형태를 확인할 수 있습니다. 물론 삼각형도 블렌더 내에서 사용할 수 있지만, 모델을 조금 변경한다면 사각형이 다루기가 훨씬 더 쉬우므로 사각형 폴리곤으로 구성된 모델을 추천합니다.

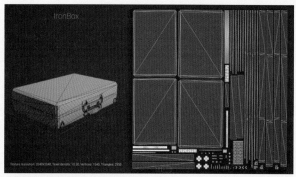

▲삼각형 폴리곤으로 구성된 모델

▲사각형 폴리곤으로 구성된 모델

텍스처 다루기

소재를 읽어 들였다고 해도 '링크가 끊어지는 문제'가 발생할 수 있습니다. [Solid]에서는 크게 문제 없어 보이지만, [Material Preview] 또는 [Rendered]에서 봤을 때 오브젝트가 분홍색으로 보이는 경우가 있습니다. 이것이 링크가 끊어졌다는 의미입니다. 이때의 대처법에 대해 설명하겠습니다.

◉ 링크가 끊어진 텍스처 다시 연결하기

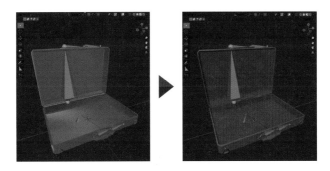

1 헤더 왼쪽의 에디터 타입을 [Shader Editor]로
변경해서❶ 노드를 확인합니다. 이미지 텍스처
를 사용하고 있을 텐데, ▣를 클릭해서❷ 텍스
처 소재가 저장된 경로를 직접 지정해 줍니다.

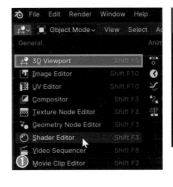

Tips

노드가 아예 설정되어 있지 않다면 직접 설정해야
합니다(3–5절 참고). 물론 직접 원하는 머티리얼
을 설정해도 됩니다.

2 제대로 연결했다면 분홍색이 사라질 것입니다.

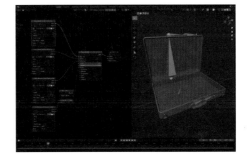

Tips

텍스처, 셰이더와 관련된 자세한 내용은 3–5절,
4–1절을 참고해주세요.

Tips

자동으로 다시 연결하고 싶다면 [File]→[External Data]→[Find Missing Files]
를 클릭하고 폴더를 지정하면 됩니다. 다만 이 방법은 직접 만든 데이터의 링크
를 다시 연결할 때는 효과적이지만, 구입한 모델에서는 잘 안 되는 경우가 많습
니다. 그래도 잘 되는 경우도 있으므로 테스트해 보기 바랍니다.

기억해 두면 좋은 편리한 기능

2장에서 배웠던 기능 이외에도, 실제로 작업할 때 활용하는 다양한 기능이 있습니다. 이번 절에서는 구입한 소재를 활용할 때 자주 사용하는 기능에 대해 소개하겠습니다.

◉ 분리

한 오브젝트 내부의 특정 부분을 분리해서 다른 오브젝트로 만드는 기능입니다. 인터넷에서 팔고 있는 3D 모델은 여러 오브젝트가 하나의 세트로 구성되어 있는 경우가 많습니다. 이러한 모델은 모델을 분리해서 필요한 오브젝트만 저장해 두었다가 이후에 여러 용도에 활용하는 것이 효율적입니다.

1 [Edit Mode]에서 커서를 원하는 부분 위에 놓고 [L]을 누르면 독립되어 있는 부분만 선택할 수 있습니다 (링크 선택 기능). 참고로 이 상태에서 또 다른 부분에 마우스 커서를 놓고 [L]을 누르면, 해당 부분도 함께 선택할 수 있습니다.

2 [P]를 눌렀을 때 표시되는 메뉴([Separate])에서 [Select]를 선택합니다❶. 이렇게 하면 다른 오브젝트로 분리됩니다. 아웃라이너를 보면 분리한 부분이 새로운 오브젝트로 생성된 것을 볼 수 있으며, 이름 뒤에 [.001]이 붙어있다는 것을 알 수 있습니다❷. 이렇게 분리해 두면 따로따로 이동, 가공, 제거하기 쉽습니다.

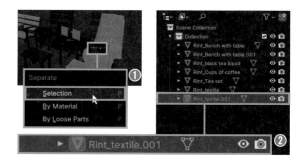

Tips

서로 다른 오브젝트를 한 오브젝트로 결합하고 싶은 경우, [Object Mode]에서 [Ctrl]+[J]를 눌러 [Join] 기능을 실행합니다.

◉ 나이프

특정 부분을 자르고 싶을 때는 나이프 도구([Knife])를 사용합니다. 나이프 도구로 자른 부분은 제거뿐만 아니라, 돌출([Extrude])하는 등 다양한 방법으로 활용할 수 있습니다.

1 [Edit Mode]에서 [K]를 눌러 나이프 도구로 전환합니다. 마우스 왼쪽 버튼을 클릭하면 자르기가 시작되며, 최종적으로 [Enter]를 눌러서 확정하면 메시가 잘립니다.

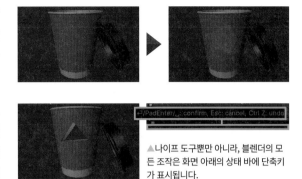

2 [K]로 조작하는 나이프 도구는 앞쪽 메시만 자르지만, [K]→[C]로 조작하는 나이프 도구는 보이지 않는 뒤쪽 메시까지 자릅니다. 관통해서 자르고 싶을 때 유용합니다. 이외에도 각도 제한 등의 옵션이 있는데, 이러한 내용은 상태 바에서 단축키를 확인할 수 있으므로 참고하세요.

▲나이프 도구뿐만 아니라, 블렌더의 모든 조작은 화면 아래의 상태 바에 단축키가 표시됩니다.

◉ 모디파이어

[Generate]→[Subdivision Surfaces]

[Subdivision Surfaces]는 가장 많이 사용되는 모디파이어라고 할 수 있습니다. [Subdivision Surfaces]는 메시 분할 수를 늘려서 표면을 부드럽게 만듭니다. 오브젝트의 폴리곤을 유지하면서 표면을 부드럽게 만들고 싶을 때 사용합니다. 모디파이어는 메시를 직접 편집하지 않으므로 언제라도 원래대로 돌릴 수 있으며, 파라미터를 조정해서 부드러운 정도를 쉽게 바꿀 수 있습니다.

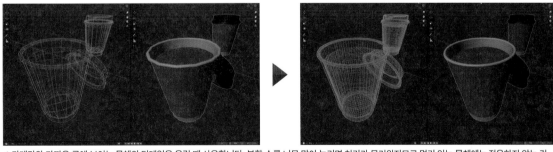

▲카메라와 가까운 곳에 보이는 물체의 디테일을 올릴 때 사용합니다. 분할 수를 너무 많이 늘리면 처리가 무거워지므로 멀리 있는 물체에는 적용하지 않는 것이 좋습니다.

[Generate]→[Decimate]

[Decimate]는 폴리곤 수를 줄이는 모디파이어입니다. 작업하다 보면 폴리곤 수가 너무 많아져 전체적인 처리가 무거워지는 경우가 있습니다. 구입한 소재의 폴리곤 수가 필요 이상으로 많은데 눈에 잘 보이지 않는 배경에 사용하고 싶은 상황이라면 폴리곤 수를 적당히 줄여서 전체적인 부하를 줄일 수 있습니다. 폴리곤 수를 줄이는 다양한 방법이 있지만, 가장 쉬운 방법은 [Decimate] 모디파이어를 사용하는 것입니다. UV를 유지하므로 텍스처가 있는 소재에도 활용할 수 있습니다. 다만 폴리곤 수를 너무 많이 줄이면 형태가 무너져 내릴 수 있으므로 주의해야 합니다. '자신의 컴퓨터로 어느 정도의 폴리곤 수까지 활용할 수 있는가?'는 계속해서 다양한 상황을 경험하다 보면 어느 정도 감 잡을 수 있을 것입니다.

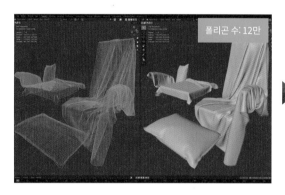
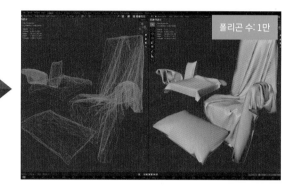

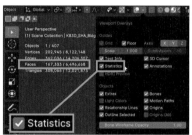

◀폴리곤 수와 관련된 정보는 헤더에서 [Viewport Overlays]→[Statistics]에 체크해 표시할 수 있습니다. 3D 뷰포트 좌측 상단에 표시되는 [Faces]가 폴리곤 수입니다.

▶바를 움직여서 폴리곤 수를 원하는 만큼 줄일 수 있습니다. 모디파이어 패널에서 [Ctrl]+[A]를 눌러 적용하면 메시 구조가 실제로 적용됩니다.

3-3

[3D 모델에 골격을 넣어 움직이게 만들기]
블렌더 리깅 + 애니메이션 기초

리깅과 애니메이션은 3D 모델에 생명력을 불어넣는 과정이라고 할 수 있습니다. 시간과 노력이 필요한 굉장히 힘든 작업이기도 하지만, 직접 만든 모델이 움직일 때의 느낌은 남다릅니다. 이번 절에서는 리깅과 애니메이션 관련 기초 지식을 설명하겠습니다.

이 절의 개요

- 리깅과 애니메이션이란?
- 모델 읽어 들이고 준비하기
- 리깅 연습
- 애니메이션 연습

호시코 센푸캬쿠(Hoshiko Senpukyaku)

1984년 미국 출생으로 Merry Men Inc. 대표입니다. 외국계 기업에서 국제 회계를 담당하다가 3D CG, 모션 그래픽 제작으로 독립했습니다. 블렌더를 활용해서 애니메이션 감독, 모션 디자이너로 일하고 있습니다. 대표작으로는 「닥터 푸츠코의 재미있는 CG 연구소」, TV 애니메이션 「SNS 폴리스」 등이 있습니다.

WEB

https://merrymeninc.com/

리깅과 애니메이션이란?

◉ 리깅과 애니메이션의 기초 지식

리깅과 애니메이션은 모두 CG 업계에서 '리거(Rigger)', '애니메이터(Animator)'라는 별도의 전문가를 필요로 하는 심오한 영역입니다. 이 내용만 설명해도 책 한 권이 될 수 있습니다. 따라서 이번 절에서는 예제를 진행하면서 '블렌더로 이런 것도 할 수 있다'를 소개하는 느낌으로 설명하겠습니다. 블렌더로 무엇을 할 수 있는지 파악하는 것도 중요하므로 차근차근 살펴봅시다.

리깅은 애니메이션을 위한 사전 준비라고 할 수 있습니다. 리깅을 '릭(rig)을 만든다'라고 표현하기도 합니다. 리깅은 움직이고 싶은 대상의 골격을 만들고, 3D 오브젝트의 움직임을 부여하기 위한 설정까지의 작업입니다.

리깅

3D 모델 내부에 골격을 삽입하는 작업을 '리깅(Rigging)'이라고 합니다. 리깅은 여러 개의 본(Bone, 뼈)으로 구성되는 아마튜어(Armature, 골격)을 만들어 나갑니다. 그리고 본을 움직일 때 메시의 어떤 부분을 움직일지 설정하는 작업을 '스키닝(Skinning)'이라고 합니다. 일반적으로 리깅이라고 하면 스키닝 작업까지 포함하는 경우가 많습니다.

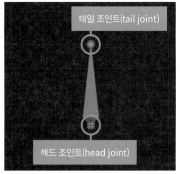
▲본

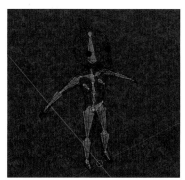
▲아마튜어

▲리깅

애니메이션

리깅으로 골격을 만든 3D 오브젝트의 움직임을 부여하는 작업입니다. 키프레임(Keyframe)이라고 부르는 변화하는 부분을 설정하면 키프레임 사이의 움직임을 블렌더가 보간해 줍니다(알아서 만들어줍니다). 이러한 키프레임을 사용해서 애니메이션을 만드는 것이 기본이지만, 이외에도 다양한 방법으로 애니메이션을 만들 수 있습니다.

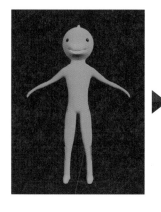
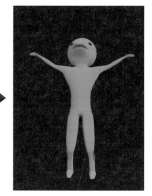

블렌더의 리깅 작업은 기본적으로 [Pose Mode]에서 합니다. [Object Mode]에서 골격(아마튜어)을 움직이려고 하면 골격 전체가 움직입니다. 하지만 골격을 선택한 상태로 [Ctrl]+[Tab]을 눌러 포즈 모드로 전환하면, 골격 내부의 뼈(본)를 하나하나 움직일 수 있습니다(헤더 왼쪽에 있는 모드 선택 메뉴로도 포즈 모드로 전환할 수 있습니다). 추가로 메시 내부에 있는 아마튜어를 보고 싶은 경우, [Z]를 눌렀을 때 표시되는 [Wireframe]을 선택해서 와이어프레임 모드로 메시를 투명하게 만들고 보면 좋습니다.

모델 읽어 들이고 준비하기

1 [File]→[Import]에서 확장자를 선택해서 읽어 들입니다.

3D 데이터는 일반적으로 '.fbx'와 '.obj' 형식을 많이 사용합니다. 참고로 '.svg'는 Illustrator에서 만든 벡터 선을 읽어 들여 로고 등을 입체적으로 만들 때 활용합니다.

◉ 프로젝트 데이터 준비

이번 강의에서 소개하는 예제 프로젝트 파일은 다음의 위키북스 사이트에서 다운로드 할 수 있습니다. 리깅과 애니메이션을 적용하기 전과 적용한 후의 파일 2개를 준비했습니다. 데이터를 기반으로 직접 따라 해보기 바랍니다. 책이라는 매체의 특성으로 하나하나 설명할 수는 없지만, 직접 자신이 움직여보고 싶은 3D 모델로도 대체해서 작업해 보면 좋을 것입니다. 직접 모델링하는 것이 어렵다면 3D 모델을 유료 또는 무료로 다운로드할 수 있는 사이트를 활용해 보세요.

> **프로젝트 파일**
> ▶ https://wikibook.co.kr/blender-vfx/
> PW: vfx@5476

Free3D(https://free3d.com/)

한국어 표시를 지원하는 3D 모델 판매 사이트입니다. 판타지와 SF에 나올 법한 모델들이 많습니다. .blend, .maya, .fbx, .obj 등의 다양한 형식을 제공합니다.

3D 모델을 다운로드할 수 있는 사이트 중 규모가 큰 편에 속하는 사이트입니다. .blend 파일 형식은 물론이고 .obj와 .fbx 등의 주요 확장자를 모두 제공합니다. 자동차, 동물, 캐릭터 등의 다양한 오브젝트를 무료 또는 유료로 다운로드 받을 수 있습니다. 추천하는 사이트입니다.

좀 더 개성 있는 모델을 제공하는 사이트입니다. 웹 브라우저에서 곧바로 3D 모델을 볼 수 있으므로 다른 사용자들이 만든 작품을 감상하는 것만으로도 재미있는 사이트입니다. 상업적인 목적으로 사용할 수 있는지는 각각의 규정을 확인해야 하므로 제한적일 수 있습니다. 하지만 학습 목적으로 모델을 연구하는 데는 꽤 좋은 사이트입니다.

리깅 연습

◉ 페어런트(parent)로 부모 자식 관계 만들기

오브젝트에 부모 자식 관계를 설정하면 자식으로 설정한 오브젝트가 부모의 움직임을 따라갑니다. 예를 들어 엠프티(렌더링해도 보이지 않는 오브젝트)를 부모로 설정하고, 카메라를 자식으로 설정하면, 엠프티를 회전했을 때 카메라가 주변을 함께 회전합니다.

다음은 모델에 엠프티 오브젝트를 겹치고, 그것을 회전해서 카메라를 회전시키는 예입니다. 이를 활용하면 영화 「매트릭스」의 트리니티 같은 카메라 워크를 만들 수 있습니다.

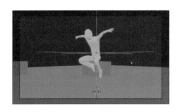 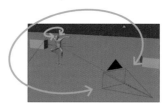 

1 [Shift]를 누르면서 자식→부모 순서로 클릭
하고, [Ctrl]+[P]의 [Object]를 클릭합니다.
그다음 부모 오브젝트를 움직이면 자식 오브
젝트도 같은 형태로 움직입니다. 참고로 자식
오브젝트를 움직인다고 부모 오브젝트가 함
께 움직이지는 않습니다.

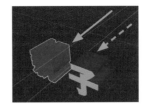
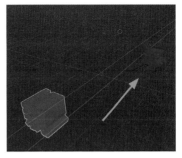

Tips

실수로 부모와 자식의 선택 순서를 반대로 했을 경우, [Alt]+[P]로 부모 자식 관계를 초기화할 수 있습니다.

◉ 아마튜어로 메시 움직이기

아마튜어(Armature)는 오브젝트에 설정한 골격 전체를 의미하는 단어입니다. CG 업계에서는 이러한 아마튜
어 골격의 뼈 하나하나를 본(Bone)이라고 부릅니다. 본을 만들어서 넣으면 모델을 구부릴 수 있습니다. 이번
절에서는 돌고래 모델을 움직여보겠습니다.

1 아마튜어를 추가하겠습니다.
[Shift]+[A]를 누르고,
[Armature]→[Single Bone][2]을
선택해서 본을 추가합니다.

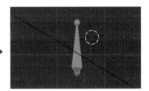

2 본을 복제해서 돌고래의 척추처럼 배치하겠습니
다. 본을 선택한 뒤 [Tab]을 눌러 [Edit Mode]로
전환합니다. 이후 작업은 와이어프레임 모드에서
하는 것이 편합니다. 본의 끝부분을 선택하고, [E]
를 누르고 마우스를 움직이면 본을 돌출시키면서
새로운 본을 만들 수 있습니다.

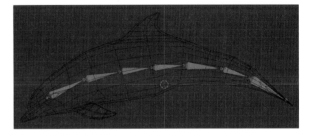

3 메시(자식)→아마튜어(부모) 순서로 선택하고,
[Ctrl]+[P]의 [With Automatic Weights]를 클릭
합니다. 이렇게 하면 아마튜어가 부모, 메시가 자
식이 되게 부모 자식 관계가 설정됩니다.

---

2 (옮긴이) [Rigging: Riggify] 애드온을 활성화했을 경우의 메뉴입니다. 만약 활성화하지 않은 상태라면, 그냥 [Armature]를 클릭해서 본을 추가합니다. 참고로 애드
온 추가와 관련된 내용은 94페이지에서 설명합니다.

4 메시의 움직임은 토폴로지(메시의 구조)에 따라 달라집니다. 이번 예제처럼 단순한 토폴로지라면 현재 상태만으로는 움직임이 어색할 수 있습니다. 오른쪽 그림은 [Pose Mode]에서 하나의 본을 선택하고, [R]→[X]를 눌러 회전한 상태입니다. 그런데 꼬리 지느러미 부분의 본을 움직일 때 등 지느러미가 함께 움직입니다. 이는 '웨이트 페인트'를 사용해서 조정해야 합니다.

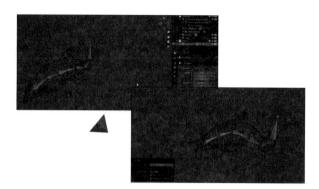

◉ 웨이트 페인트로 영향 범위 조정하기(스키닝)

본을 움직일 때 어떤 메시를 얼마나 움직일지 그 영향 정도를 설정할 수 있습니다. 이전 절에서는 [With Automatic Weights]를 사용했으므로 자동으로 웨이트 페인트하게 하여 움직이면 안 되는 부분까지 움직였습니다. 이번 절에서는 이러한 영향 범위를 직접 웨이트 페인트해서 조정해 봅시다.

1 [Object Mode]에서 메시를 선택하고, [Ctrl]+[Tab]을 눌러 파이 메뉴를 표시하고, [Weight Paint]를 선택합니다.

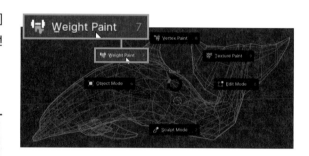

> **Tips**
>
> 여기서 본이 가려지면 선택하기 어려우므로 미리 [Object Mode]에서 아마튜어를 선택하고, [Object Properties]▣→[Viewport Display]의 [In Front]에 체크해 두면 좋습니다.

2 [Weight Paint] 화면으로 전환됩니다❶. [Shift]를 누르면서 마우스 오른쪽 버튼으로 클릭하면 다른 본을 선택할 수 있습니다❷.

> **Tips**
>
> 웨이트 페인트를 설정하면 열화상 이미지처럼 본의 영향 범위가 색상으로 구분되어 표시됩니다. 붉은색의 영향 범위가 크고, 파란색으로 갈수록 영향 범위가 작다는 의미입니다. 또한, 완전한 파란색은 영향을 미치지 않는다는 의미입니다. 돌고래 꼬리를 움직였을 때 등 지느러미가 함께 움직이는 이유는 등 지느러미가 꼬리 본의 영향을 받고 있기 때문입니다.

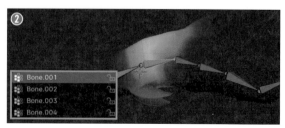

3 등 지느러미 메시에서 꼬리 본의 영향을 제거하겠습니다. 사이드바의 [Tool]에서 [Options]의 [Auto Normalize]에 체크하고, [Brush Settings]에서 [Weight]를 '0'으로 설정한 뒤 등 지느러미를 연한 파란색으로 칠합니다.

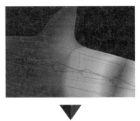

◉ IK 리깅으로 관절 움직이기

IK(Inverse Kinematics, 인버스 키네마틱스)를 사용하면 끝에 달린 본을 움직이는 것만으로 다른 본이 함께 움직이게 만들 수 있습니다. 그럼 네시(네시 호의 괴물) 캐릭터의 목부터 머리까지 본을 설정한 뒤, IK를 적용해서 머리 본을 움직이는 것만으로 목이 함께 움직이게 만들어보겠습니다.

IK와 FK

IK를 설정하지 않은 일반적인 본의 움직임을 FK(포워드 키네마틱스)라고 부릅니다. FK는 부모 본이 자식 본에 영향을 주는 동작밖에 하지 않으므로 본을 하나하나 움직여서 움직임을 설정해야 합니다.

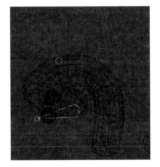

1 네시의 목과 얼굴 앞부분에 본을 만들고, [Alt]+[P]로 표시되는 메뉴에서 [Clear Parent]를 선택합니다[3].

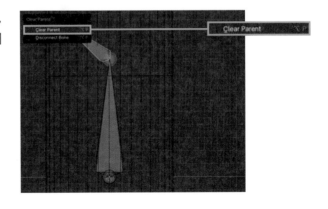

---

3 (옮긴이) 이번 예제의 조작은 모두 [Pose Mode]에서 합니다. 메뉴가 표시되지 않는 경우, [Pose]→[Parent]→[Clear Parent]로 초기화하고 다시 연결합니다.

2 얼굴 본을 선택하고, [Bone Constraint Properties] 의 [Add Bone Constraint]에서 [Inverse Kinematics]를 선택합니다. [Target]에 과정 **1**에서 부모자식 관계를 초기화한 본을 지정합니다.

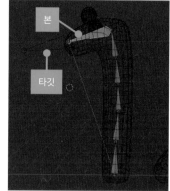

Tips

[Chain Length]로 몇 개의 본이 영향을 받게 만들지 설정할 수 있습니다[6].

리깅 프리셋

블렌더에는 사람, 동물, 새처럼 기본적인 골격을 제공하는 'Rigify'라는 애드온이 있습니다. 이를 한 번 사용해 보겠습니다.

1 [Edit]→[Preferences]→[Add-ons]를 클릭하고, 검색창에 'rigify'를 입력해서 [Rigging: Rigify]라는 애드온을 찾고 체크합니다. 이어서 설정을 저장합니다.

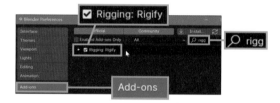

2 [Shift]+[A]를 눌렀을 때 표시되는 메뉴에서 [Armature]를 선택하면, [Single Bone] 이외에도 [Human], [Animals] 등의 아마튜어가 추가된 것을 확인할 수 있습니다. 오른쪽 돌고래맨은 [Basic Human(Meta-Rig)]을 적용한 예입니다.

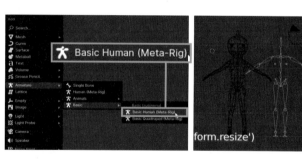

3 팔과 다리에 IK를 설정해 두면 조작하기가 쉬워집니다. 참고로 관절이 역방향으로 구부러지지 않게 하려면 [Bone Constraint Properties] 에서 [IK]의 팔꿈치와 무릎에 '폴(Pole)'[5]이라는 형태의 본을 추가하고, [Pole Target], [Bone], [Pole Angle] 등을 설정하면 됩니다.

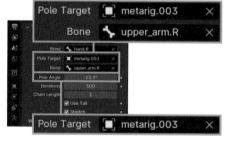

---

4 (옮긴이) 기본 설정인 0은 무제한을 의미합니다(모든 본이 영향을 받습니다). 1부터 가까운 본까지만 영향이 제한됩니다.

5 (옮긴이) 폴과 관련된 내용은 복잡한 편이라 이 책에서 자세하게 다루지는 않습니다. IK와 폴을 자유롭게 사용할 수 있으면 다양한 관절을 만들 수 있으므로 유튜브 등에서 따로 찾아보기 바랍니다.

◉ 오브젝트 컨스트레인트 프로퍼티로 움직임 제어하기

Object Constraint Properties는 오브젝트의 움직임
을 추적하거나 제한할 때 사용할 수 있습니다. 이번 절에
서는 오른쪽 그림에서 표시한 부분만 소개하겠습니다.

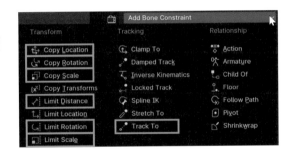

[Copy Location/Rotation/Scale]

1 오른쪽 그림처럼 나무와 큐브를 배치합니다. 그리고 나
무 오브젝트를 선택한 상태에서 [Object Constraint
Properties]의 [Add Object Constraint]로 [Copy
Location], [Copy Rotation], [Copy Scale]을 각각 적
용하고, [Target]에 큐브 오브젝트를 지정합니다. 이렇게
하면 큐브를 이동, 회전, 확대축소 조작하는 것만으로 나
무 오브젝트가 함께 움직입니다. 부모 자식 관계보다 세밀
하게 조작을 제한할 수 있습니다.

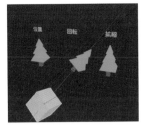

[Limit Distance/Rotation/Scale]

1 오른쪽 그림과 같은 레버에 [Object Constraint
Properties]의 [Add Object Constraint]에서 [Limit
Distance], [Limit Rotation], [Limit Scale]을 각각 적용
하고, 범위를 설정해 봤습니다. [Limit Distance]는 일정
범위 내에서만 위치를 이동하게, [Limit Rotation]은 특정
각도만큼만 회전하게, [Limit Scale]은 특정 배율 또는 축
으로만 확대축소 할 수 있게 제한합니다.

[Track To]

1 카메라를 선택한 상태에서 [Object Constraint
Properties]의 [Add Object Constraint]에서 [Track
To]를 적용합니다.

2 [Target]을 우주선으로 설정하고, [Track Axis]를 [−Z],
[Up]을 [Y]로 설정하고 카메라 방향을 조정하면 카메라가
우주선을 따라 이동합니다.

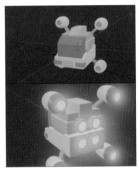

Tips

숫자 패드의 [0]을 누르면 카메라 시점으로 전환할 수 있습니다.

◉ 드라이버로 움직임 연동하기

드라이버를 사용하면 오브젝트 프로퍼티들을 연결해서 여러 문체의 움직임을 연동할 수 있습니다. 예를 들이 자동문을 만든다고 해 봅시다. 문을 하나하나 개별적으로 움직이게 만들 수도 있겠지만, 실제로 해 보면 타이밍과

속도를 맞추는 게 생각보다 힘들고 오랜 시간이 걸립니다. 이때 엠프티와 드라이버를 활용해서 두 문이 동시에 움직이게 만들면 엠프티를 움직이는 것만으로 두 문이 한꺼번에 열리고 닫히게 만들 수 있습니다.

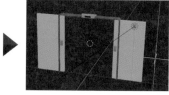

1 [Shift]+[A]를 누르고 [Empty]→[Plane Axes]를 추가합니다.

2 한쪽 문을 선택하고, 사이드바에서 [Item]→ [Location]의 [X]를 마우스 오른쪽 버튼으로 클릭한 뒤 [Add Driver]를 클릭합니다. 이렇게 하면 [X] 축이 보라색으로 바뀝니다.

3 드라이버를 추가한 [X] 축을 마우스 오른쪽 버튼으로 클릭하고, [Open Drivers Editor]를 클릭합니다.

4 드라이버를 추가한 문을 선택하면 [Blender Drivers Editor]의 사이드바에 [Driven Property]와 [Driver]가 표시됩니다. [Driver]의 [Object]에 [Empty], [Type]에 [Z Location]을 설정합니다.

Tips

엠프티를 위 아래로 움직이면 이와 연동되어 문이 열리고 닫힙니다. 엠프티가 지면 (Z 위치가 0m)에 있으면 닫힌 상태이며, 위로 올릴수록 문이 열립니다.

5 마찬가지로 반대쪽 문에도 드라이버를 설정합니다. 이전과 같은 방법으로 설정하면 열고 닫는 동작이 되지 않으므로 ❶ [Driver]의 [Expression]에 [−](마이너스)를 지정합니다❷.

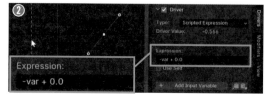
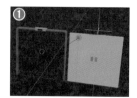
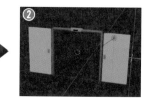

Blender Studio는 블렌더에서 공식적으로 다양한 자료를
배포하는 구독 플랜 사이트입니다. 대부분 자료는 유료 회
원이 돼야 다운로드할 수 있지만, 일부 자료는 무료 회원
이라도 다운로드해서 볼 수 있습니다. 실제 전문가들이 사
용하는 리깅을 직접 보면 좋은 공부가 되므로 이 사이트
를 꼭 활용해 보기 바랍니다.

▲추천하는 'Rain v2' 자료입니다. 픽사 영화처럼 세부적으로 리깅되
어 있는 캐릭터를 무료로 살펴볼 수 있습니다.

Blender Studio(http://studio.blender.org/)

블렌더 공식 구독 서비스입니다(2021년 10월에 Blender
Cloud에서 Blender Studio로 이름이 바뀌었습니다). 다
양한 튜토리얼 동영상과 애드온을 다운로드할 수 있으며,
모든 수익은 블렌더 개발 비용으로 투자됩니다.

애니메이션 연습

키프레임

키프레임은 특정 시간에 특정 프로퍼티 값을 기록하는 것입니다. 키프레임 시작점과 끝점에 오브젝트의 위치와
각도 등을 지정하면 그 사이의 움직임이 자동으로 보간되어 애니메이션이 만들어집니다.

타임라인과 도프시트

타임라인과 도프시트를 사용하면 키프레임을 조작할 수 있습니다. 서로 중복되는 기능이 꽤 많은데, 도프시트
쪽이 훨씬 더 많은 기능을 갖고 있습니다. 도프시트와 관련된 내용은 98페이지에서 설명합니다.

◉ 간단한 애니메이션 만들기

블렌더는 모든 설정을 활용해서 키프레임을 찍을 수 있습니다. 그래서 키프레임을 활용하는 것만으로 정말 다양
한 애니메이션을 만들 수 있습니다.

1 오브젝트를 선택한 상태에서 [I]를 누르고, [Insert Keyframe Menu]에서 [Location], [Rotation], [Scale] 등 원하는 프로퍼티(여기에서는 [Rotation])를 클릭하면 키프레임이 찍힙니다. 이렇게 찍은 키프레임은 타임라인과 도프시트에 노란색으로 표시됩니다. 오브젝트를 움직이고 타임라인에서 애니메이션이 끝날 프레임을 지정한 뒤, 같은 방법으로 키프레임을 찍습니다. [Space] 키를 누르면 애니메이션이 재생됩니다.

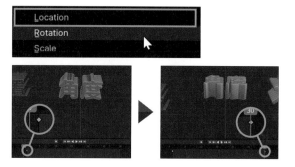

◉ 애니메이션 내보내기

렌더링은 굉장히 많은 시간을 필요로 합니다. 실패했을 때의 손실이 크므로 [View]→[Viewport Render Animation]을 실행하고, [Ctrl]+[F11]로 미리보기 해서 움직임을 어느 정도 확인한 뒤 본격적으로 렌더링하는 것이 좋습니다.

1 [Render Properties]🖼에서 [Film]의 [Transparent], [Output Properties]🖼에서 [Format]의 [Frame Rate], [Output]의 [File Format]과 [Color] 등을 설정합니다❸. 이어서 [Ctrl]+[F12]를 눌러 렌더링합니다.

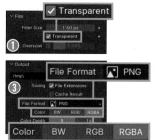

◉ 도프시트에서 키프레임 조작하기

도프시트는 블렌더에서 애니메이션을 만들 때 사용하는 키프레임의 위치와 값을 관리하고 편집할 때 사용하는 에디터입니다. 여러 오브젝트를 선택하면 여러 오브젝트의 키프레임을 한꺼번에 확인하고 편집할 수 있습니다. 도프시트에서도 [G]로 이동, [S]로 속도를 변

▲ 헤더 왼쪽 끝에 있는 🔲(에디터 타입)을 클릭해서 [Dope Sheet]로 전환할 수 있습니다.

경하는 등 단축키를 활용할 수 있습니다. [S]로 속도를 변경한다는 것이 이상해 보일 수 있는데, 두 개 이상의 키 프레임을 선택하고 [S]를 누른 뒤 '0.5'를 입력하면, 키프레임 간격이 축소돼서 2배 빨라집니다. 또한 마우스 휠을 사용해서 가로 축을 확대축소 할 수 있습니다.

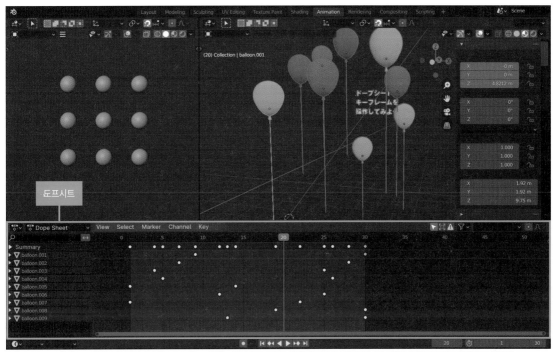

▲[Animation] 워크스페이스 화면입니다. [Dope Sheet]에는 3D 뷰포트에서 선택한 모든 오브젝트의 키프레임이 한꺼번에 표시됩니다. 왼쪽의 [Summary] 드롭다운을 열면 키프레임 하나하나의 상세 내용을 확인할 수 있습니다.

◉ 포즈 모드에서 아마튜어 움직이기

포즈 모드에서 본을 움직이면 메시가 다양한 포즈를 취하게 만들 수 있습니다. 이번 예제에서는 오른쪽 어깨 본에 회전 키프레임을 설정해서 팔을 내리는 애니메이션을 만들었습니다. 캐릭터의 팔과 다리를 움직이는 작업은 생각보다 어렵습니다. 각각의 본으로 키프레임을 찍어서 애니메이션을 모두 하나하나 만들어야 합니다. 그래서 땅 위를 걷는 동작을 만드는 것만으로도 여러 테크닉과 섬세한 작업이 필요합니다. 하지만 캐릭터에 생명력을 불어넣는 과정이라 어려우면서도 굉장히 재미있는 작업입니다.

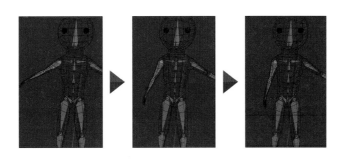

◉ 그래프 에디터에서 보간 방법 설정하기

그래프 에디터를 활용하면 움직임의 완급을 조정하는 '보간'을 조정해서 자연스러운 애니메이션을 만들 수 있습니다.

다음 예는 같은 방향으로 움직이는 우주선을 3대 배치하고, 같은 위치에서 출발해서 같은 위치에 도착하게 만들었습니다. 그런데 재생 중간에 멈춰보면 우주선들이 다른 곳에 위치해 있는 것을 볼 수 있습니다. 실제 세계에서 대부분의 물체는 서서히 가속해서 서서히 감속하는 경우가 많습니다. 즉, 시작부터 끝까지 같은 속도로 움직이는 물체는 거의 없다는 것입니다. 그래프 에디터에서 이러한 움직임을 설정할 수 있습니다. 그래프는 곡선의 핸들을 하나하나 움직여서 조정할 수도 있지만, [Key]→[Easing Type]에서 [Ease In] 또는 [Ease Out] 등을 선택해서 설정할 수도 있습니다. 또한 [Interpolation Mode]에서 [Linear]는 등속 직선 운동, [Bezier]는 서서히 가속하고 서서히 감속하는 움직임입니다.

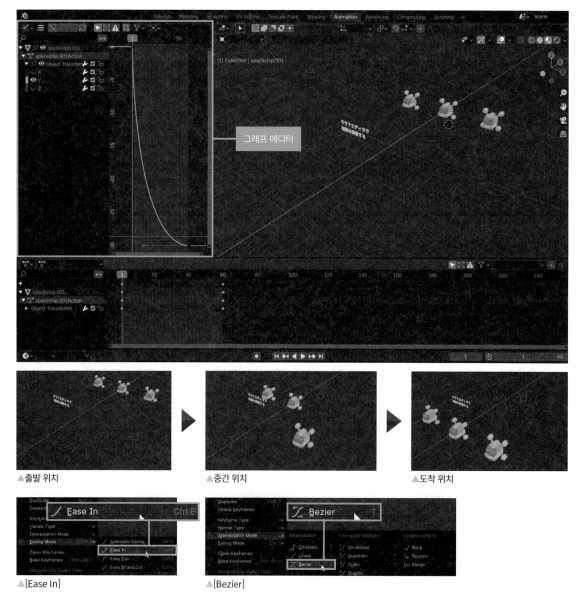

▲출발 위치　　　　　　　　▲중간 위치　　　　　　　　▲도착 위치

▲[Ease In]　　　　　　　　▲[Bezier]

◉ 셰이프 키로 메시 형태 바꾸기

셰이프 키는 메시 오브젝트의 형태를 기억할 수 있는 기능입니다. 본을 사용하지 않고 메시 자체를 변형하며, 키 프레임을 활용해 애니메이션을 만듭니다. 예시처럼 이 기능은 표정 변화 등에 사용합니다. 이외에도 다양한 상황에 활용할 수 있습니다. 참고로 셰이프 키는 버텍스들이 최단거리로 움직이므로 직선으로 움직이면 안 되는 경우에는 적합하지 않을 수 있습니다. 또한 셰이프 키가 있으면 모디파이어를 적용할 수 없으므로 주의해야 합니다.

1 [Object Data Properties]🔻에서 [Shape Keys]의 [+]를 클릭하면 [Basis]라는 항목이 추가되며, 계속 클릭하면 [Key 1], [Key 2], … 형태로 이름이 붙어 계속 추가됩니다.

Tips

키의 이름을 'Smile'로 변경했습니다.

2 'Smile' 셰이프 키를 선택하고, [Value]를 '1.000' (최대)으로 설정한 뒤❶, [Edit Mode]에서 메시를 움직여 표정을 조정합니다❷.

3 [Value]를 '0.000'으로 되돌린 뒤, 숫자 위에서 마우스 오른쪽 버튼을 클릭하고 [Insert Keyframe]을 클릭합니다❶. 키프레임을 찍으면 숫자가 노란색으로 변합니다❷.

4 [Value]를 '1.000'으로 변경하고 프레임을 30 정도로 움직인 뒤, 과정 **3**을 참고해서 키프레임을 또 찍습니다. 이렇게 하면 표정이 변하는 애니메이션을 만들 수 있습니다.

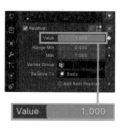

이번 예에서는 하나의 키를 사용해 눈과 입의 표정을 모두 조정했습니다. 하지만 눈과 입을 각각 셰이프 키로 만들면 표정을 더욱 세밀하게 조정할 수 있습니다.

◉ 모디파이어를 사용한 애니메이션

모디파이어를 활용하면 오브젝트의 메시 정보를 유지한 상태로 효과를 적용해서 형태를 변경할 수 있습니다. 그리고 이를 활용하면 다양한 애니메이션을 만들 수 있습니다. 예를 들어 건물 모델에 [Build] 모디파이어를 적용하면 아래에서부터 타일 형태로 페이스가 만들어지며 3D 모델이 만들어지는 애니메이션을 쉽게 만들 수 있습니다.

그 이외에도 굉장히 다양한 종류의 모디파이어가 있습니다. 오브젝트를 비틀거나 움직이는 [Simple Deform], 요동치는 물을 표현할 수 있는 [Displace] 등을 살펴보겠습니다.

[Generate]→[Build]

1 [Modifier Properties] 🔧에서 [Add Modifier]를 클릭하고 [Build]를 클릭합니다. 이 상태에서 재생하면 페이스가 랜덤하게 나타나면서 건물이 형성됩니다.

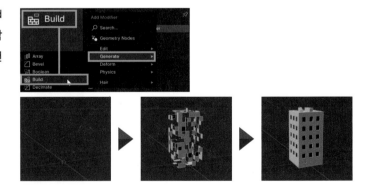

2 지면에서 건물이 아래에서부터 서서히 지어지는 느낌의 애니메이션을 만들겠습니다. [Edit Mode]에서 모든 페이스를 선택하고 [Shift]+[S]를 누르고 스냅 파이 메뉴에서 [Cursor to World Origin]을 클릭합니다.

3 [Mesh]→[Sort Elements]→[Cursor Distance]를 클릭합니다❶. 영역 왼쪽 아래의 플로팅 윈도우에서 [Elements]를 [Faces]로 선택합니다❷. [Modifier Properties]에서 시작 프레임과 애니메이션의 길이를 조정할 수 있습니다❸.

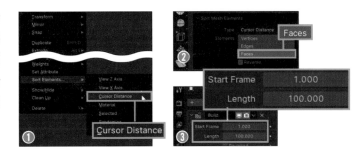

[Deform]→[Simple Deform]

[Simple Deform]은 메시를 구부리거나 비틀 때 활용합니다. 간단하게 어묵 메시를 기반으로 어떤 변형이 가능한지 소개하겠습니다.

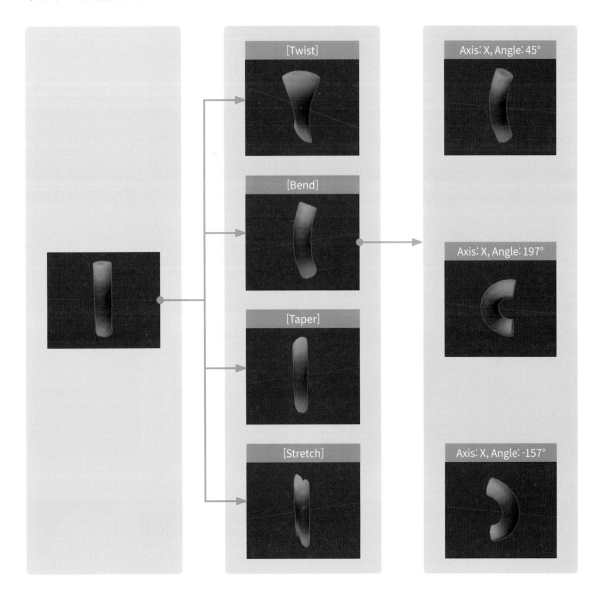

2D 이미지에 맞춰 변형하는 모디파이어입니다. 다음 예는 [Modifier Properties] 🔧에서 [Deform]→[Displace]를 설정하고, [New]→🖼→[Image or Movie]→[Clouds]를 선택한 예입니다. 추가로 [Texture Properties] 🏁에서 [Clouds]의 [Size]와 [Depth], [Modifier Properties] 🔧의 [Strength]로 굴곡의 강도를 조정할 수 있습니다.

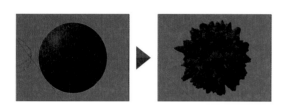 

▲ [Edit]→[Vertex Weight Proximity] 모디파이어를 조합하면 엠프티의 위치와 거리에 따라 굴곡의 위치와 강도를 조정할 수 있습니다.

[Deform]→[Wave]

물방울이 떨어졌을 때의 물결처럼 오브젝트를 움직이는 모디파이어입니다. 다음 예는 해파리 오브젝트에 [Deform]→[Wave] 모디파이어를 설정한 예입니다. 참고로 페이스 밀도가 너무 적으면 잘 움직이지 않으므로 주의하세요. 이 해파리 모델의 경우, [Subdivision Surfaces]라는 페이스를 세분화하는 모디파이어를 활용해서 페이스 밀도를 높이고 [Wave]를 적용했습니다.

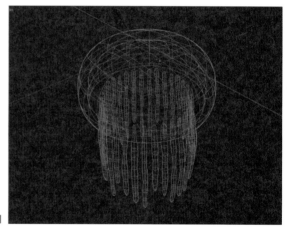

▶ 와이어프레임 모드로 표시한 해파리

 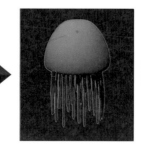 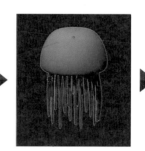 

[Deform]→[Curve]

특정 오브젝트가 커브를 따라 움직이게 만드는 모디파이어입니다. 다음 예에서는 금색 막대가 커브를 따라 움직이게 만들었습니다. 복잡한 형태를 만들거나 용이 날아오르게 만드는 등 다양한 상황에 활용할 수 있습니다. 커브는 [Shift]+[A]→[Curve]로 만들 수 있습니다.

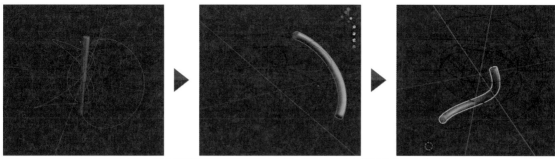

▲[Curve] 모디파이어를 설정하면 지정한 커브를 따라 오브젝트가 배치됩니다. [G]→[Z]로 이동하면 오브젝트가 커브 위에서 움직입니다.

1 [Curve] 모디파이어를 추가하고, [Deform Axis]를 [Z]로 설정한 뒤, [Object]의 🖱️→커브 오브젝트를 선택합니다.

● 키프레임을 사용하지 않는 애니메이션❶: 그래프 에디터

그래프 에디터에서 모디파이어로 만든 움직임에 변화를 줄 수 있습니다. 다음 예는 대기권에 진입하는 우주선이 덜컹거리는 애니메이션을 만드는 예입니다.

1 움직이고 싶은 오브젝트로 X 위치를 활용해 키프레임을 찍습니다. 그래프 에디터를 표시하고 왼쪽 사이드바에서 [X Location]을 선택하면 그래프 에디터에 붉은색 선이 표시됩니다. 오른쪽 사이드바의 [Modifiers] 탭을 클릭합니다.

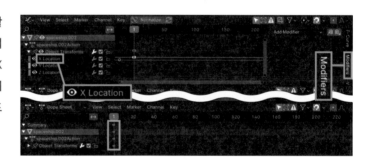

2 사이드바의 [Add Modifier]→[Noise]를 클릭하면❶ 붉은색 선에 노이즈 효과가 적용됩니다❷. 숫자를 미세하게 조정하고 재생해 보면, 키프레임 하나만으로도 오브젝트가 흔들리는 것을 볼 수 있습니다.

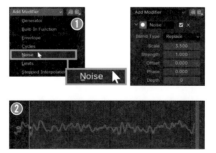

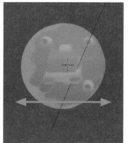

3 마찬가지로 [Y Location]에도 [Noise] 모디파이어를 추가하면 가로 세로로 흔들리는 애니메이션을 만들 수 있습니다.

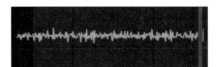

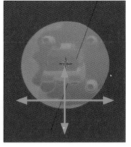

Tips

[Generator] 모디파이어를 설정하면 다항식 함수 형태, [Built-In Function] 모디파이어를 설정하면 삼각 함수 형태로 움직입니다.

◉ 키프레임을 사용하지 않는 애니메이션❷: 파티클

파티클도 키프레임을 찍지 않고 애니메이션을 만들 수 있습니다. 단순하게 대량의 파티클을 방출하면서 방향과 속력 등만 지정하면 됩니다(이와 관련된 자세한 내용은 3-4절에서 설명합니다). 다음 예는 [Force Field]→[Curve Guide]를 배치해서 꽃이 평면을 따라 움직이게 만든 것입니다.

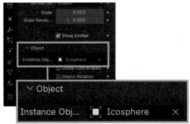

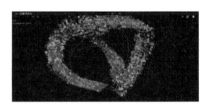

◀[Particle Properties]의 [Object]로 파티클을 꽃 형태로 만들 수 있습니다.

◉ 키프레임을 사용하지 않는 애니메이션❸: 물리 시뮬레이션

물리 시뮬레이션도 3-4절에서 자세하게 다루겠지만, 일단 키프레임을 사용하지 않는 애니메이션 중 하나입니다. 다음 예제에서는 바닥과 주사위를 선택하고, [Physics Properties]❖의 [Collision]과 [Rigid Body](바닥은 [Active] 타입, 주사위는 [Passive] 타입)를 설정했습니다. 이렇게 하면 바닥에 떨어뜨린 주사위가 튀어 굴러가는 모습을 표현할 수 있습니다.

◉ 키프레임을 사용하지 않는 애니메이션❹: 수식 드라이버

예를 들어 행성이 공전하는 것처럼 계속해서 같은 동작을 하게 만들고 싶을 때는 96페이지에서 소개했던 드라이버를 활용하면 좋습니다. 수식을 입력하면 자동으로 애니메이션이 만들어집니다.

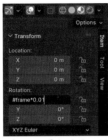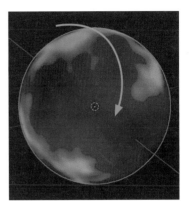

▲[Rotation]의 X축에 수식을 '#frame*0.01'이라고 입력하면
X축 표시가 보라색으로 변합니다.

◉ mixamo를 활용해서 자동으로 모션 적용하기

애니메이션 제작은 굉장히 복잡하고 시간이 오래 걸리는 작업입니다. 이때 편리하게 활용할 수 있는 것이 mixamo입니다. mixamo는 Adobe에서 제공하는 웹 서비스입니다. 본을 설정하지 않은 상태의 캐릭터 모델을 FBX 또는 OBJ 등의 형태로 업로드하고 설정하면, 600가지 이상의 모션 중 하나를 선택해서 애니메이션을 적용할 수 있습니다. 다만 .blend 이외의 형식을 활용하므로 블렌더에서 읽어 들여 활용하려면 약간의 설정이 필요합니다.

mixamo (http://www.mixamo.com/)

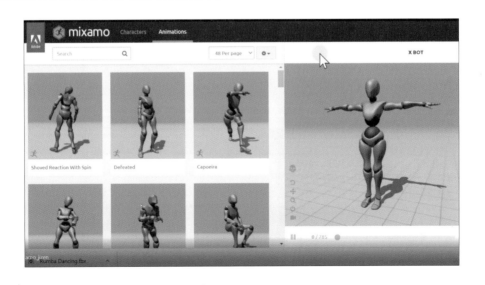

3-4

[중력, 마찰, 속도, 바람 등의 움직임 재현하기]
블렌더의 시뮬레이션 기능

시뮬레이션을 활용하면 바람에 흩날리는 낙엽과 머리카락 등 사람이 직접 만들기 힘든 작업을 컴퓨터의 물리 연산으로 재현할 수 있습니다. 이번 절에서는 두 가지 예제를 만들어보면서 파티클, 클로스(Cloth), 리지드바디의 사용 방법에 대해 알아보겠습니다.

이 절의 개요

- 시뮬레이션이란?
- 파티클 기본 조작
- 파티클을 활용해서 깃털 날리기
- 리지드바디로 오브젝트 충돌 구현하기
- 중력 다루기
- 시뮬레이션을 실패하지 않기 위한 요령
- 시뮬레이션은 시행착오의 반복

와규 선생

CG 디자이너/전문 대학 강사. 영상과 게임 전용 CG 소재 제작을 메인 업무로 하고 있으며, 본명인 '오사와 류이치(Osawa Ryuichi)'로 블렌더 관련 기술서를 집필하고 있다. 블렌더를 10년 정도 사용 중이다.

Twitter

https://twitter.com/
3dcganimation

시뮬레이션이란?

3D CG를 사용한 영화를 보면 중력과 충돌 등을 당연한 것처럼 활용합니다. 하지만 사실 컴퓨터 세계 속에는 중력도 충돌도 없습니다. 따라서 중력에 의해 떨어지고 다른 물체와 충돌하는 애니메이션은 직접 만들거나 물리 연산을 활용해 알아서 움직이게 설정해야 합니다.

이러한 물리 연산을 시뮬레이션이라고 합니다. 블렌더도 이러한 기능을 지원합니다. 블렌더 내부에서 물리 연산을 하면 영상에 활용할 수 있습니다. 이번 강좌에서는 입자를 제어하거나 대량 오브젝트의 애니메이션을 만들 때 활용하는 '파티클(Particle)' 기능, 물체와 물체를 충돌시키거나 바람 등으로 움직이게 만들 때 활용하는 '리지드바디(Rigidbody)'에 대해 설명하겠습니다.

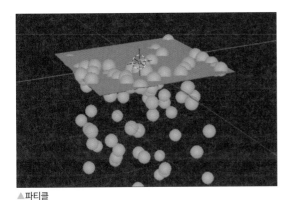

▲파티클   ▲리지드바디

파티클 기본 조작

파티클은 수많은 입자를 공간에 흩뿌리는 것입니다. 상상에 따라서 무엇을 흩뿌릴지 자유롭게 설정할 수 있습니다. 파티클을 활용하면 비를 내리게 할 수도 있고, 낙엽을 대량으로 떨어뜨릴 수도 있습니다. 파티클은 크게 '이미터(Emitter)'와 '헤어(Hair)'라는 두 가지 모드가 있습니다. 이미터 모드의 이미터는 파티클이 생성되는 발생 근원을 의미합니다. 헤어 모드는 이름 그대로 머리카락을 의미하며, 머리카락을 만들 때 사용하는 것이므로 일단 언급하지 않겠습니다. 따라서 이번 절에서는 이미터 모드를 다룹니다.

일단 가장 먼저 스케일과 관련된 이야기를 하겠습니다. 사실적인 CG를 만들 때는 기본적으로 현실 크기에 맞게 재현하는 것이 좋습니다. 그렇게 해야 렌즈의 초점 거리, 보케 등을 효율적으로 설정할 수 있습니다. 다만 시뮬레이션할 때 문제가 발생한다면 현실보다 조금 더 큰 스케일로 만드는 것이 정밀도 측면에서 좋을 수 있습니다.

◉ 평면에 파티클 설정하기

1 [File]→[New]→[General]로 새로운 파일을 엽니다. 화면 중앙의
큐브를 사용하지 않을 것이므로 큐브를 제거합니다. [Shift]+[A]로
표시되는 메뉴에서 [Mesh]→[Plane]을 추가합니다.

Tips

그리드의 크기로 평면의 크기를 파악할 수 있습니다. 그리드를 2x2만
큼 차지하고 있으므로 한 변이 2m인 정사각형 평면이라는 의미입니다.

2 프로퍼티 패널에서 [Particle Properties]를 선택합니다. [+]를 클
릭해서 파티클의 형태, 속도 등을 설정하기 위한 항목을 추가합
니다.

3 일단 따로 설정하지 말고, 곧바로 [Space]를 눌러 재생해 봅시다.
평면에서 수많은 파티클 입자가 발생하는 것을 확인할 수 있습니다.
그럼 이제 각각의 항목을 설정해서 파티클 입자를 제어해 봅시다.

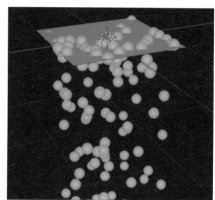

Tips

화면 아래에는 어떤 프레임(어떤 시간)을 표시하고 있는지 나타내는 타
임라인과 키프레임이 표시됩니다. [Shift]+[←]를 눌러 첫 번째 프레임
으로 돌아갈 수 있습니다.

◉ 파티클 입자 제어하기

파티클 프로퍼티: [Emission]

[Number]가 '1000', [Frame Start]가 '1.000', [End]가
'200.000', Lifetime이 '50.000'으로 설정된 경우, 1프레임부터
200프레임까지 1000개의 파티클이 방출됩니다. 하나의 파티클은
생성된 직후 50프레임 이후에 사라집니다.

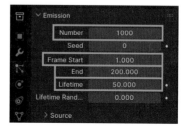

파티클 프로퍼티: [Velocity]

[Particle Properties]의 [Velocity] 드롭다운을 열고 [Normals]의 값을 높이면 파티클이 위로 올라갔다가 떨어지는 것처럼 됩니다(왼쪽 그림). [Object Aligned X/Y/Z]를 높이면 비스듬하게 오르는 움직임이 되며 [Randomize]를 높이면 규칙성 없이 오르는 움직임이 됩니다(오른쪽 그림).

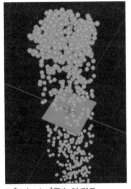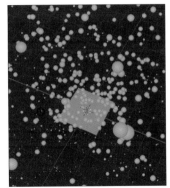

▲[Velocity]를 높인 경우　　　▲[Randomize]를 높인 경우

파티클 프로퍼티: [Gravity]

[Scene Properties]의 [Gravity]가 체크되어 있습니다. [Gravity] 드롭다운을 눌러 펼쳐보면 Z축으로 마이너스 숫자가 들어 있어 아래 방향으로 중력이 작용하게 되어 있습니다. [Gravity] 체크를 해제하면 무중력 상태가 되어 재생했을 때 파티클이 위로 방출됩니다.

▲ 중력이 있을 때　　　▲ 중력이 없을 때

오브젝트 변형하기

3D 뷰포트 헤더 왼쪽에서 [Object Mode]를 [Edit Mode]로 전환하고 오브젝트 전체를 선택한 상태로 마우스 오른쪽 버튼을 클릭한 뒤 [Subdivide]를 선택합니다.

이어서 중앙의 버텍스를 선택하고 [G]→[Z]를 눌러서 위로 끌어 올린 뒤, [Object Mode]로 돌아옵니다. 재생해 보면 분수처럼 사방으로 파티클이 뿜어져 나오는 것을 볼 수 있습니다.

파티클 프로퍼티: [Wind]

파티클이 방출된 이후의 움직임을 조금 복잡하게 만들어보겠습니다. 바로 바람을 추가하는 것입니다. 현재 공간에는 따로 바람이 불지 않으므로 파티클이 중력의 영향만 받습니다.

1 [Shift]+[A]를 누르고 [Force Field]→[Wind]를 추가합니다. 평면에 링과 노란 화살표가 나타납니다. 이는 바람의 방향과 강도를 나타냅니다.

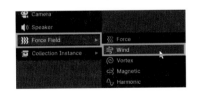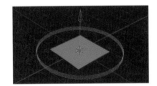

2 [Physics Properties]에서 [Strength] 값을 올리면 링과 링 사이의 간격이 넓어지면서 바람이 더 강해집니다. 이 상태에서 재생해 보면 바람을 추가하기 전과 비교했을 때 중력에 지지 않고 파티클이 떠오르는 모습을 볼 수 있습니다.

3 바람을 선택한 상태에서 [Rotation]으로 기울기를 주면 파티클이 방출된 이후 바람의 방향에 따라 움직입니다. 마치 물고기 떼가 움직이는 모습처럼 보이기도 합니다.

◉ 파티클 흩뿌리기

[Force Field]: [Turbulence]

이어서 [Turbulence]를 사용해 조금 더 복잡한 움직임을 만들어 봅시다. [Turbulence]는 복잡한 바람을 일으켜서 파티클을 흩뿌리는 효과가 있습니다. 방금 전의 [Wind]는 삭제하고 다음 내용을 진행합니다.

1 [Force Field]→[Turbulence]를 추가합니다❶. 평면에 엠프티(십자 표시)가 표시되면 이를 평면 옆으로 이동합니다❷.

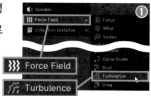

2 [Physics Properties]에서 [Strength] 값을 높이면 파티클이 생성된 후에 바람으로 인해 여러 방향으로 흩어지는 것을 볼 수 있습니다. 참고로 [Scene Properties]에서 [Gravity]의 체크를 해제하고 평면의 [Particle Properties]에서 [Normals] 값을 낮추면 공중을 떠다니는 민들레 씨앗 같은 움직임을 표현할 수 있습니다.

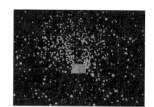

◉ 파티클에 메시 할당하기

1 [Shift]+[A]를 누르고 [Mesh]→[Monkey]를 선택해서 원숭이를 추가하고①, 살짝 옆으로 이동시킵니다. 평면을 선택하고 [Particle Properties]의 [Render] 드롭다운을 엽니다. [Render As]에서 [Object]를 선택하고 [Instance Object] 오른쪽에 있는 스포이트 아이콘으로 원숭이 오브젝트를 클릭하면② 수많은 원숭이가 생성됩니다③.

인스턴스 오브젝트는 기본 설정의 경우 0.05배로 스케일되어 발생합니다. [Scale]을 '1'로 설정하면 원본과 같은 크기가 됩니다. 추가로 [Scale Randomness]로 크기를 랜덤하게 설정할 수 있습니다.

2 [Rotation]에 체크하고 화면 아래의 [Dynamic]에 체크합니다. 이 상태로 재생하면 파티클의 이동 방향에 따라 움직이게 됩니다. [Randomize] 수치를 높이면 불규칙한 움직임이 됩니다.

Tips

파티클의 색상은 다음과 같은 방법으로 변경할 수 있습니다. 파티클에 할당한 메시에 머티리얼을 추가하고, [Shader Editor]에서 [Add]→[Input]→[Object Info] 노드와 [Add]→[Converter]→[Color Ramp] 노드를 추가합니다. [Object Info] 노드의 [Random] 소켓과 [Color Ramp] 노드의 [Fac] 소켓, [Color Ramp] 노드의 [Color] 소켓과 [Principled BSDF] 노드의 [Base Color] 소켓을 각각 연결합니다. 컬러 램프로 색을 설정하면 파티클의 색이 변합니다.

파티클을 활용해서 깃털 날리기

이번에는 실제로 촬영한 새의 깃털을 활용해서 베개에서 깃털이 뿜어져 나와 날리는 애니메이션을 만들어 보겠습니다.

결과 미리보기

http://bit.ly/wagyu-1

◉ 준비: 소재 배경을 투명하게 만들기

 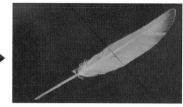

◀실제 깃털 이미지입니다. 이러한 실사 이미지를
파티클 소재로 읽어 들여 사용하기도 합니다.

1 상단 바의 [Shading] 워크스페이스를 클릭하면 블
렌더의 영역 구성이 바뀝니다. [Shader Editor]에서
[Add]→[Texture]→[Image Texture] 노드의 [Open]
을 클릭하고 이미지를 선택합니다. [Image Texture]
노드의 [Alpha] 소켓과 [Principled BSDF] 노드의
[Alpha] 소켓을 연결하면 깃털의 배경이 검은색으로 바
뀝니다.

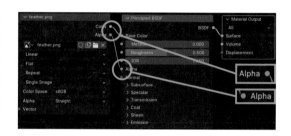

2 [Material Properties]를 선택합니다. [Settings] 드롭
다운을 열고 [Blend Mode]를 [Opaque]에서 [Alpha
Clip]으로 변경하면 배경 부분이 투명해집니다. 추가로
[Shadow Mode]도 [Alpha Clip]으로 설정합니다.

◉ 베개에서 깃털이 뿜어져 나오게 만들기

1 [Shift]+[A]를 누르고 [Mesh]→[Plane]을 추가합
니다. [Particle Properties]에서 [+]를 클릭하고
[Normals] 값을 '10'으로 설정해서 파티클이 힘차
게 뿜어져 나올 수 있게 만듭니다.

2 [Shift]+[A]를 누르고 [Force Field]→ [Turbu
lence]를 추가합니다. [Physics Properties]에
서 [Strength] 값을 올리면 파티클이 조금 더 복
잡하게 움직입니다. 이어서 [Particle Properties]
를 클릭하고 [Emission] 드롭다운을 확장한 뒤,
[Lifetime]을 '250' 정도로 설정합니다.

3 [Physics] 드롭다운을 확장하고 [Mass] 값을 조금 작게 만들면 파티클이 깃털처럼 가볍게 움직입니다. 힘차게 뿜어져 오른 파티클이 공기 저항에 의해서 감속하는 움직임을 만들 수 있게 [Forces] 드롭다운을 확장하고 [Damp] 값을 올립니다.

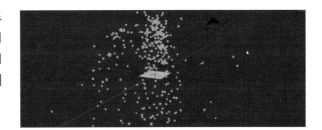

4 평면을 선택한 상태에서 툴바의 [Scale] 아이콘▣을 클릭하고 드래그해서 파티클 발생 지점을 작게 만듭니다. 뿜어져 나오는 모습이 너무 직선적이다 싶으면 [Velocity]의 [Randomize] 값을 조정합니다.

5 [Render]의 [Render As]을 [Object]로, [Instance Object]를 이전에 만든 깃털 오브젝트로 설정하고, [Scale] 값을 적당한 크기로 설정합니다. [Rotation]과 [Rotation]→[Dynamic]에 체크하고, [Randomize] 값을 올려서 깃털의 움직임을 조금 더 다이내믹하게 만듭니다.

6 지금까지 만들었던 파티클을 복사하고 위로 뿜어져 나오는 힘을 줄여 아래쪽에서도 깃털이 뿜어져 나오게 만들겠습니다. [Particle Properties]에서 처음 만든 파티클을 선택하고 오른쪽에 있는 [∨]를 누른 뒤, [Duplicate Particle System]을 클릭합니다.

파티클 시스템이 복제되면 파티클 이름 오른쪽에 숫자 표시(링크 수)가 '2'로 되어 있을 것입니다. 이를 클릭해서 링크를 끊습니다. 이어서 [Velocity]→[Normals] 값을 낮춥니다.

7 이제 베개를 만들겠습니다. [Shift]+[A]를 누르고 [Mesh]→[Cube]를 추가합니다. 이어서 [Edit Mode]로 전환하고, 툴바에서 [Scale] 아이콘▣을 클릭합니다.

8 [Shift]+[←]를 눌러서 첫 프레임으로 이동한 상태에서 X축으로 폭, Y축으로 깊이, Z축으로 높이를 조정합니다. 이때 너무 납작해지지 않게 주의하세요.

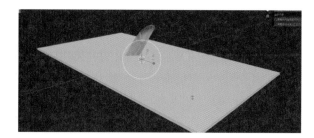

9 화면 왼쪽에 있는 [Select Box] 아이콘▶을 클릭하고, [Ctrl]+[R]을 눌러서 루프컷 합니다. 오브젝트에 마우스를 올리면 노란색 선이 나타나므로 마우스 휠을 돌려서 분할 수를 조정해 줍니다. 이때 각각의 페이스가 어느 정도 정사각형처럼 보이게 만들어 주세요. 루프컷을 확정한 뒤 [A]를 눌러 모두 선택하고, 마우스 오른쪽 버튼 클릭→[Subdivide]를 선택해서 오른쪽 그림처럼 만듭니다[6].

10 [Object Mode]로 돌아온 뒤, [Physics Properties]→[Cloth]를 클릭합니다. [Pressure]에 체크하고, [Pressure]→[Pressure] 값을 '10' 정도로 설정합니다[7]. 재생해 보면 베개가 부풀어 오르면서 동시에 낙하하는 모습을 볼 수 있습니다.

11 [Gravity]에 체크를 해제하면 베개가 부풀어 올랐다가 공기가 빠지는 것처럼 됩니다. 적당하게 부풀어 오른 부분에서 재생을 멈추세요. 그리고 [Modifier Properties]에서 [Cloth] 오른쪽 위의 [∨]→[Apply]를 클릭합니다. 이렇게 하면 다른 프레임으로 이동해도 부풀었던 베개의 상태가 고정됩니다.

12 오브젝트를 마우스 오른쪽 버튼으로 클릭하고 [Shade Smooth]를 클릭합니다. 페이스와 페이스 사이를 그러데이션으로 부드럽게 만들어주어 딱딱해 보였던 오브젝트가 부드럽게 보일 것입니다. 이 상태로 재생해 보면 완성입니다.

---

6 (옮긴이) 플로팅 윈도우에서 [Number of Cuts]를 조정해 많이 분할해주세요. 분할 수가 너무 적으면, 다음 단계(**10**)에서 쿠션이 제대로 부풀지 않습니다.

7 (옮긴이) 메시가 계속 커지기만 한다면, [Pressure] 값을 줄여주세요.

리지드바디로 오브젝트 충돌 구현하기

이번에는 물체와 물체가 충돌하는 시뮬레이션을 만들어보겠습니다.

◉ 베이스 큐브 만들기

1 [File]→[New]→[General]로 새 프로젝트를 만듭니다. 중앙의 큐브를 선택하고 [G]→[Z]→[1]→[Enter]를 눌러 큐브를 위로 1m 이동합니다.

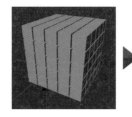

2 [Modifier Properties]를 선택하고 [Add Modifier]→[Generate]→[Array]를 클릭해서 큐브를 복제합니다❶. [Relative Offset]의 [X]를 '1.100'으로 설정해서❷ 큐브 사이에 간격을 만듭니다❸. [Count]를 늘리면 지정한 만큼 큐브가 복제됩니다❹.

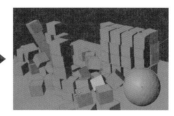

3 [Add Modifier]→[Generate]→[Array]를 한 번더 클릭하고, 이번에는 [X]를 '0', [Y]를 '1.100'으로 설정합니다. 그리고 [Count]를 이전과 똑같이 입력합니다.

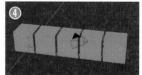

4 마지막으로 [Add Modifier]→[Generate]→[Array]를 한 번 더 클릭하고, 이번에는 [X]와 [Y]를 '0', [Z]를 '1.100'으로 설정합니다. 마찬가지로 [Count]를 이전과 똑같이 입력합니다. 이렇게 하면 루빅스 큐브 같은 형태가 만들어집니다.

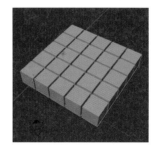

5 이렇게 만든 3개의 모디파이어를 모두 [∨]→[Apply]로 적용합니다**①**. [Edit Mode]로 전환하고 [A]를 눌러서 전체 선택합니다. 이어서 [P]를 눌러 표시되는 메뉴에서 [By Loose Parts]를 누르고**②** [Object Mode]로 돌아옵니다.

◉ 큐브에 리지드바디 추가하기

1 아무 큐브나 하나 선택한 뒤, 큐브 전체를 드래그해서 모든 큐브를 선택합니다. 이어서 [Object]→[Rigid Body]→[Add Active]를 클릭합니다.

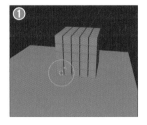 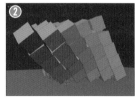

2 [Shift]+[A]를 누르고, [Mesh]의 [Plane]을 추가합니다**①**. 이는 바닥으로 사용할 것입니다. [Scale] 아이콘을 클릭해서 크기를 조정하고, [Object]→[Rigid Body]→[Add Passive]를 클릭합니다. 현재 상태에서 재생해 보면 모든 큐브의 중심이 '처음 클릭했던 큐브의 중심점'이 되므로 무게 중심을 잃고 무너집니다**②**.

3 큐브를 모두 선택하고, [Object]→[Set Origin]→[Origin to Center of Mass(Volume)]를 클릭해서 설정해 둡니다.

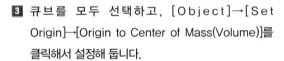

◉ 큐브와 구체 충돌시키기

1 [Shift]+[A]를 누르고 [Mesh]→[UV Sphere]를 추가합니다. 적당한 크기로 적당한 위치에 배치한 뒤 1프레임에서 [I]를 누르고 [Location]으로 키프레임을 설정합니다. 이어서 5프레임에 구체를 큐브 바로 앞까지 이동한 뒤, 키프레임을 또 추가합니다.

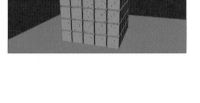

2 구를 선택하고 [Physics Properties]에서 [Rigid Body]를 추가한 후, [Type]을 [Active]로 설정합니다. 또한 [Animated]에 체크하고, 마우스 포인터를 체크박스 위에 놓은 상태로 [I]를 누릅니다. 이어서 6프레임으로 이동하고 [Animated]의 체크를 해제합니

 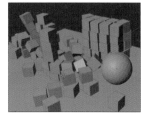

다. 마찬가지로 마우스 포인터를 체크박스 위에 놓은 상태로 [I]를 누릅니다. 구의 무게를 무겁게 설정하면 구가 큐브들과 충돌하며 큐브를 무너뜨리는 모습을 볼 수 있습니다.

Tips

[Physics Properties]→[Rigid Body]→[Collisions]의 [Shape]는 모델의 형태를 읽어 들여서 정확한 물리 연산을 할 수 있게 설정하는 기능입니다. 초기 설정으로 되어 있는 [Convex Hull]은 단순하므로 복잡한 형태의 물리 연산을 할 때 계산에 문제가 발생해 실패(자연스럽지 않은 형태가 나옴)하는 경우가 꽤 있습니다. 이때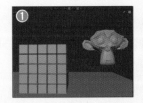
는 설정을 [Mesh]로 바꿔서 테스트해 보세요❶. 추가로 리지드바디를 적용한 오브젝트는 키프레임을 찍는 방법 이외에도, 경사를 만들어 경사면을 따라 가속하게 해서 큐브까지 도달하게 만들 수도 있습니다❷.

중력 다루기

예제 미리보기

http://bit.ly/wagyu-2

◉ 현실적인 물리 연산하기

이 애니메이션에서는 감자와 공간 전체에 물리 연산이 설정되어 있습니다. 처음에는 무중력 상태에서 시작하며 위로 바람이 붑니다. 그래서 햄버거와 종이컵 뚜껑이 살짝 떠다니는 장면이 만들어집니다. 140프레임부터 중력이 적용되면서 물체들이 아래로 뚝 떨어집니다.

리지드바디에 무중력 상태를 적용하려고 하면 굉장히 복잡한 연산이 일어납니다. 그래서 모델끼리 부딪쳐서 튕겨나가는 등 예상하지 못한 결과가 나올 수 있습니다. 한 번 뚜껑, 빨대, 컵을 무중력 상태로 만들어보겠습니다. 뚜껑에 [Rigid Body]를 [Active]로 추가하면 연산하는 순간 엉뚱한 방향으로 날아갑니다. 또한 [Shape]를 [Mesh]로 변경해도 예상하지 못한 움직임을 보입니다.

햄버거도 양상추와 빵 사이에 틈이 있으면 나름 제대로 동작하는 것처럼 보입니다. 하지만 실제 햄버거처럼 속 재료를 꽉 채우고 [Rigid Body]의 [Active]를 추가해 보면 [Shape]를 [Mesh]로 변경해도 무중력이 되지 않으며 서로 충돌하며 날아가 버립니다.

◉ 큐브에 리지드바디 추가하기

콜리전은 '충돌 판정'을 할 때 사용하는 요소입니다. 모델끼리 충돌했을 때 이 동작을 시뮬레이션하는 기능을 의미합니다. 이번 예제에서는 간단한 형태의 흰색 모델을 콜리전으로 지정하여 물리 연산하고, 이후에 실제 모델과 흰색 모델을 부모 자식 관계로 연결해서 무중력 상태를 시뮬레이션해 보겠습니다. 물리 연산에 실제 모델을 쓰지 않고, 간이 모델을 사용해도 된다는 사실을 꼭 기억해 주세요. 이를 활용하면 연산 시간을 크게 줄일 수 있습니다.

 ▶  ▶

1 오른쪽 위에 있는 [Outliner]를 보면 [Collision] 컬렉션이 뷰 레이어에서 제외된 것을 볼 수 있습니다. 체크박스에 체크하면 햄버거 속 재료, 종이컵, 뚜껑에 간단한 형태의 흰색 모델이 표시됩니다. 이를 실제 모델과 같은 위치에 배치해 주세요.

2 흰색 모델을 모두 선택하고 [Physics Properties]에서 [Collision]의 [Shape]를 [Mesh]로 지정합니다. 뷰포트에서 [Object]→[Rigid Body]→[Copy from Active]를 클릭하면 모델들이 위로 떠오릅니다.

3 이어서 부모 자식을 연결합니다. 흰색 모델을 부모, 실제 모델을 자식으로 하면 됩니다. 실제 모델(자식)→흰색 모델(부모) 순서로 선택하고, [Ctrl]+[P]를 누른 뒤 [Object]를 클릭합니다. 재생하면 함께 움직입니다.

Tips

[Z]를 누르고 [Wireframe]을 클릭하면 와이어프레임 표시로 바뀝니다. 가려진 부분을 선택할 때 유용하게 사용할 수 있는 테크닉입니다.

4 과정 **1**에서 체크한 [Collision] 컬렉션의 체크를 해제하면 완성입니다.

시뮬레이션을 실패하지 않기 위한 요령

모델 간단하게 만들기

햄버거 씬처럼 간단한 모델을 활용했을 때 성공률이 높습니다. 실제 모델과 충돌 모델이 같은 형태일 필요는 없습니다. 간단한 형태로 만들수록 충돌 연산이 잘 이루어집니다. 그리고 충돌 모델끼리 겹치지 않게 만드는 것도 포인트입니다.

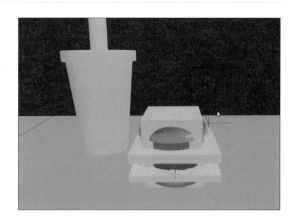

작은 물체를 시뮬레이션했을 때 충돌 연산이 잘 이루어지지 않는 경우가 있습니다. 이때는 전체적으로 모델을 확대하고 연산하는 것이 좋습니다. 참고로 작은 물체를 크게 만들어도, 작은 물체를 촬영하는 것처럼 씬을 구성하면 결과에 차이가 없습니다. 또한 물체를 크게 만든다고 파일 용량이 커지는 것도 아니므로 용량 등도 따로 신경 쓰지 않아도 괜찮습니다.

예를 들어 체인을 모델링한다면 오른쪽 그림처럼 적은 폴리곤 수로도 체인을 구성할 수 있습니다. 하지만 이렇게까지 폴리곤 수가 적으면 시뮬레이션했을 때 체인이 끊어지거나 지나치게 흔들릴 수 있습니다.

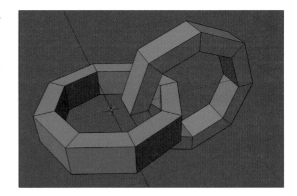

이때는 오른쪽 그림처럼 전체적으로 폴리곤 수를 늘리는 것이 좋습니다. 또한 상황에 따라 접촉하는 부분의 폴리곤 수만 늘리는 것도 좋은 방법입니다. 이렇게 하면 비교적 안정적인 연산 결과를 얻을 수 있습니다.

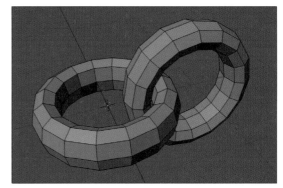

시뮬레이션은 시행착오의 반복

지금까지 파티클, 리지드바디, 클로스에 대해 설명했습니다. 이번 예제에서는 파티클이 전체적으로 흩뿌려지게 만들었지만, 파티클이 경로를 따라 이동하게 만들 수도 있습니다. 예를 들어 파이프를 만들고 파이프 내부에 패스를 두고, 패스를 따라 흐르는 파티클을 만들 수도 있습니다. 아예 파이프 모델에서 콜리전을 폴리곤으로 만들어 두고, 실제로 시뮬레이션하면서 만들 수도 있을 것입니다.

이 책에서 소개한 시뮬레이션 이외에도 유체, 소프트 바디, 다이나믹 페인트, 리지드바디 컨스트레인트 등이 있습니다. 참고로 물, 연기, 불을 표현할 때는 유체를 많이 활용합니다. 하지만 실사 합성에 사용할 수 있는 수준의

물, 연기, 불, 화염, 폭발 등을 만들려면 많은 질량과 밀도가 필요하므로 연산과 렌더링에 수십 시간에서 며칠까지 걸립니다. 그러다 보니 개인 영상 수준에서는 만들기가 조금 힘들다고 볼 수 있습니다. 또한 시뮬레이션에 실패할 수도 있으므로 며칠 단위로 시행착오를 계속 겪어야 합니다. 따라서 이러한 것들은 다른 소재를 구입하거나 해서 활용하는 것이 좋습니다.

그럼 골대 그물에 들어가는 농구공을 예로 시뮬레이션할 때 어떤 시행착오를 겪을 수 있는지 이야기해 보겠습니다. 일단 원통형 메시를 추가하고, 한쪽 끝 부분의 크기를 줄이면 골대의 그물 형태가 됩니다. 위아래 페이스는 제거하고, 연산을 제대로 할 수 있게 폴리곤 수를 늘립니다. 추가로 이번 절에서 따로 설명하지 않았지만, 버텍스 그룹을 만들면 클로스 시뮬레이션 시 해당 부분을 공중에 고정할 수 있습니다. 단순하게 재생하면 좀 딱딱해 보이므로 실크(silk) 프리셋을 적용합니다. 그리고 구체(공)와 골대 그물 사이에 공이 들어갈 수 있게 경사를 추가하고, 리지드바디로 액티브와 패시브 설정을 한 뒤, 공에 콜리전을 주어서…… 다양한 시행 착오를 반복합니다. 시뮬레이션이 잘 안 되면 원인을 하나하나 검증하면서 찾습니다. "왜 제대로 안 부딪히지?", "왜 그물 중간에 빠져나가지?" 등 다양한 시행착오를 겪을 것입니다.

이처럼 왜 안 되는지 원인을 계속해서 파악하고, 이러한 원인을 해결하기 위한 대안을 여러 가지 생각하고, 검증해 보며 답을 찾아 나갑니다. 참고로 햄버거 씬의 포테이토는 케이스에 포테이토를 넣고 내리는 시뮬레이션을 만들고 역재생한 것입니다. 물리 연산은 아이디어를 만들고 테스트를 반복할 수밖에 없습니다. 여기에서 설명한 시행착오 내용도 하나의 예일 뿐입니다. 모두 다양한 시행착오를 겪어보면서 방법을 찾아보기 바랍니다.

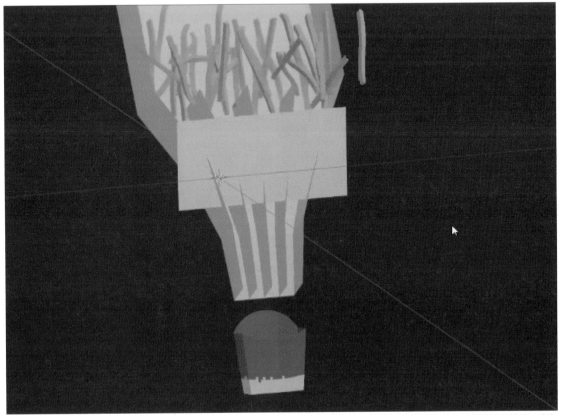

▲ 포테이토끼리 겹치지 않고 잘 흩뿌릴 수 있게 포테이토를 흩뿌리는 기계(메시)를 만들었습니다. 제작 과정을 보여줘야 하는 일이 아니라면 SNS에 있는 다양한 소재를 이용해 다양한 아이디어를 만들어 테스트해 보세요. 재미있는 공부가 될 것입니다.

3-5

[사진을 사용한 포토리얼리스틱]
머티리얼 &
텍스처매핑 기초

3D CG로 대상을 상세하게 묘사할수록 작업 시간이 점점 늘어납니다. 그런데 사진 텍스처를 사용하고 표면의 질감을 조정하는 것만으로 포토리얼리스틱한 오브젝트를 간단하게 만들 수 있는 방법이 있습니다. 이와 관련된 기본 조작부터 응용 방법까지 알아보겠습니다.

이 절의 개요

- 머티리얼&텍스처 매핑이란?
- 머티리얼 설정과 텍스처 매핑 기초
- 머티리얼 설정과 텍스처 매핑 실전
- 뮤직비디오 'Everything Lost'의 머티리얼과 텍스처 매핑 사용 예

와쿠이 레이(Wakui Ray)

블렌더로 배경 만들고 실사 영상과 합성하기

뮤직비디오 "Everything Lost" 메이킹 영상

▲그린백에서 촬영한 영상과 블렌더에서 만든 배경 전용 3D CG를 제작, 합성하는 방법까지 소개하는 메이킹 영상입니다.
[URL] https://bit.ly/wakui-1

머티리얼&텍스처 매핑이란?

◉ 3D CG를 배우려는 목적 다시 생각해 보기

제 담당 분야는 머티리얼과 텍스처 매핑이지만, 본론에 들어가기 전에 저의 블렌더 경험에 대해 조금 이야기해 보고자 합니다.

저는 독학으로 블렌더를 공부한 지 2년 정도 됐습니다. 그래도 제가 드리고 싶은 말은 '블렌더를 배우고 싶다'라는 이유로 3D CG를 공부하지 말고, '자동차를 만들고 싶다', '건담을 만들고 싶다', '내 방을 만들고 싶다'처럼 '만들고 싶은 것을 만들기 위해 블렌더를 배우고 싶다'라고 생각하고 3D CG를 공부하면 좋겠다는 것입니다. 만들고 싶은 것이 명확해지면 사용할 기능도 명확해지므로 필요한 기능만 빨리 배우고 활용할 수 있어서 효율적입니다. 블렌더는 너무 많은 기능을 갖고 있으므로 모든 것을 배울 필요는 없습니다. 저는 밴드 뮤직비디오 배경을 만들기 위한 목적이었으므로 리깅을 따로 공부하지 않았습니다.

개인적으로 3D CG를 활용할 때 중요하다고 생각하는 것은 '최대한 손 안 대고 만들기'입니다. 예를 들어 멀리 있는 건물은 아무리 디테일을 올려도 파일만 무거워질 뿐이고, 실질적인 결과물에 큰 영향을 주지 않습니다. 3D CG 작업을 할 때는 중요한 곳에 작업 시간을 많이 투자해서 폴리곤을 만들어 넣고 영상에 적절한 임팩트를 부여하는 것이 중요합니다.

◉ 머티리얼이란?

머티리얼/텍스처/셰이더

'머티리얼(Material)'이란 '재질'을 의미하며, 텍스처와 셰이더를 활용해 만듭니다. '텍스처(Texture)'란 3D 모델에 적용하는 이미지 데이터를 의미합니다. 다만 물체의 색은 지정할 수 있지만, 표면 반사와 투명도까지는 표현할 수 없습니다. 여기에 '셰이더(Shader)'를 적용하면 표면이 매끄러운지, 투명한지 등을 지정해서 금속과 유리 질감 등을 표현할 수 있습니다.

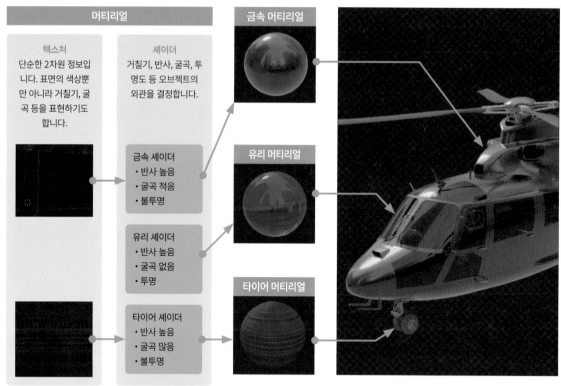

▲텍스처와 셰이더를 조합해서 금속 머티리얼, 유리 머티리얼, 타이어 머티리얼을 작성하고, 이를 3D 모델의 적절한 위치에 적용해 헬리콥터를 만들었습니다 (골든 봄버의 뮤직비디오 '키스미'에 사용된 헬리콥터 예).

◉ 같은 텍스처, 다른 결과

텍스처는 2차원 이미지 데이터(사진)입니다. 그런데 셰이더 에디터에서 [Metalic]과 [Roughness] 등의 파라미터 설정에 따라 같은 데이터를 기반으로 만들었다고 생각할 수 없을 만큼 다른 질감이 나올 수도 있습니다. 예를 들어 옆 그림의 구체를 살펴봅시다. 두 가지모두 같은 텍스처를 적용했습니다. 다만 왼쪽 그림은 [Metalic]을 최솟값인 0으로, [Roughness]를 최댓값인 1로 적용했습니다. 마치 돌 덩어리 같은 재질입니다. 오른쪽 그림은 [Metalic]을 최댓값인 1로, [Roughness]를 최솟값인 0으로 적용했습니다. 표면이 굉장히 매끄러워 주변에 있는 환경이 반사됩니다.

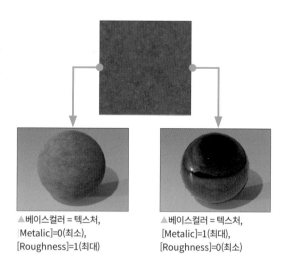

▲베이스컬러 = 텍스처,
[Metalic]=0(최소),
[Roughness]=1(최대)

▲베이스컬러 = 텍스처,
[Metalic]=1(최대),
[Roughness]=0(최소)

◉ 텍스처 매핑이란?

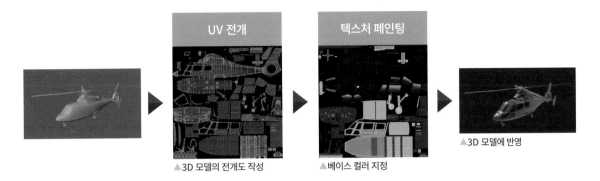

UV 전개 ▶ **텍스처 페인팅**

▲3D 모델의 전개도 작성 ▲베이스 컬러 지정 ▲3D 모델에 반영

텍스처 매핑이란 3D 모델을 구성하는 폴리곤에 텍스처 데이터를 대응시키는 공정입니다. '매핑'이라는 단어를 들으면 건물 등에 영상을 투영하는 '프로젝션 매핑'이라는 말이 생각나지 않나요? 이와 비슷하게 3D 모델에 텍스처 데이터를 투사하는 형태로 생각하면 좋습니다.

위의 그림은 3D 모델에 텍스처를 매핑하는 일반적인 흐름입니다. 모델링으로 만든 3D 데이터를 UV 전개(147 페이지 칼럼 참고)하고, 여기에 색을 입혀서 해당 페이스의 베이스 컬러를 설정합니다. 이 과정에서 UV 전개가 가장 번거로운 작업입니다.

따라서 카메라로부터 멀리 떨어져 있는 배경까지 하나하나 UV 전개하는 일은 시간과 노력이 굉장히 많이 들어갑니다. 또한 멀리 떨어져 있는 메시를 완벽하게 만들면 쓸데없이 렌더링 부하가 높아집니다. 136페이지에서 설명하는 방법을 활용하면 건물의 한쪽 면에만 사진 텍스처를 적용하는 형태로 효율적으로 텍스처 매핑할 수 있습니다.

◉ 텍스처 배포 추천 사이트

textures.com에서는 무료로 회원가입 후, 매일 15크레딧만큼의 텍스처를 무료로 다운로드할 수 있습니다. 136페이지에서 소개하는 건물을 만드는 예제에서 활용하는 텍스처도 여기에서 다운로드할 수 있습니다. 물론 산책과 사진 찍기를 좋아하는 분이라면 길거리에서 만들고 싶은 건물, 느낌 있는 실외기 사진을 직접 찍어서 활용해도 좋습니다.

머티리얼 설정과 텍스처 매핑 기초

◉ 이미지 데이터로 주사위 재질 표현하기

블렌더는 '셰이더 에디터'에서 '셰이더 노드'를 구축해서 머티리얼을 만듭니다. 그럼 주사위를 만들어 보면서 셰이더 에디터를 어떻게 조작하는지 살펴보겠습니다.

프로젝트를 새로 만들면 함께 만들어지는 큐브가 있습니다. 이를 전개하고 이미지 데이터를 적용해서 주사위의 각 면을 만들어 보겠습니다. 이미지 텍스처를 활용하면 폴리곤을 추가하지 않고도 주사위의 검은색 원과 붉은색 원을 표현할 수 있습니다.

일반적으로 3D 모델의 머티리얼을 결정하는 [Principled BSDF] 노드를 기반으로 필요한 노드들을 추가하며 머티리얼을 만들어 나갑니다. 이번 예제는 다음 그림처럼 주사위 이미지 텍스처를 적용하고, [Metalic]과 [Roughness]를 활용해서 금속 같은 느낌으로 만들어 보겠습니다. 또한 이 과정에서 이미지를 활용해 부분적으로만 [Roughness] 등의 파라미터를 적용하고 굴곡을 만드는 방법도 배우겠습니다.

텍스처 매핑   머티리얼 설정

1 [File]→[New]→[General]을 실행합니다. 이어서 [3D Viewport]와 [Outliner] 경계 위쪽에 마우스 포인터를 가져가면 마우스 커서가 마크로 바뀝니다❶. 그대로 왼쪽으로 드래그하면 '3D 뷰포트'가 하나 더 표시됩니다❷.

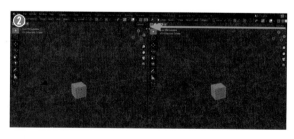

2 오른쪽 3D 뷰포트 헤더 왼쪽 끝에 있는 [Editor Type]→[Shader Editor]를 클릭합니다❶. [New]를 클릭하면❷ 셰이더 노드가 표시됩니다.

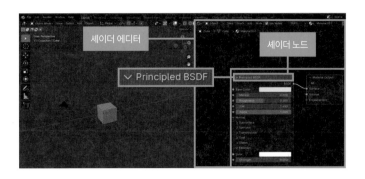

3 왼쪽에 있는 [3D Viewport] 표시를
헤더 오른쪽에 있는 █을 클릭해서
[Material Preview]로 변경합니다.

4 마우스 포인터를 셰이더 에디터 위에 두
고 [Shift]+[A]로 표시되는 [Add] 메뉴
에서 [Texture]→[Image Texture]를
클릭합니다❶. [Image Texture] 노드가
이동 모드로 추가되므로 마우스를 움직
여서 원하는 위치에 커서를 놓은 뒤 클
릭해서 위치를 확정합니다❷.

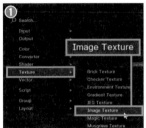

5 [Image Texture] 노드의 [Open]을 클
릭하고❶, 텍스처로 사용할 이미지 파일
을 선택합니다. [Blender File View] 화
면이 열리면 주사위 전개도 이미지를 선
택하고 [Open Image]를 클릭합니다❷.

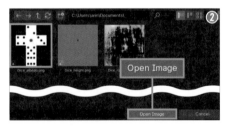

6 [Image Texture] 노드에 있는 [Color]
단자❶를 드래그하면 선(링크)이 늘어납
니다❷. 이를 [Principled BSDF] 노드
에 있는 [Base Color] 단자에 드롭하면
단자끼리 연결됩니다❸.

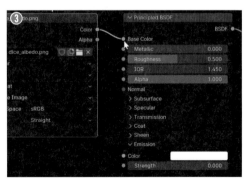

7 큐브가 단일 색상이 아니라 이미지 텍스처로 감싸집니다. 이처럼 폴리곤을 추가로 늘리지 않고도 주사위의 각 눈을 표시할 수 있습니다.

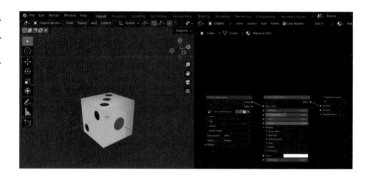

8 [Principled BSDF] 노드 내부에 있는 [Roughness]와 [Metalic] 값을 변경합니다. 칸을 마우스로 드래그해서도 값을 변경할 수 있습니다. 숫자는 '0'부터 '1'의 범위 안에서 설정할 수 있습니다. [Roughness]를 '0'으로 설정하면 반사가 강해져 매끈해지며, '1'로 설정하면 반사가 줄어들어 거친 느낌을 줍니다. [Metalic]을 '1'로 설정하면 금속 느낌이 되어 주변 물체를 비춥니다. 참고로 [Material Preview] 화면에서 반사되는 것은 환경 맵으로 기본 설정되어 있는 이미지입니다.

Base Color	
Metallic	0.000
Roughness	0.500
IOR	1.450
Alpha	1.000

▼

Base Color	
Metallic	0.414
Roughness	0.500
IOR	1.450
Alpha	1.000

Tips

칸 안을 클릭하면 키보드를 사용해서 숫자를 직접 입력할 수 있습니다.

[Metalic]=0,
[Roughness]=0

[Metalic]=0.5,
[Roughness]=0

[Metalic]=1,
[Roughness]=0

◎ 흑백 이미지를 활용해 거칠기 지정하기

1 129페이지의 **4**~**5**번 과정에 따라서 [Image Texture] 노드를 추가하고, 흑백 이미지❶를 열고, [Color]와 [Roughness] 소켓을 연결합니다❷. 이렇게 하면 [Roughness]에 지정한 숫자가 무시되며, 흑백 이미지의 명도에 따라서 [Roughness]가 지정됩니다. 흰색 부분은 거칠어져 반사가 약해지며 검은색 부분은 매끈해져 반사가 강해집니다❸.

◉ 흑백 이미지로 주사위의 굴곡 표현하기

1 129페이지의 **4**~**5**번 과정에 따라서 [Image Texture] 노드를 추가하고, 이미지(주사위 눈이 모두 검정색, 다른 부분은 모두 회색으로 설정된 텍스처)를 엽니다❶. [Shift]+[A]로 [Add] 메뉴를 열고 [Vector]→[Bump]를 클릭합니다❷.

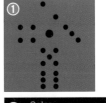

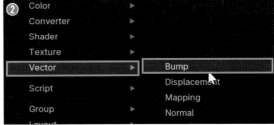

Tips

단축키는 마우스 포인터가 있는 영역에 적용됩니다. 따라서 [Shader Editor]에 [Add] 메뉴를 표시하고 싶다면 오른쪽 영역 내부에 마우스 포인터를 두고 [Shift]+[A]를 눌러야 합니다.

2 [Image Texture] 노드의 [Color] 단자와 [Bump] 노드의 [Height] 단자를 연결합니다. 추가로 [Bump] 노드의 [Normals] 단자를 [Principled BSDF] 노드의 [Normals] 단자에 연결합니다.

3 주사위 눈 안쪽에 높이 변화를 주어 굴곡을 표현했습니다. 회색은 기본 높이 부분, 검은색은 움푹 들어간 부분, 흰색은 튀어나온 부분으로 지정됩니다.

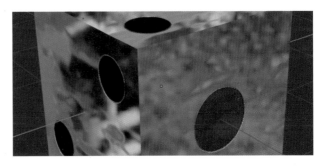

◉ UV 에디터에서 사진 참조 위치 변경하기

지금부터는 텍스처 매핑과 관련된 조금 발전적인 내용을 다루겠습니다. [Base Color]와 연결한 텍스처의 어떤 부분을 어떤 페이스에 대응하게 만들 것인지 자유롭게 지정할 수 있어 주사위의 모든 페이스가 같은 눈이 나오게 만들 수도 있으며, 각각의 페이스에 전체 전개도가 나오게 만들 수도 있습니다.

사용하는 영역은 [Shader Editor]가 아니라 [UV Editor]입니다. [UV Editor]에는 전개도가 표시됩니다. 추가로 이때 3D 뷰포트를 [Object Mode]에서 [Edit Mode]로 변경하는 것도 중요합니다. 변경하고 싶은 페이스를 선택하고, 사진의 참조 위치를 변경할 수 있습니다.

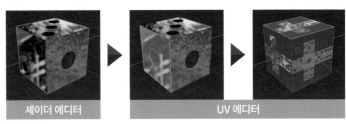

세이더 에디터 / UV 에디터

1 128페이지의 과정 **2**를 참고해서 오른쪽 영역의 헤더 왼쪽에 있는 [Editor Type]→[UV Editor]를 클릭합니다.

2 왼쪽 영역([3D Viewport])에 마우스 포인터를 올리고, [Tab]을 눌러서 [Object Mode]에서 [Edit Mode]로 전환합니다.

3 UV 에디터에서 헤더 중앙에 있는 [Browse Image to be linked]를 클릭 ❶해서 풀다운 메뉴를 열고, 큐브에 적용한 주사위 이미지 파일을 선택합니다❷.

4 UV 에디터에 주사위 이미지가 표시됩니다. 마우스 휠로 확대축소, 마우스 중간 버튼 드래그로 위치를 조정할 수 있습니다.

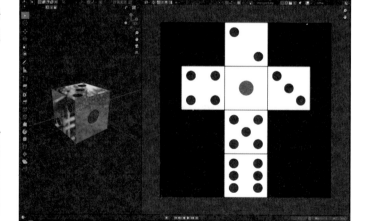

Tips

[UV Editor]에 표시되는 이미지 위에는 검은색 선(UV)이 표시되어 있습니다. 이 선은 3D 모델의 메시를 2D 이미지 위에 표현한 선입니다.

5 3D 뷰포트의 선택 모드에서 ■를 클릭
해서 [Face selection mode]로 변경합
니다❶. 변경하고 싶은 주사위의 페이스
를 클릭해서 선택합니다❷. 현재 예에서
는 주사위에서 '2'에 해당하는 페이스를
선택했습니다.

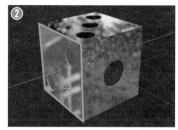

6 UV 에디터의 [UV Select Mode]도 ■
를 클릭해서 [Face selection mode]로
변경합니다❶. 이어서 주사위의 '2'에 해
당하는 페이스를 클릭합니다. 페이스를
선택하면 테두리가 주황색으로 표시되며
참조 위치가 표시됩니다❷.

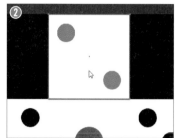

7 테두리가 주황색으로 변화한 상태에서
[G]를 누르면 이동할 수 있습니다❶. 이
동해서 참조하고 싶은 부분을 변경합니
다. 예를 들어 '1'에 해당하는 부분까지
이동하면❷ '1'이 두 개 있는 주사위를
만들 수 있습니다❸. 이러한 방법을 사
용해서 모든 면이 '1'인 주사위를 만들어
보세요.

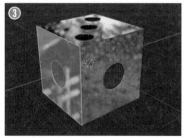

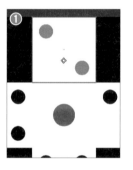
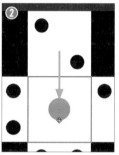

8 이 상태에서 [A]를 눌러 모두 선택하면
각 페이스가 참조하는 부분이 '1'에 모여
있다는 것을 확인할 수 있습니다. [G]를
눌러서 이동해 보면 모든 페이스가 같은
모양으로 바뀌는 것을 볼 수 있습니다.

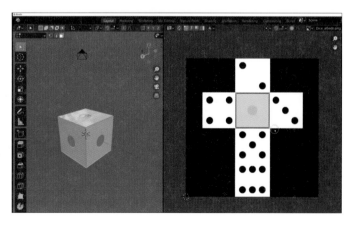

9 [S]를 누르면 확대축소할 수 있습니다
①. 이를 활용해 마우스를 움직여서 테
두리를 크게 만들면**②** 한 페이스에 전개
도 전체가 들어가게 만들 수도 있습니
다**③**.

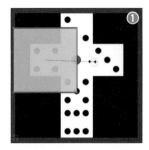
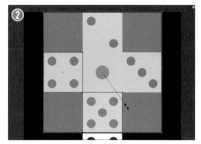
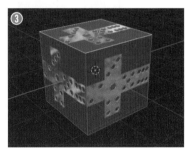

Tips

이번 예에서는 [Color] 단자와 연결한 이미
지를 기반으로 UV를 설정했습니다. 이러
한 UV는 이미지 단위로 적용되는 것이 아
니라, 오브젝트 단위로 적용됩니다. 따라서
다른 이미지 텍스처를 만들어 [Bump]와
[Roughness] 등에 적용하는 경우, 이번에
만든 UV를 그대로 활용할 수 있습니다.

◉ [Color Ramp]로 반사 정도 조정하기

[Color Ramp] 노드를 소개하겠습니다. 이는 Photoshop의 'Levels' 기능과 비슷한 기능이라고 생각하면 됩
니다. 이를 활용하면 [Roughness] 표현에 사용한 흑백 이미지의 흰색과 검은색 강도를 변경할 수 있으므로 원
본 텍스처 이미지를 변경하지 않고도 거칠기를 미세하게 조정할 수 있습니다. [Color Ramp] 노드는 이미지 텍
스처와 [Roughness] 소켓 사이에 삽입해야 합니다. 참고로 [Base Color] 사이에 [Color Ramp] 노드를 삽입
하면 전체적인 색을 변경할 수도 있으므로 이후에 직접 해 보기 바랍니다.

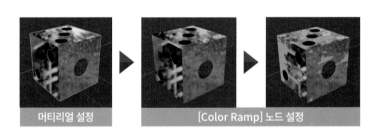

1 128페이지의 과정 **2**를 참고해
서 [Shader Editor]를 표시합니다.
[Shift]+[A]를 눌러서 [Add] 메뉴를 표
시하고, [Converter]→[Color Ramp]를
선택합니다.

2 [Color Ramp] 노드가 이동 모드로 추가되므로① 마우스를 움직여서 [Image Texture] 노드의 [Color] 단자와 [Principled BSDF] 노드의 [Roughness] 단자를 연결하는 선 위에 배치합니다②.

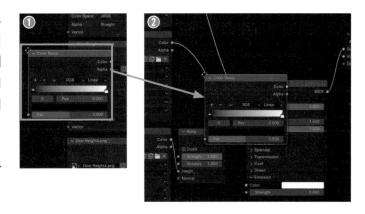

Tips

소켓을 연결하는 선 위에 이동 아이콘을 놓았을 때 선의 색이 밝게 바뀌므로 이를 보면서 조작하기 바랍니다.

3 [Color Ramp] 노드가 중간에 추가되며 소켓도 자동으로 연결됩니다.

4 검은색 ■(컬러 스톱)을 드래그하면① [Roughness]를 정의하는 텍스처의 검정색 비율이 증가하므로 반사되는 면적이 늘어납니다②.

5 흰색 컬러 스톱을 드래그하면① [Roughness]를 정의하는 텍스처의 흰색 비율이 증가하므로 재질이 거칠어지며 반사되는 면적이 줄어듭니다②.

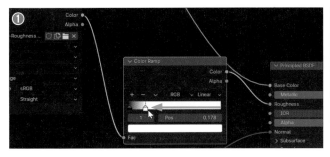

131페이지의 과정 **1**을 참고해서 [Add]→[Color]에 있는 노드를 추가하면 다양한 보정 기능을 사용할 수 있습니다. 예를 들어 [RGB Curves] 노드를 추가하고 주사위 사진을 지정한 [Image Texture] 노드와 [Principled BSDF] 노드 사이에 삽입하면 전체적인 색감을 조정할 수 있습니다. 이외에도 [Invert Color] 노드를 사용하면 색상을 반전할 수 있는 등 다양한 보정 기능이 있습니다.

 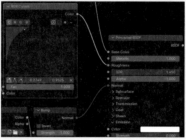 

머티리얼 설정과 텍스처 매핑 실전

'머티리얼'과 '텍스처 매핑' 기능을 활용해 제가 제작했던 뮤직비디오에 등장하는 건물과 드럼통을 어떻게 간단하게 만들었는지 소개하겠습니다.

3D CG를 만들 때 화면에 등장하는 모든 요소에 정성을 쏟지 않아도 괜찮습니다. 시선이 집중되는 부분에 집중하고, 시선이 집중되지 않는 부분은 폴리곤 수를 줄여서 최대한의 효과를 내게 하는 것이 좋습니다. 이렇게 하면 작업 시간뿐만 아니라, 렌더링 부하도 줄일 수 있어 전체적인 제작 시간을 단축할 수 있습니다.

중요하지 않은 부분을 만들 때는 사진 텍스처를 그대로 활용해도 괜찮습니다. 일반적인 모델이라면 UV를 전개하겠지만, 이를 하지 않고도 텍스처를 적용할 수 있는 프로젝션 매핑이라는 간단한 방법도 있습니다. 3D 모델에 어떤 사진을 적용할지가 중요하므로 평소 마음에 드는 텍스처를 수집하거나 직접 촬영해 두면 좋습니다.

◉ 준비: [Import-Export : Import Images as Planes] 활성화하기

일단 사전 준비로 블렌더에 임포트 기능 관련 부가 기능을 추가해 두겠습니다. 바로 [Image-Export:Import Images as Planes]입니다. 이 애드온은 이미지를 읽어 들이고, 가로 세로 비율을 유지한 상태로 곧바로 평면 폴리곤으로 만들어줍니다.

[Edit] 메뉴에서 [Preferences]를 클릭해 블렌더 환경 설정 화면을 엽니다. [Add-ons] 탭에서 [Image-Export:Import Images as Planes]를 검색하고 활성화합니다. 이를 활성화하면 [Shift]+[A]로 새로운 오브젝트를 추가할 때 [Add] 메뉴에 [Image]→[Images as Planes]가 새로 보입니다.

1 상단 바에서 [Edit]→[Preferences]를 선택합니다.

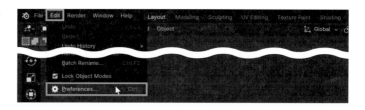

2 [Add-ons]를 클릭하고, 검색 란에 'Images'라고 입력하면 [Import-Export:Import Images as Planes]가 표시됩니다. 이 항목 왼쪽의 체크박스를 체크해서 활성화합니다.

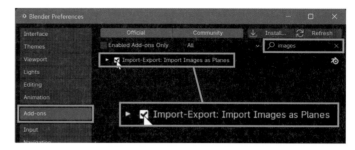

◉ 건물 만들기

건물 한 면을 촬영한 사진 텍스처를 사용해서 효율적으로 텍스처 매핑하는 흐름을 소개하겠습니다. 일단 사진 텍스처를 기반으로 평면 메시(Plane Mesh)를 만들고, 벽과 창문 머티리얼을 적용하며 디테일을 올립니다. 이렇게 한쪽 면을 만들고, 이를 복사해서 다른 면을 만들면 하나의 입체적인 건물이 간단하게 만들어집니다.

텍스처　　　　평면 메시　　　　텍스처 매핑

1 새 파일을 [General]로 열고 [Shift]+[A]→[Image]→[Images as Planes]를 선택합니다.

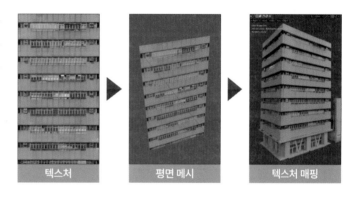

2 [Blender File View] 화면이 표시되면 빌딩 한 면을 촬영한 사진 텍스처를 선택하고❶ [Import Images as Planes]를 클릭합니다❷.

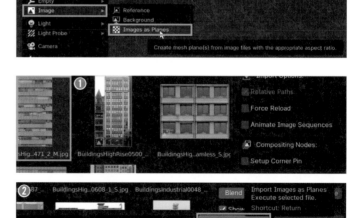

Tips

[Images as Planes]를 선택하면 이미지 파일을 적용한 메시 평면이 적절한 비율로 알아서 만들어집니다.

3 사진의 가로세로 비율이 자동으로 맞춰진 평면 폴리곤에 사진이 붙여진 상태로 이미지 텍스처가 열립니다. [Z]를 누르고 [Material Preview]를 선택하고❶, [S]를 눌러서 이미지 텍스처를 원하는 크기로 확대합니다❷.

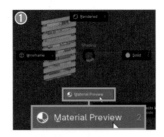
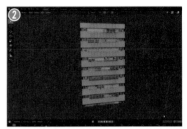

4 [Material Properties]에서 머티리얼 이름을 'Building'으로 변경하고 ❶ [Settings]의 [Blend Mode]를 [Opaque]로 합니다❷.

5 [Ctrl]+[R]로 [Loop Cut and Slide]를 실행해서 베란다의 벽과 창문 등 사진에 있는 경계선에 따라 가로세로로 잘 분할합니다. 이후에 개별적인 페이스를 선택하고 조정할 수 있게 합니다.

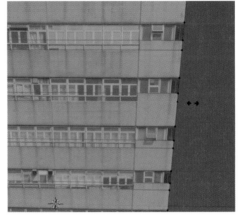

Tips

루프컷이 잘못된 부분은 [G]를 2번 눌러서 후수정할 수 있습니다. 루프컷으로 어느 정도까지 분할할지 고민하는 분도 있을 것입니다. 그냥 개인의 느낌에 맞게 적당한 정도로 하면 됩니다.

6 분할했다면, 베란다를 돌출시킬 수 있게 [Shift]를 누른 상태로 베란다 벽에 해당하는 부분들을 선택하고❶, [E]를 눌러서 돌출합니다❷.

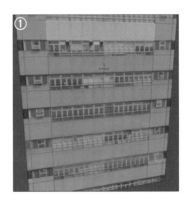
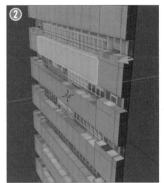

Tips

현재 단계에서는 베란다 안쪽까지 표현하지 않아도 괜찮습니다.

7 돌출로 만든 베란다의 각 면은 창문 이미지가 늘어나서 메시에 적용되므로, 128페이지의 **1**을 참고해서 영역을 분할하고, 한쪽을 [UV Editor]로 변경한 뒤 건물 이미지를 엽니다**1**. 이어서 돌출한 부분을 모두 선택합니다**2**. [U]를 누르고 [Cube Projection]을 선택한 뒤, 왼쪽 사진 텍스처 중에서 적절한 부분을 다시 매핑합니다[8]**3**.

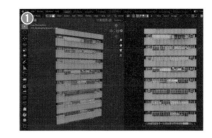

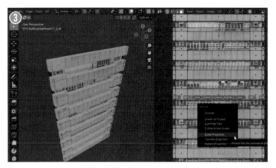

Tips

시점을 탑 뷰로 변경하고 와이어프레임 모드로 선정한 뒤, 중앙의 검은색 점을 둘러싸게 선택하면 돌출한 부분을 한꺼번에 선택할 수 있습니다.

8 건물 가장자리에 굴곡을 넣을 수 있게 좌우 베란다 사이 부분을 선택하고**1**, [X]의 [Edges]를 선택해서 제거합니다 **2**. 건물 아래 부분의 텍스처가 남아있는 부분도 같은 방법으로 제거합니다.

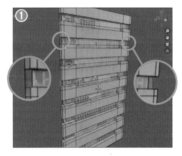
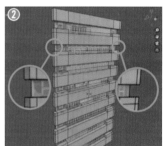

9 이제 벽면 머티리얼을 설정합니다. 오른쪽 영역을 [Shader Editor]로 설정합니다. [Image Texture] 노드와 [Principled BSDF] 노드의 [Alpha] 소켓들을 연결하는 링크를 제거하고, [Color] 소켓과 [Roughness] 소켓을 연결합니다. 이미지 텍스처의 밝은 부분은 어두워지고, 어두운 부분은 반사가 강해집니다.

---

8 (옮긴이) 정면에서 프로젝션을 적용했으므로 돌출해서 수직하게 만든 부분은 텍스처가 이상하게 적용됩니다. 그래서 이 부분만 따로 떼어내서 텍스처의 적당한 부분을 붙여 조정해주는 것입니다.

10 [Shift]+[A]를 누르고 [Converter]→ [Color Ramp]를 선택하고, [Image Texture] 노드의 [Color]와 [Principled BSDF]의 [Roughness] 사이에 배치합니다❶. 검정색과 흰색의 배치를 변경해서❷ 더러운 벽 부분의 반사도를 줄입니다.

11 [Image Texture] 노드의 [Color]와 [Principled BSDF] 노드의 [Normals] 소켓을 연결합니다❶. [Shift]+[A]를 누르고 [Vector]→[Bump]를 선택하고 [Color]와 [Normals] 사이에 삽입합니다❷. [Bump] 노드의 [Strength]를 조정해서 타일 면의 굴곡 부분을 표현합니다❸.

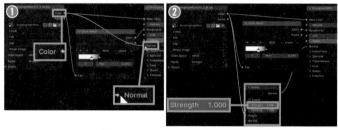

12 이어서 창문 부분만 선택하고❶ [Material Properties]의 ➕를 클릭해서 새로운 머티리얼 슬롯을 추가합니다❷. 빌딩의 흰색 벽돌 텍스처를 활용할 수 있게 ◉→[Building]을 선택해 복제해서 활용하겠습니다. ▣를 클릭하고 이름을 'Window'로 설정합니다. 이어서 [Apply]를 클릭해서 선택한 창문 부분에 머티리얼을 적용합니다❸. 창문에 [Roughness]는 필요 없으므로 [X]를 눌러 [Bump] 노드를 제거합니다.

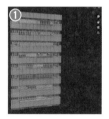
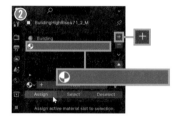

13 [Color Ramp]의 검은색과 흰색 컬러 스톱을 움직여서 창문의 검은색 부분만 반사될 수 있게 만듭니다.

14 [Shift]+[A]→[Texture]→[Musgrave Texture]를 선택해서 추가합니다. [Musgrave Texture] 노드의 [Height]와 [Principled BSDF] 노드의 [Normals]를 연결합니다. 그 사이에 [Bump] 노드를 삽입해서 [Musgrave Texture] 노드와 [Bump] 노드의 [Height]가 연결되게 만듭니다. [Musgrave Texture] 노드의 [Scale] 등을 조정하면 유리 표면의 왜곡 등도 표현할 수 있습니다.

15 빌딩의 한쪽 페이스가 완성됐다면 탑뷰 시점에서 [Shift]+[D]를 눌러 오브젝트를 복제합니다. 그리고 [R]을 누르고 90° 만큼 회전합니다①. 두 페이스의 에지가 서로 연결되게 잘 맞추면 빌딩의 두 면이 완성됩니다②. 이어서 이렇게 만든 두 면을 복제하고 [R]로 회전한 뒤 맞춰서 네 면을 모두 완성합니다③.

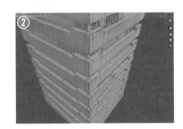

16 오브젝트를 회전시키면 속이 빈 것을 확인할 수 있습니다. 만약 문제가 되는 경우 옥상 부분도 제작하고 뚜껑을 덮어 처리해 주세요.

17 🌐를 클릭하고 [Material Preview]로 변경하면 건물의 모습이 나름 완성되어 보일 것입니다. 배경에 활용하기에는 충분한 퀄리티라고 할 수 있습니다.

◉ 드럼통 만들기

텍스처 매핑을 사용해서 간단하게 드럼통을 만드는 방법에 대해 소개하겠습니다. 일단 만들 드럼통 사진 텍스처를 준비하고, 이를 기반으로 사진 텍스처와 같은 각도로 러프 모델을 만듭니다. [Project from View]라는 프로젝션 매핑 기능을 활용하면 사진 텍스처를 각도 그대로 적용할 수 있습니다. 사진이라는 매체의 특성(한쪽만 볼 수 있는 특성)으로 카메라가 회전하는 경우에는 적합하지 않지만, 먼 곳에 배치하거나 배경의 일부로 사용하는 모델의 경우 큰 문제 없이 활용할 수 있습니다.

텍스처

러프 모델

프로젝션 매핑

1 128페이지의 과정 **1**을 참고해서 영역을 2개로 분할합니다. 이어서 [Shift]+[A]를 누르고 [Mesh]→[Cylinder]를 추가합니다❶. [S]를 눌러서 드럼통 비율로 만듭니다❷.

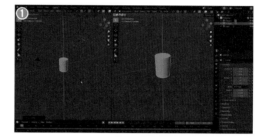

2 오른쪽에 있는 3D 뷰포트를 [UV Editor]로 전환합니다❶. 이어서 [UV Editor]에서 [Open]을 클릭해서 참조할 이미지를 선택합니다. 그리고 [Open Image]를 클릭해서 이미지를 엽니다❷.

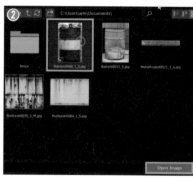

> **Tips**
>
> 아직 러프 모델링 단계이므로 너무 세부적인 부분까지는 만들지 말아주세요. 이후에 텍스처를 적용하고 나서 세부적인 부분을 만들 것이므로 일단 적당히 만들어주세요.

3 [Shift]+[D]를 눌러서 실린더를 복제하고 ❶ 드럼통 뚜껑 위의 손잡이 부분을 만듭니다. [E]로 돌출하면서 만들면 쉽게 만들 수 있을 것입니다❷. 러프 모델이 완성됐다면 이제 텍스처를 적용하겠습니다.

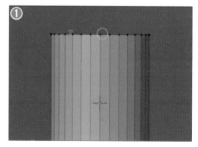
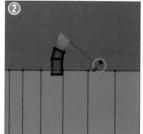

4 오른쪽 영역을 [Shader Editor]로 변경하고 [New]를 클릭해서❶ 새로운 머티리얼을 추가합니다. [Material Properties]로 머티리얼의 이름을 'drum_can'이라고 설정합니다❷.

5 [Shift]+[A]를 누르고 [Texture]→ [Image Texture]를 선택합니다❶. [Image Texture] 노드의 [Color]와 [Principled BSDF] 노드의 [Base Color]를 연결합니다. 그리고 [Open]을 클릭해서 이미지 텍스처를 적용합니다 ❷. 오른쪽 영역은 [UV Editor]로 돌려둡니다.

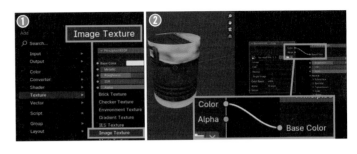

6 왼쪽 영역에서 [A]를 눌러 전체 선택합니다. 그리고 [U]→[Project from View]를 클릭합니다❶. 이렇게 하면 UV 에디터에 왼쪽 러프 모델이 전개됩니다. [S]와 [G]를 활용해서 이미지 텍스처의 형태에 맞게 전체적으로 조정합니다❷.

7 위쪽 뚜껑 부분에 UV가 늘어나 있는 부분도 조정합니다. 위에서 보는 탑뷰 시점에서 [U]→[Project from View]를 클릭합니다. 오른쪽 영역에서 [G]를 눌러서 UV를 붉은색 부분으로 이동하면❶ 러프 모델 쪽에서도 뚜껑이 붉게 되는 것을 볼 수 있습니다❷.

8 138페이지의 과정 **5**를 참고해서 드럼통의 홈을 표현할 수 있게 루프컷합니다 ❶. 뚜껑과 모서리 등의 각진 부분을 선택하고 [Ctrl]+[B]를 눌러 [Bevel]로 처리해서 조정합니다❷.

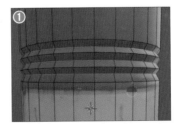

9 왼쪽과 오른쪽에 배경이 파란색으로 반사되는 듯한 부분은 [X]로 제거합니다. [Shader Editor]에서 굴곡 등을 추가로 조정해 주면 완성입니다.

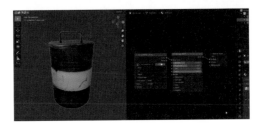

뮤직비디오 'Everything Lost'의 머티리얼과 텍스처 매핑 사용 예

◉ 실제 머티리얼 사용 예

'Everything Lost'라는 뮤직비디오는 멤버(사람)와 악기를 제외한 모든 것을 3D CG로 제작했습니다. 촬영은 최소한의 세트에서 최소한의 시간 동안 진행했습니다. 머티리얼을 사용한 예로 일단 건물을 살펴봅시다. 건물은 이미지 텍스처만으로 만들었으며, 이를 여러 개 복사해서 배경으로 사용했습니다.

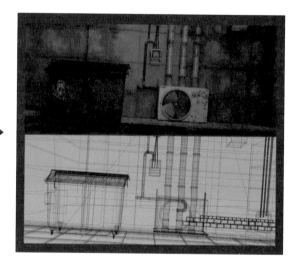

또한 에어컨 실외기와 쓰레기통도 이미지 텍스처를 기반으로 만들었습니다. 오른쪽 아래에 있는 와이어프레임 이미지를 보면 알 수 있겠지만, 폴리곤 수가 굉장히 적습니다. 쓰레기통은 그래도 근거리에서 촬영되는 오브젝트이므로 뚜껑 정도는 폴리곤을 많이 사용해서 모델링했습니다. 하지만 실외기는 단순한 큐브에 이미지 텍스처를 적용하고 굴곡을 넣었습니다.

이와 같은 실외기와 쓰레기통 애셋을 한 번 만들어두고 복사해서 건물 벽에 실외기를 걸치고 건물 옆에 쓰레기통을 몇 개 배치하는 것만으로도 전체적인 풍경이 굉장히 사실적으로 보입니다.

 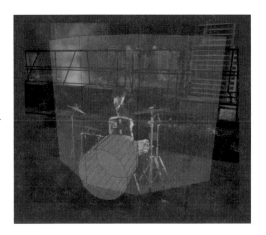

이 사진은 제가 드럼을 치는 모습입니다. 드럼을 제외한 다른 멤버는 하나의 폴리곤 이미지로 붙여도 괜찮았지만, 드럼의 경우 깊이가 있어서 카메라가 조금만 움직여도 하나의 폴리곤 이미지에 붙어있다는 것을 알 수 있습니다. 그래서 오른쪽 그림처럼 베이스 드럼을 포함해 간단한 메시를 구축한 뒤, 거기에 142페이지의 드럼통처럼 프로젝션 매핑을 해서 만들었습니다.

◉ 셰이더 노드의 가능성

텍스처 매핑은 [Shader Editor]에서 텍스처 또는 노드를 여러 선으로 연결하고, 이를 조정해 나가는 과정입니다. 이를 발전시키면 정말 많은 것을 만들 수 있습니다. 예를 들어 오른쪽의 옥상 장면을 보면 지면에 물웅덩이가 있습니다. 지면과 물웅덩이는 사실 하나의 머티리얼입니다. 노드를 다음과 같이 조합했을 뿐입니다. 이러한 노드를 기반으로 머티리얼은 물웅덩이 부분을 랜덤으로 생성합니다. 블렌더는 수식과 노드만으로 흰색 부분과 검은색 부분을 설정할 수 있는 텍스처 기능이 있습니다. 이를 기반으로 흰색 부분은 지면, 검은색 부분은 물웅덩이로 구성했습니다. 물웅덩이를 만들 때는 약간 움푹 들어가게 했으며 반사도 일어나게 했습니다.

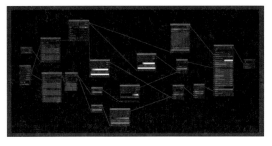

오른쪽 장면을 보면 유리가 깨져서 바닥에 흩어져 있거나 벽에 유리가 남아있는 부분이 있습니다. 조금 낡은 유리를 재현할 수 있게 붉은색 얼룩, 초록색 얼룩, 더러워진 부분, 흐려진 부분 등이 뒤섞인 느낌을 낼 수 있게 셰이더 노드를 조합했습니다.

셰이더 노드는 굉장히 복잡하고 심오한 세계입니다. 이미지 텍스처를 사용하지 않고도 수식 셰이더 노드를 사용하는 것만으로 사실적인 텍스처를 만드는 '프로시저럴 머티리얼'(4-1절에서 설명)도 있습니다. 트위터(X)등에는 매년 11월에 Nodevember라는 해시 태그로 노드만을 활용해 음식과 악기 등을 구현하는 이벤트도 있습니다. 극단적으로 말해서 굉장히 매니악한 세계라고 할 수 있습니다.

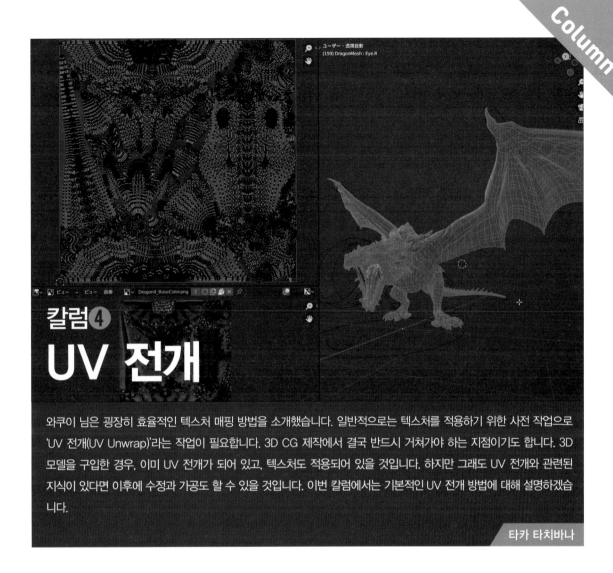

칼럼 ❹
UV 전개

와쿠이 님은 굉장히 효율적인 텍스처 매핑 방법을 소개했습니다. 일반적으로는 텍스처를 적용하기 위한 사전 작업으로 'UV 전개(UV Unwrap)'라는 작업이 필요합니다. 3D CG 제작에서 결국 반드시 거쳐가야 하는 지점이기도 합니다. 3D 모델을 구입한 경우, 이미 UV 전개가 되어 있고, 텍스처도 적용되어 있을 것입니다. 하지만 그래도 UV 전개와 관련된 지식이 있다면 이후에 수정과 가공도 할 수 있을 것입니다. 이번 칼럼에서는 기본적인 UV 전개 방법에 대해 설명하겠습니다.

타카 타치바나

UV 전개의 기본

UV 전개는 '3D 오브젝트에 어떻게 스티커를 붙일 것인가?'를 전개도 형태로 만드는 것입니다. 종이 공예와 비슷합니다. 물병에 군대 위장 무늬 텍스처를 붙이면서 간단하게 UV 전개에 대해 알아보겠습니다.

심(Seam, 절개선) 넣기 ▶ 전개하기 ▶ 조정하기

참고로 머티리얼(질감)을 만드는 과정으로 이러한 텍스처 매핑 이외에도 '텍스처 페인트'와 '프로시저럴 텍스처'(4장에서 소개하는 프로그래밍 방법으로 텍스처를 만드는 것)도 있습니다. 또한 UV 전개와 관련된 애드온이 굉장히 많으므로 효율적으로 UV 전개를 해보고 싶다면 관련된 내용을 직접 찾아보고 도입해 보기 바랍니다.

1 셰이더 에디터에서 [Image Texture] 노드를 만들고 출력을 [Principled BSDF]의 [Color] 소켓에 연결합니다. 이어서 워크스페이스를 [UV Editing]으로 전환합니다. 왼쪽 영역에서는 어떤 전개도로 텍스처를 적용할지 그 전개도의 형태를 지정합니다. UV 전개가 제대로 이루어지지 않은 상태에서 텍스처를 적용하면 왜곡이 발생하거나 의도하지 않은 형태로 이미지가 적용될 수 있습니다.

2 오른쪽 3D 뷰포트를 [Edit Mode]로 변경하고 심(Seam)이라 부르는 절개선을 넣습니다. 전개선을 넣었을 때 깔끔하게 펼칠 수 있을 것 같은 부분의 에지를 선택하고, [Ctrl]+[E]를 누른 뒤 [Mark Seam]을 클릭합니다①. 심이 마크되면 붉은색으로 표시됩니다②.

심 위치는 텍스처가 잘리는 것처럼 보일 수 있습니다. 따라서 최대한 눈에 띄지 않는 위치에 심을 넣는 것이 좋습니다.

3 전개하고 싶은 영역을 선택하고 [U]를 누른 뒤 [Unwrap]을 클릭합니다①. 심에 따라서 UV 전개가 이루어지며, 페트병 라벨처럼 전개되어 처음에 전개했던 전개도보다 훨씬 더 깔끔한 전개도가 만들어집니다②.

[Unwrap]을 누르면 어느 정도 자동으로 전개해 줍니다. 하지만 복잡한 형태의 경우 직접 심을 넣은 뒤 전개하는 것이 좋습니다.

4 UV 에디터에서 조정하고 싶은 부분을 선택하고 [S], [R], [G] 등을 사용해 배치를 조정할 수 있습니다.

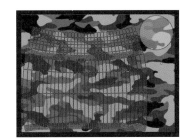 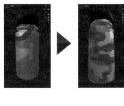

Tips

메시 위에 마우스 커서를 두고 [L]을 누르면 연결되어 있는 모든 메시를 선택할 수 있습니다. 함께 사용하면 편리합니다.

5 보다 깔끔하게 직사각형 형태가 나오게 만들고 싶다면 직사각형 형태로 펼치고 싶은 부분을 선택하고 각도가 제대로 되어 있는 부분을 한 번 더 선택한 뒤, 마우스 오른쪽 클릭→[Follow Active Quads]를 클릭합니다.

6 선택한 부분이 직사각형 형태로 재배열됩니다 ❶. 왜곡을 줄이고 싶을 때 이러한 테크닉을 활용해 보면 좋습니다. 참고로 전개도가 텍스처 이미지를 최대한 덮을 수 있게 배치해야 이미지의 해상도를 최대한 활용할 수 있어 좋습니다. 눈에 잘 보이지 않거나 세부적인 묘사가 필요하지 않은 부분은 전개도를 작게 만들어서 해상도를 최대한 절약하는 것도 좋습니다❷.

 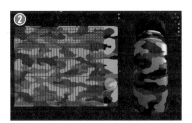

3-6

[실사 촬영과 라이팅에 관련된 테크닉과 지식]

블렌더로 촬영&라이팅 & 렌더링하는 테크닉

블렌더를 활용하면 현실보다 훨씬 더 편리하게 가상 공간에 카메라와 조명을 배치할 수 있습니다. 촬영, 조명, 렌더링과 관련된 지식은 작품을 만드는 데 있어서 광장히 중요합니다. 따라서 이번 절에서는 촬영, 조명, 렌더링과 관련된 지식과 응용 테크닉을 알아보겠습니다.

이 절의 개요

- 실사 영상 제작자가 CG를 한다면?
- 카메라와 라이팅을 배우고, 이를 응용하는 다양한 예
- 카메라 기초 지식
- 라이팅 기초 지식
- 렌더링 기초 지식
- 카메라・라이팅・렌더링 응용편
- EEVEE로 퀄리티와 효율 두 마리 토끼 잡기
- 인터넷에 있는 소재를 사용해서 촬영과 라이팅에만 집중하기

Taka Tachibana

타치바나 님의 작품

https://taka-t.com

실사 영상 제작자가 CG를 한다면?

일단 '실사 영상 제작자가 CG를 한다는 것의 의미'를 이야기해 보겠습니다. 저는 CG를 실제로 접하기 전, 실사 영상과 CG는 매우 동떨어진 분야라고 생각했습니다. 하지만 실제로 블렌더를 2년 반 정도 사용해 보면서, 최근에는 '실사 영상 제작자는 CG 제작에 접근하는 것이 참 쉬운 것 같다'라는 생각을 하고 있습니다. 촬영에 대한 지식과 경험을 그대로 CG에 적용할 수 있기 때문입니다. 실제로 실사 촬영과 거의 비슷한 감각으로 촬영과 조명을 설정할 수 있습니다.

▲ CG 소프트웨어를 다뤄 본 적이 없어도 '촬영'과 '라이트(조명)' 등은 쉽게 이해할 수 있을 것이라 생각합니다. 실사 촬영자가 CG 지식이 있으면 CG 합성을 위한 영상을 촬영할 때 무엇을 해야 하는지 확실하게 알 수 있고, 그래서 원활하게 협업할 수 있습니다.

◉ 촬영 및 조명 관련 지식의 활용

블렌더에는 효율적으로 작업하고 전체적인 퀄리티를 높이는 데 도움이 되는 애드온(플러그인)이 많습니다. 하지만 카메라 앵글 자체 등을 결정해 주는 애드온은 없습니다. 이런 부분은 결국 실사 촬영에 대한 경험과 감성이 중요하게 작용하므로 실사 촬영 경험이 있다면 좋은 결과를 만들어낼 수 있습니다. 실사 촬영 때 활용한 촬영과 조명에

관한 지식을 활용하면 CG 분야에서 빠르게 성장할 수 있습니다.

카메라와 라이팅을 배우고, 이를 응용하는 다양한 예

'기초'와 '응용'이라는 두 가지로 나누어 소개하겠습니다. 일단 카메라, 라이팅, 렌더링과 관련된 기초를 살펴본 뒤 응용에 들어가겠습니다.

그럼 우선 카메라 기초를 간단하게 설명하겠습니다. 어떤 설정이 있는지, 실사처럼 줌과 포커스를 어떻게 조절할 수 있는지, 돌리샷처럼 이동하면서 촬영하려면 어떻게 해야 하는지 소개하겠습니다. 이어서 라이팅 기초에서는 블렌더의 4가지 주요 라이트를 소개하면서 그림자를 부드럽게 만드는 방법 등에 대해 살펴보겠습니다. 그리고 HDRI(High Dynamic Range Image)라는 360도 환경 이미지를 사용해서 현장의 공간을 재현하는 방법을 소개하겠습니다.

블렌더로 렌더링할 때는 'EEVEE'와 'Cycles'라는 두 가지 렌더링 방법을 사용할 수 있습니다. 각각의 특징과 장단점을 살펴보고 어떤 상황에 어떤 것을 사용하는 것이 좋은지 살펴보겠습니다. 실사 영상 작업을 주로 하는 분들은 렌더링 방식이 여러 가지 있다는 것이 이상하게 느껴질 수 있지만, 블렌더가 두 가지 방법을 제공하는 데는 합리적인 이유가 있습니다.

카메라 기초 지식

[Shift]+[A]를 누르고 [Camera]를 클릭하면 카메라를 추가할 수 있습니다. 화면에 카메라가 표시되었을 때 숫자 패드의 [0]을 누르면 카메라 뷰로 전환됩니다.

영역을 분할해서 작업 화면(오른쪽)과 카메라 뷰(왼쪽)로 나누면 작업하기가 편합니다. 작업 화면에서 카메라를 움직이면 연동된 카메라 뷰도 함께 움직입

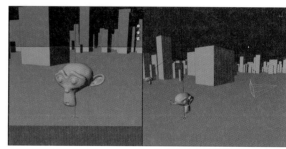

▲카메라 뷰(카메라 앵글)　　▲제3자의 시야. 오른쪽에 있는 노란색이 카메라입니다.

니다. 카메라를 선택한 상태에서는 프로퍼티 영역에 카메라 모양의 아이콘이 있는 [Object Data Properties]가 표시됩니다. 여기에서 카메라와 관련된 다양한 설정을 할 수 있습니다.

◉ 초점 거리 설정하기

렌즈의 초점 거리는 기본적으로 50mm로 설정되어 있으며, 현실 세계에 있는 표준 렌즈와 같습니다. 숫자를 높이면 망원 렌즈, 낮추면 광각 렌즈가 됩니다. 기본적인 파라미터로 [Size]라는 항목이 있습니다. 이는 센서 크기를 의미합니다. 풀프레임은 36mm, APS-C는 23mm 정도입니다. 실사 카메라와 동일한 센서 크기를 사용하면 실제 카메라와 같은 감각으로 조작할 수 있습니다. 초점 거리를 24mm

▲초점 거리 24mm

로 설정하면 주변부에 왜곡이 일어나는 광각 렌즈처럼 나옵니다. 초점 거리를 150mm로 설정하면 배경이 압축되는 망원 렌즈처럼 나옵니다. 따라서 실사 합성할 때는 동일한 화각을 재현할 수 있게 현장에서 어떤 렌즈를 사용했는지 렌즈의 mm를 기록해 두는 것이 중요합니다.

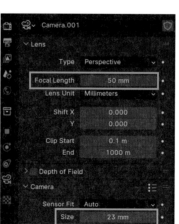

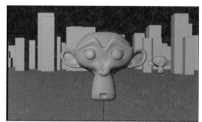

▲초점 거리 50mm

▲기본적인 초점 거리 50mm는 피사체와 가까워졌을 때 약간 왜곡되어 보일 수 있습니다. 그래서 모델링할 때는 초점 거리를 150mm 정도로 설정해서 원근감이나 왜곡을 줄여서 작업하기도 합니다.

▲초점 거리 150mm

◉ 피사계심도와 초점 위치 설정하기

[Depth of Field]의 체크를 해제하면 화면 전체에 초점이 맞춰지며, 체크하면 피사계심도 효과가 발생합니다. CG에도 실사처럼 F 값(조리개 값)이 있습니다. F 값을 낮추면 보케가 커지며, 높이면 초점 위치와 깊이가 다른 부분까지도 초점을 맞출 수 있습니다.

[Focus Distance] 값을 조정하면 원하는 위치에 초점을 맞출 수 있습니다. 추가로 [Focus on Object]에 특정 오브젝트를 선택하면 해당 오브젝트에 초점이 맞춰집니다.

▲피사계심도 활성화(조리개 F값 1. 4)

▲피사계심도 비활성화(팬 포커스, pan focus)

하지만 오브젝트에 초점을 맞추면 오브젝트의 원점을 기준으로 초점을 맞추므로, 원하는 위치에 초점이 맞지 않을 수도 있습니다. 초점을 맞추고 싶은 위치에 [Shift]+마우스 오른쪽 버튼을 눌러 3D 커서를 배치하고, [Shift]+[A]를 눌러 [Empty]를 추가합니다. 이어서 [Focus on Object]에 방금 만든 엠프티를 설정합니다. 이렇게 하면 초점이 해당 엠프티에 맞춰집니다. 이를 활용하면 원하는 위치에 정확하게 초점을 맞출 수 있습니다. 초점과 관련된 조작을 할 때 굉장히 자주 사용하는 테크닉이므로 기억해 두기 바랍니다.

그럼 초점을 조작하는 예를 생각해 봅시다. 초록색 원숭이에 초점이 맞추어져 있다가, 갈색 원숭이로 초점이 움직이게 해 보겠습니다. 1번째 프레임에서 초록색 원숭이 근처에 있는 엠프티를 선택하고, [I]를 누른 뒤 [Location]을 클릭합니다. 이어서 100번째 프레임으로 이동하고 엠프티를 갈색 원숭이 근처로 이동한 뒤, [I]의 [Location]을 클릭합니다. 재생해 보면 초록색 원숭이에서 갈색 원숭이로 초점이 옮겨가는 것을 볼 수 있습니다.

▲1번째 프레임

Insert Keyframe Menu
Location
Rotation
Scale
Location & Rotation
Location, Rotation & Scale
Location, Rotation, Scale & Custom Properties

▲100번째 프레임

라이팅 기본 지식

[Shift]+[A]를 누르고 [Light]를 보면 [Point], [Spot], [Area], [Sun]이라는 4가지 종류의 라이트가 있습니다. 각각의 특징에 대해 설명하겠습니다.

포인트 라이트

전구가 모든 방향으로 빛을 방출하는 것처럼 360도로 빛을 방출하는 라이트입니다. [Radius] 값으로 광원의 크기를 크게 만들고 그림자를 부드럽게 만들 수 있습니다. 이처럼 현실 세계의 조명과 같은 원리로 그림자를 조절할 수 있습니다.

스팟 라이트

특정 범위에만 빛을 비추는 라이트입니다. 포인트 라이트처럼 광원의 크기를 조정할 수 있습니다.

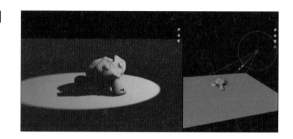

에이리어 라이트

면 광원 전용 라이트입니다. 소프트 박스 형태로 되어 있어 다른 조명보다 훨씬 부드러운 그림자를 만들어줍니다. [Radius] 값을 크게 만들면 부드러운 그림자, 작게 만들면 점 광원처럼 딱딱한 그림자가 생깁니다.

선 라이트

태양광을 모방한 라이트입니다. 다른 라이트와 다르게 광원과 멀어져도 밝기가 변하지 않습니다. 방향 설정만 의미를 갖고, 위치는 어디에 두어도 아무 관계 없습니다. [Angle] 값을 조정해서 그림자를 부드럽게 만들거나 흐리게 만들 수 있습니다.

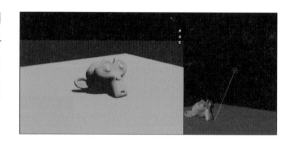

◉ 사진을 라이트로 사용하기

위에서 설명한 4가지 라이트 이외에도 HDRI를 사용하면 환경광을 구현할 수 있습니다. HDRI는 환경을 360
도로 촬영한 사진을 의미합니다. 이를 블렌더에서 읽어 들이면 그 환경의 환경광을 재현할 수 있습니다. HDRI
를 무료로 다운로드할 수 있는 'Poly Heaven'이라는 사이트도
있습니다. 굉장히 유용한 사이트이므로 추천합니다. 그럼 간단
하게 HDRI 설정 방법을 소개하겠습니다. 자세한 내용은 4-4
절에서 소개하겠습니다.

1 [World Properties]의 [Color]에서 [Environment Texture]를
선택하고 [Shader Editor]를 엽니다.

2 셰이더 타입을 [World]로 선택하고❶ [Environment
Texture] 노드의 [Open]으로 HDRI 파일을 선택해서 열면
❷ 360도 배경이 설정됩니다❸.

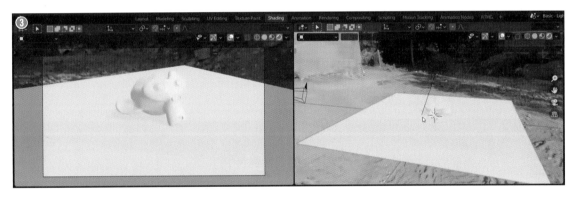

3 이처럼 환경 이미지를 설정하면 오브젝트가 그 영향을 받습니다. 예를 들어 태양 방향에서 나오는 강한 빛이 물체에
영향을 줍니다.

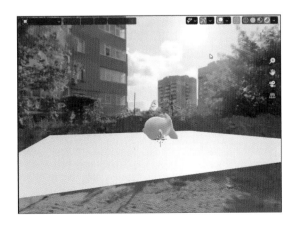

▲태양광을 받는 오른쪽 부분이 밝아집니다.

4 HDRI를 조작하고 싶다면 [Texture Coordinate] 노드와 [Mapping] 노드를 만들고, [Texture Coordinate] 노드의 [Generator] 소켓과 [Mapping] 노드의 [Vector] 소켓, [Mapping] 노드의 [Vector] 소켓과 [Image Texture] 노드의 [Vetor] 소켓을 연결하면 됩니다. 이렇게 하면 HDRI 를 회전하거나 빛의 위치를 조정할 수 있습니다.

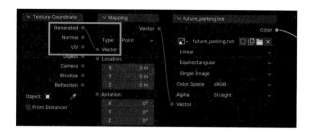

렌더링 기초 지식

◉ [EEVEE]와 [Cycles]의 차이

블렌더에서 렌더링할 때는 [Cycles]와 [EEVEE]라는 렌더러를 주로 사용합니다. Cycles는 초기부터 탑재되어 있던 렌더러입니다. 렌더링에 시간이 꽤 걸리지만, 포토 리얼한 표현을 할 때 좋습니다. 반대로 [EEVEE]는 비교적 최근 등장한 렌더러입니다. 게임과 같은 실시간 렌더링이 가능합니다. 하지만 EEVEE는 계산 속도를 빠르게 하기 위해 여러 처리를 생략합니다. 그래서 그림자와 반사 등의 표현은 따로 직접 설정해 줘야 합니다. 특히 HDRI에 의한 그림자가 표시되지 않는다는 점이 큰 차이입니다(다른 조명으로 만들어지는 그림자는 표시됩니다). 최근에는 EEVEE도 빠른 속도로 업데이트되면서 화질과 기능이 개선되고 있습니다. 상황에 따라 EEVEE 로도 충분한 화질을 낼 수 있는 경우가 많으므로 렌더링 시간을 단축해야 하는 경우 EEVEE를 활용해 보는 것도 고려하기 바랍니다.

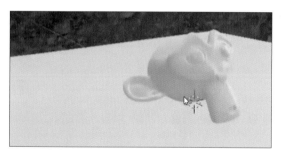

▲EEVEE의 경우

▲Cycles의 경우

	EEVEE	Cycles
배포	2019년부터	처음부터 있었음
장점	실시간 렌더링	현실적인 표현(포토리얼리스틱 표현)
단점	반사, 투과, 그림자	렌더링에 시간이 걸리고, 결과에 노이즈가 발생함
속도	빠름	느림

▲Blender 2.8버전부터는 EEVEE의 성능이 많이 향상되었습니다.

◉ EEVEE 설정

앰비언트 오클루전

EEVEE는 기본적으로 매끄러운 질감을 갖고 있습니다. 그래도 [Render Properties]를 통해 다양한 설정을 하면 어느 정도 현실적으로 보이게 만들 수 있습니다. 그 중에서도 가장 많이 활용되는 기능이 바로 '앰비언트 오클루전(Ambient Occlusion)'입니다. 이는 '환경 차폐'를 의미하며, 배치된 오브젝트에 의해 환경광이 얼마나 차단되는지 계산해서 자연스러운 그림자를 묘사할 때 활용합니다.

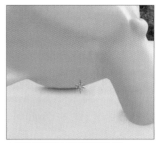

▲OFF: 앰비언트 오클루전 비활성화 ▲ON: 앰비언트 오클루전 활성화

스크린 스페이스 반사

좀 더 알아보기 쉽게 원숭이를 주황색으로 표시했습니다. '스크린 스페이스 반사(Screen space reflections)'를 활성화하면 바닥의 흰색이 오브젝트에 반사되어 들어옵니다. 이렇게 하면 오브젝트가 조금 더 현실적으로 보입니다.

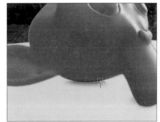
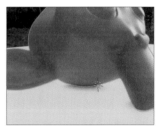

▲OFF: 스크린 스페이스 반사 비활성화 ▲ON: 스크린 스페이스 반사 활성화

블룸

[Bloom]을 활성화하면 글로우 효과가 적용되어 은은하게 빛나는 표현이 만들어집니다. 예를 들어 금속 오브젝트를 만들면 금속에 반사되는 태양 빛을 예쁘게 표현할 수 있습니다. Cycles는 컴포지트 때 이러한 효과를 추가하지만, EEVEE는 실시간으로 이를 표현할 수 있습니다.

▲ 블룸 OFF ▲ 블룸 ON

투명화

셰이더 에디터에서 [Principled BSDF] 노드의 [Roughness]와 [Metalic]을 '0'으로 설정하고 빛이 통과하는 정도를 나타내는 [Transmission]→[Weight]를 '1'로 설정하면 투명하게 만들 수 있습니다. 그리고 여기

에서 [Roughness]을 조정하면 반투명한 질감도 만들어낼 수 있습니다. 다만 EEVEE는 카메라에서 보이지 않는 부분의 반사와 투과를 표현하지 않습니다. 이러한 표현은 Cycles 쪽이 훨씬 더 잘 됩니다.

◉ 렌더링하기

그림 한번 렌더링해 봅시다. [Render]→[Render Image]를 클릭합니다. EEVEE로 설정했다면 렌더링이 순식간에 이루어지겠지만, Cycles로 설정했다면 렌더링이 서서히 진행됩니다. 왼쪽 위에 렌더링 시간이 표시되는데, EEVEE에서는 1초도 걸리지 않지만 Cycles에서는 30초 넘게 걸립니다. 동영상을 렌더링할 때는 시간 차이가 훨씬 더 커집니다. 하지만 Cycles를 사용하면 간단한 설정만으로도 깔끔하고 풍부한 질감을 표현할 수 있습니다.

[Render]→[View Render]를 클릭하면 렌더링한 이미지를 표시할 수 있습니다. 렌더링한 이미지를 전환하고 싶을 때는 헤더 오른쪽에 있는 [Slot]을 클릭합니다. 렌더링 이미지는 8장까지 기록할 수 있으며, 메인 키보드의 숫자 키를 활용해서도 전환할 수 있습니다.

▲Eevee

▲Cycles

추가로 실사 영상과 합성할 때 히스토그램과 파형 등을 확인하고 싶은 경우가 있을 것입니다. [Blender Render] 윈도우에서 [N]을 누르면 사이드바에 [Scopes]가 표시되며 여기에서 히스토그램과 파형 등을 확인할 수 있습니다. 이는 렌더링 후에만 확인할 수 있으므로 3D 뷰포트에서는 볼 수 없습니다.

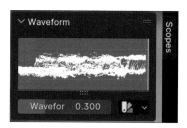

카메라, 라이팅, 렌더링 응용편

카메라 이동(돌리 샷)

레일을 따라 카메라가 이동하게 만들 수 있습니다. [Shift]+[A]의 [Curve]→[Bezier]를 선택합니다. 이렇게 만들어지는 곡선을 레일이라고 생각해주세요. 카메라를 선택하고, [Object Constraint Properties]의 [Add Object Constraint]에서 [Follow Path]를 선택하고, 스포이드 아이콘을 사용해서 타깃(이전에 만든 곡선)을 선택합니다. 카메라 위치가 '0'이 아니면 커브 바로 위에 배치되지 않습니다. 이때는 [Alt]+[G]를 눌러서 위치를 초기화해 주세요. [Offset] 값을 변경하면 카메라가 곡선을 따라 움직입니다. [Fixed Position]과 [Follow

Curve]에 체크하면 범위를 제한할 수 있으므로 훨씬 더 간단하게 조작할 수 있습니다. 아직은 카메라가 피사체를 향하고 있지 않습니다. 카메라를 선택하고 이어서 보여주고 싶은 피사체를 선택합니다. 헤더 메뉴에서 [Object]→[Track]→[Track to Constraint]를 클릭하면 카메라가 곡선을 따라 움직이면서 피사체를 향하게 만들 수 있습니다.

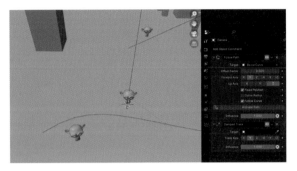

흔들림 표현하기

손으로 들고 다니며 촬영(핸드 헬드 촬영)하는 효과도 표현할 수 있습니다. 위치와 회전으로 키프레임을 찍고, [Animation] 워크스페이스를 엽니다. 이어서 [Modifiers]에서 [Noise]를 선택하면 화면이 흔들리는 느낌을 낼 수 있습니다. 원하는 형태의 흔들림이 나올 수 있게 [Strength]와 [Offset] 등을 조절해 주세요. 여러 축을 같은 방법으로 조정하면 현실적인 흔들림을 재현할 수 있습니다.

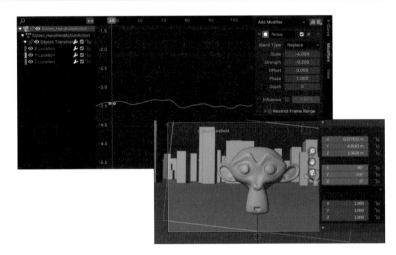

아나모픽 렌즈 표현

아나모픽 렌즈로 촬영한 듯한 표현도 간단하게 만들 수 있습니다. 가장 간단한 방법은 카메라 설정에서 [Depth of Field]→[Aperture]→[Ratio]를 높여 보케 형태를 세로로 길게 만드는 것입니다❶. 기본 비율은 '1.0'이며 일반적인 형태의 보케가 만들어집니다. 하지만 이를 '2.5' 정도로 설정하면 세로로 긴 보케가 만들어지면서 아나모픽 렌즈 특유의 보케를 표현할 수 있습니다.

▲Ratio=1.0

▲Ratio=2.5

[Blades] 파라미터로 조리개 모양을 몇 각형으로 표현할지도 설정할 수 있습니다❷.

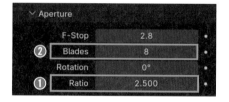

배경 이미지

블렌더에서 실사 영상을 배치하는 방법에 대해서 설명하겠습니다. 실제 합성은 컴포지트 단계에서 이루어지지만, 작업 중에 밑그림처럼 배경에 영상과 사진을 카메라의 배경으로 배치해 두면 편리합니다. [Object Data Properties]에서 [Background Images]에 체크하고❶ [Add Image]를 클릭합니다❷.

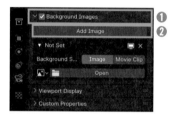

예를 들어 오른쪽 그림처럼 통로에 박스를 놓으려고 하는 경우를 생각해 봅시다. 일단 블렌더의 카메라를 실제 카메라와 같은 상태(위치와 초점 거리 등)로 설정해야 합니다. 그런데 이 작업이 굉장히 번거롭습니다. 이때 활용할 수 있는 것이 fSpy입니다. fSpy는 카메라 앵글 보조 애드온으로 실제 사진의 퍼스펙티브(원근 투시 상태)를 해석해서 카메라의 각도와 초점 거리 등을 자동으로 계산해 줍니다.

fSpy를 열고, 배경으로 사용할 이미지를 1프레임에 넣습니다. 이렇게 하면 퍼스펙티브 보조선이 표시되므로 벽, 기둥 등 바닥과 수직하거나 수평한 대상을 쉽게 배치할 수 있습니다.

참고로 fSpy는 정지된 이미지만 처리할 수 있습니다(즉, 카메라가 움직이면 안 됩니다). 동영상처럼 카메라가 움직이는 경우 다른 방법을 사용해야 합니다. 이는 3-7절에서 다루므로 이를 참고해 주세요.

◉ 합성을 위한 그림자 만드는 방법

그림자만 렌더링하고 싶은 경우 [Object Properties]의 [Visibility]→[Shadow Catcher]를 사용합니다
(Cycles에서만 사용할 수 있습니다)[9]. 이 옵션을 활성화하면 오브젝트(메시)가 투명해지며 그림자만 렌더링됩니다. EEVEE에서는 사용할 수 없으므로 실사 합성을 할 때는 일반적으로 Cycles를 사용합니다. 물론 EEVEE에서도 특수한 노드를 조합해서 비슷한 기능을 구현할 수 있습니다. 이와 관련된 내용은 4-1절에서 소개합니다. 따라서 상황에 맞게 렌더러를 구분해서 사용하는 것이 좋습니다. 그림자를 잘 합성하면 현실성이 훨씬 더 올라갑니다. 참고로 메인 CG와 그림자를 나눠서 렌더링하면 컴포지트 때 조정하기 좋습니다.

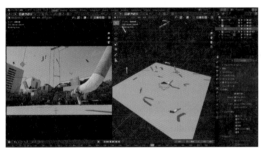
▲[Shadow Catcher] 비활성화

▲[Shadow Catcher] 활성화

◉ 레이어를 나눠서 내보내는 방법

상단 바 오른쪽의 🗐를 클릭하면 뷰 레이어를 새로 만들거나 복제할 수 있습니다. 🔳▾를 클릭하면 만든 뷰 레이어를 선택할 수 있고, 이를 활용하면 Background와 Foreground를 나눌 수 있습니다.

아웃라이너 상단의 🔽▾을 클릭하면 필터링 방법을 더 만들 수 있습니다.

다양한 표시/비표시 방법이 있지만, 기본적으로 [Holdout]을 활성화하면 해당 오브젝트를 제외하고 렌더링할 수 있습니다. 특정 오브젝트를 제외하고 그림자만 렌더링하고 싶을 때 편리하게 사용할 수 있는 기능입니다.

▲Background

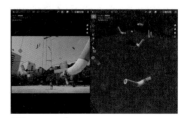
▲Foreground

---

9 (옮긴이) 렌더러가 Cycles가 아닌 경우, [Object Properties]→[Visibility]에 관련된 항목이 표시되지 않습니다.

이를 활용해 전경의 오브젝트와 지면의 그림자를 따로따로 내보내고 컴포지트로 합성하겠습니다. 레이어를 이렇게 구분하면 이후에 전경과 그림자를 따로따로 조정할 수 있어서 좋습니다. 이와 관련된 자세한 내용은 3-8절과 4-2절에서 설명합니다.

◉ 안개를 넣어 광선 표현하기

볼류매트릭(Volumetric) 기법을 사용하면 안개 속에서 빛이 새어 들어오는 표현을 만들 수 있습니다. [Shader Editor]에서 볼류매트릭을 사용하고, 해당 공간 안에 빛을 잘 비추기만 하면 됩니다.

1 새로 큐브 메시를 추가하고 씬 전체를 감싸게 배치합니다. [Shader Editor]에서 [Shift]+[A]를 누르고, [Shader]→[Principled Volume]을 추가합니다. [Principled Volume] 노드의 [Volume] 소켓과 [Material Output] 노드의 [Volume] 소켓을 연결합니다. [Density]를 사용해 안개의 짙음을 조정할 수 있습니다.

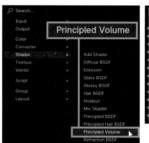 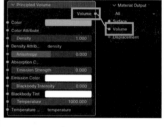

1 이후 이 공간 안에 스포트라이트 등을 비추면 광선이 표현됩니다. EEVEE의 경우, 설계적으로 메시가 너무 얇으면 빛이 새어 나올 수 있습니다. 빛이 새는 경우 [Modifier Properties]의 [Add Modifier]로 [Solidify]를 추가하고, 벽에 두께를 더 주면 대개 해결됩니다.

| EEVEE로 퀄리티와 효율 두 마리 토끼 잡기

예를 들어 다음 그림과 같은 로봇이 걷는 장면을 살펴보겠습니다. 괄호 안의 시간은 렌더링에 소요된 시간을 나타냅니다. 조명에 HDRI만 사용할 경우 EEVEE로 한 장면을 렌더링하는 데 약 5초가 걸립니다. 분위기를 더하기 위해 볼륨을 추가하여 안개에 질감을 주면 더 멋진 연출이 가능하지만, 그만큼 렌더링 시간이 늘어납니다. 더 많은 계산이 필요하기 때문에 시간이 더 오래 걸리는 것입니다.

HDRI만	카메라&라이트 설정	볼륨&EEVEE 설정	컴포지트
(5초)	(10초)	(15초)	(16초)

그러나 Cycles 렌더러를 사용하면 같은 장면을 렌더링하는 데 무려 3분 45초가 걸립니다. EEVEE와 Cycles의 퀄리티를 비교해 보면 얼핏 큰 차이가 없고 비슷해 보입니다. 하지만 렌더링 시간에서는 무려 15배나 차이가 납니다. EEVEE와 Cycles는 각각의 장단점이 있지만, EEVEE로도 일정 수준의 퀄리티를 낼 수 있다면 이렇게 시간을 단축해 효율적으로 작업할 수 있습니다.

예제

https://vimeo.com/519323265

Cycles 렌더러 사용

(3분 45초)

1 오른쪽 이미지는 실사 부분에서 창틀 부분만 활용하고, 창문을 마스킹해서 제거했습니다. 그리고 창문에 비쳐 CG로 구성한 장면이 보이도록 했습니다. [Ctrl]+[B]를 누르면 렌더링이 필요한 범위만 지정할 수 있습니다. 반만 렌더링하면 시간도 절반으로 줄어듭니다.

2 이 장면은 위에서 바라보면 오브젝트들이 비교적 흩어져 있습니다. 멀리 있는 것들은 크게 신경 쓰지 않고, 카메라 앵글에서 보이는 곳만 공들여서 제작했습니다. 이렇게 하면 메모리를 절약하고 가볍게 처리되게 만들 수 있습니다.

Tips

데이터가 무겁다면 폴리곤 수를 줄여서 가볍게 만들 수 있습니다. 폴리곤 수를 줄이고 싶을 때는 [Modifier Properties]의 [Add Modifier]로 [Decimate]를 추가해서 활용합니다.

3 오브젝트를 배치하고 애니메이션도 만들었으니 이제 HDRI를 설정하겠습니다. 그런데 다음 왼쪽 그림을 보면 알 수 있는 것처럼 환경광을 설정해도 오브젝트가 주변 환경과 동떨어진 느낌이 듭니다. 이러한 때는 추가적인 조명과 볼륨

을 설정합니다. 태양광도 추가하고 그 빛이 로봇에 닿을 수 있게 했습니다. EEVEE뿐만 아니라 조명은 모든 3D CG 제작에서 굉장히 중요한 역할을 합니다.

▲환경광만

▲조명 활성화

▲태양광 활성화

4 어느 정도 설정한 뒤, 162페이지에서 소개했던 볼류메트릭을 넣습니다. 전부 설정할 필요 없이, 필요한 부분에만 사용해도 괜찮습니다. 현실적인 관점에서 생각할 때 공기 중에 있는 먼지 등에 의해 실제 풍경에 약간 안개가 끼는 것이 더 자연스러우므로 이를 표현할 수 있게 볼류메트릭을 넣는 것이 퀄리티를 높이는 데 도움이 됩니다.

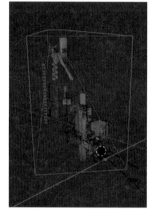

5 EEVEE로 리얼한 표현을 구현하려면 [Render Properties]의 [Ambient Occlusion]을 활성화합니다. 이를 활성화하면 그림자가 더 현실적으로 드리워집니다. [Distance] 값을 올리면 앰비언트 오클루전으로 만들어지는 그림자가 더 진하고 넓게 작용합니다. 또한 [Screen Space Reflections]를 활성화하면 빛 또는 색의 반사를 계산해 줍니다. 볼류메트릭에 영향을 주는 범위 설정도 렌더 프로퍼티 내부에서 할 수 있습니다. 이처럼 EEVEE도 다양한 설정을 통해 어느 정도 리얼한 표현을 구현할 수 있습니다.

▲[Screen Space Reflections] 비활성화

▲[Screen Space Reflections] 활성화

인터넷에 있는 소재를 사용해서 촬영과 라이팅에만 집중하기

마지막으로 제가 추천하는 여러 소재 사이트를 정리해서 소개하겠습니다. 일단 3D 모델은 'TurboSquid'라는 사이트가 대표적인 사이트입니다. 리깅은 'mixamo', HDRI는 'Poly Haven'을 추천합니다.

텍스처는 'cgbookcase'와 'textures.com'을 많이 사용합니다. 또한 블렌더 파일은 'BLEND SWAP'이라는 사이트에서 블렌더 프로젝트 파일을 다운로드할 수 있습니다. 애드온은 'BlenderMarket'을 추천합니다.

전 세계 아티스트들의 작품을 볼 수 있는 'ArtStation'이라는 SNS도 추천합니다. 또한 블렌더 공식 사이트 중 하나인 'Blender Studio'도 있습니다. 무료로도 사용할 수 있지만, 월 1만 원 정도면 더욱 다양한 콘텐츠를 다운로드할 수 있습니다. 이러한 사이트를 활용해서 수많은 사람의 도움을 받으면 3D CG를 모델링부터 시작하지 않고 곧바로 실사 촬영을 위한 촬영과 라이팅에만 집중할 수 있습니다. 이 사이트들의 자료와 정보를 적극 활용해 보기 바랍니다.

3D 모델

TurboSquid

이전에 사용했던 로봇은 여기에서 구입한 것입니다. 무료 소재도 있지만, 유료 소재의 품질이 꽤 괜찮으니 살펴보기 바랍니다.

리깅

mixamo

Adobe 계정을 갖고 있다면 무료로 사용할 수 있습니다. 자동으로 애니메이션을 만들어줍니다.

HDRI

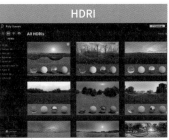

Poly Haven

무료로 원하는 크기의 HDRI 소재를 다운로드할 수 있습니다. 필자도 HDRI와 관련해서 가장 많이 사용하는 사이트입니다.

텍스처

cgbookcase

textures.com

cgbookcase는 무료 PBR 소재 배포 사이트입니다. textures.com은 무료로 사용할 경우 매일 하나씩 다운로드할 수 있습니다.

Blend 파일

BLENDSWAP

Blender 프로젝트 파일을 다운로드할 수 있습니다. 다른 사람이 만든 것을 보면 좋은 공부가 될 것입니다.

애드온

BlenderMarket

개인적으로 사용 빈도가 굉장히 높은 사이트입니다. 애드온뿐만 아니라 3D 모델, 머티리얼 등 다양한 소재도 판매합니다.

갤러리/SNS

ArtStation

작품을 올리는 SNS 사이트입니다. 수많은 크리에이터가 포트폴리오로 활용하고 있습니다. 레퍼런스로 활용하기도 좋은 사이트입니다.

공식 참고 사이트

Blender Studio

블렌더 스플래시 화면에 있는 프로젝트를 다운로드 받아서 볼 수 있습니다. 다양한 자료가 있어 공부에 도움이 되는 사이트입니다.

ser Perspective
'5) Collection | Camera

3-7

[실사 영상의 움직임에 맞춰 움직이게 하기]
블렌더의 매치무브

핸드 헬드 카메라처럼 움직임이 있는 실사 영상에 CG를 합성하려면 실사 영상의 카메라 움직임을 소프트웨어 내에 재현해야 합니다. 이를 매치무브 작업이라고 부릅니다. 이번 절에서는 이와 관련된 기본적인 내용을 살펴 보겠습니다. 영화와 CM 영역에서 활약하고 있는 매치 무버인 나오키 님이 집필해 주셨습니다.

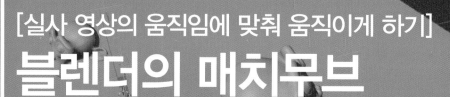

이 절의 개요

- 매치무브란?
- 매치무브를 위한 촬영 시 포인트
- 매치무브 기본 조작
- 2D 트래킹 흐름
- 3D 트래킹 흐름

나오키 코레마츠(Naoki Korematsu)

CGSLAB LLC 대표로, 실사 컴포지트, 매치무브를 전문으로 하는 VFX 아티스트입니다. 3D, 컴포지트, 매치무브, 카메라, 촬영 등의 강의를 올리는 CGcompo라는 블로그도 운영하고 있습니다. 주요 작품으로는 '신 고질라'와 '도쿄 구울' 등이 있습니다.

Twitter

https://twitter.com/kurono73

매치무브란?

◉ 실사 카메라의 움직임과 CG 공간 안의 카메라 움직임을 일치시키는 작업

'매치무브(Match Move)'는 실제 카메라의 움직임을 해석하고, 이를 CG 공간 안에 재현하는 작업입니다. 이 작업이 있어야 실사 영상과 CG 영상이 잘 어울립니다. 실사 카메라가 움직이는데 CG 영상의 카메라가 멈춰 있다면 합성한 영상이 이상하게 보일 것입니다. 그래서 3D 공간 안에 카메라 움직임을 재현해야 합니다. '매치무브'는 '카메라 트래킹', '3D 트래킹', '오브젝트 트래킹' 등 다양한 표현으로 부릅니다. 일단 기본적으로는 전부 같은 것입니다. 매치무브는 대충 한다면 정말 대충 할 수 있는 작업입니다. 하지만 매치무브를 정확하게 하려면 카메라와 CG와 관련된 지식을 모두 잘 알고 있어야 합니다.

최근 스마트폰으로 쉽게 시도해 볼 수 있는 AR도 실시간으로 카메라의 움직임을 해석해서 CG 모델을 매칭하기 때문에 매치무브의 일종이라 할 수 있습니다. 추가적으로 AR 데이터를 3D 소프트웨어로 읽어 들이는 앱도 있고, 버츄얼 프로덕션 같은 인카메라 VFX 시스템도 등장하고 있습니다. 사진을 기반으로 3D 모델을 생성하는 사진 측량(Photogrammetry) 기술도 기본적인 개념은 모두 같습니다.

◉ 영상으로 보는 매치무브 실제 사례와 작업 흐름

▲각 샘플 동영상과 관련된 자세한 설명은 184~189페이지에서 합니다.

이 영상은 매치무브의 예입니다. 앞 페이지의 스크린숏 3개는 이 영상의 일부를 캡처한 것입니다. 왼쪽 위의 이미지는 사람을 뒤에서 따라가며 촬영한 영상입니다. 이 영상에서는 공중에 오브젝트들이 매달려 있는 것처럼 오브젝트를 고정했습니다. 오른쪽 이미지는 자동차를 촬영한 영상입니다. 이처럼 차량을 추적할 수 있으면 이후에 CG를 활용해 다른 차량으로 교체할 수도 있습니다(이는 실제 CM에서도 많이 사용됩니다). 왼쪽 아래 이미지는 사람이 들고 있는 소품을 매치무브해서 광선검으로 교체한 예입니다.

작품 예 보기

http://bit.ly/korematsu-1

일단 다음 영상을 기반으로 실제 작업 과정을 살펴보면서 매치무브가 가능한 CG와 그렇지 않은 CG의 차이를 알아보겠습니다.

작업 과정 보기

http://bit.ly/korematsu-2

◉ 블렌더로 매치무브 할 때의 장점

저는 블렌더를 15년 정도 사용했습니다. 블렌더에 트래킹 기능이 생긴 것이 2011년, 현재와 비슷한 수준이 된 것은 2014년 정도입니다. 그때부터는 메인 도구로 블렌더를 사용하고 있습니다. 위의 두 이미지는 매치무브의 예입니다. 일단 공간에 대충 오브젝트를 배치해 보고, 트래킹이 잘 되는지 확인해야 합니다. 이렇게 하지 않으면 이후에 실제 3D 모델을 배치했을 때 카메라 움직임이 전혀 맞지 않는 문제가 생길 수 있기 때문입니다.

저의 경우 실제 작업 때 사람이 나오는 경우가 많습니다. 애프터 이펙트와 SynthEyes로 트래킹하는 경우, 사람처럼 움직이는 대상이 카메라의 움직임을 해석할 때 방해될 수 있으므로 마스크를 통해 트래킹 대상에서 제외해야 합니다. 반면 블렌더는 자동 해석이 없고 수동으로 마커를 설치해서 작업하므로 마스크 작업이 따로 필요 없습니다. 트래커의 처리 속도도 굉장히 빨라서 작업 시간과 정밀도를 더 높일 수 있습니다.

◉ 블렌더 이외의 주요 매치무브 소프트웨어와 그 특징

After Effects

Ae는 기본적으로 카메라 트래킹을 자동으로 합니다. 잘 된다면 편리하지만, 잘 안 된다면 다른 방법을 활용하는 것이 좋습니다.

Cinema4D

블렌더와 마찬가지로 통합형 소프트웨어라고 불립니다. 소프트웨어 내부에 매치무브 기능이 있으므로 다른 3D CG 소프트웨어를 사용하지 않고도 매치무브 할 수 있다는 것이 특징입니다.

MochaPro

MochaPro에도 3D 해석 기능이 있지만, 화각 설정이 부족한 점이 많아 트래킹에 적합하지 않습니다.

NukeX

Nuke는 카메라 트래킹 기능을 대부분 지원합니다. 영화 등의 VFX 컴포지트 작업 때 많이 사용됩니다.

SynthEyes

SynthEyes는 가볍게 사용할 수 있는 매치무브 전용 소프트웨어입니다. 저도 블렌더가 지원하지 않는 줌 컷을 해석할 때 보조적으로 활용하고 있습니다.

PFtrack

PFtrack도 매치무브 전용 소프트웨어입니다. SynthEyes보다 더 전문적인 기능들을 지원합니다.

매치무브를 위한 촬영 시 포인트

◉ 카메라 촬영 지식이 중요한 이유

매치무브를 위해서 카메라 또는 영상 촬영 지식이 꼭 필요한 것은 아니지만, 직접 촬영하는 때 또는 다른 사람에게 촬영을 부탁할 때 관련 지식이 조금이라도 있으면 작업 효율도 오르고 커뮤니케이션을 원활하게 할 수 있습니다. 또한 촬영할 때 필요한 정보를 메모해 둘 수 있으면 매치무브가 잘 이루어지지 않을 때 원인을 찾는 일도 쉬워지므로 관련 지식이 있으면 좋습니다.

일단 화각을 구할 때 필요한 것은 '사용한 카메라 종류', '녹화 모드', '센서 사이즈', '사용한 렌즈의 초점 거리'입니다. 이를 알고 있으면 소프트웨어로 화각을 구할 수 있으므로 'CG 공간에 있는 카메라의 화각'과 '실제 카메라의 화각'을 정확하게 일치시킬 수 있습니다. 카메라 워크를 어떻게 잡았는지도 알고 있다면 매치무브 후에 같은 동작으로 만들어졌는지 확실하게 확인할 수 있습니다. 개인 촬영에서는 조금 측정하기 어려울 수 있지만, 카메라의 높이와 각도까지 측정한 데이터가 있다면 실제 현실 공간에 맞는 높이와 각도까지도 재현할 수 있습니다.

또한 의외로 중요한 것은 세트와 인물 등 화면에 비춰지는 대상의 크기입니다. 예를 들어, 촬영한 영상에 바닥 타일이 있는 경우 타일의 크기를 알아두면 좋습니다. 이를 기준으로 씬의 스케일을 조정할 수 있기 때문입니다. 최근에는 iPhone 애플리케이션을 사용해서 간단하게 3D 스캐닝을 할 수도 있으므로 실제 계측 대신 이를 활용해도 괜찮습니다. 또한 사진을 여러 장 촬영하고 사진 측량(Photogrammetry)을 해서 그 공간을 재현하는 것도 괜찮습니다. 참고로 고정된 장면은 이런 데이터가 없을 경우 카메라의 레이아웃을 3D로 재현하는 것이 움직이는 장면보다 어렵습니다. 화각 정보가 없으면 공간 재현을 위해 무엇에 맞춰야 할지 알 수 없기 때문입니다. 게다가 그 장면이 자연물만 비추는 경우라면 더 힘듭니다.

또한 매치무브와는 관계없지만, 합성을 위한 레퍼런스도 촬영할 때 함께 해 두면 좋습니다. 레퍼런스를 몇 가지 예로 들어보면 라이팅을 위한 HDRI[10], 촬영 대상의 크기 정보를 나타내는 사진, 어떤 현장인지를 알 수 있는 전체적인 사진 등입니다.

◉ 카메라와 촬영 포인트

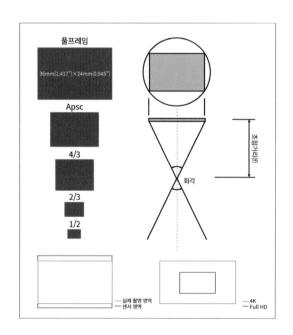

센서 크기

센서 크기는 센서의 대각선 길이를 나타냅니다. 같은 초점 거리의 렌즈를 사용해도 센서 크기에 따라서 화각과 피사계심도 효과 정도가 달라질 수 있습니다. 블렌더 등의 소프트웨어에서는 일반적으로 센서의 너비만 입력하면 자동으로 가로세로 비율에 따라 높이를 계산해 줍니다. 따라서 센서 너비만 알면 됩니다.

---

10 High Dynamic Range Images의 약자입니다. 실사 촬영 현장에서 360° 파노라마 브라켓으로 촬영합니다. 촬영 환경의 빛 정보를 CG로 재현하기 위한 계측 데이터로 사용됩니다.

일반적인 카메라는 카메라의 녹화 모드에 따라서 실제 센서가 표현할 수 있는 범위를 일부 크롭하는 경우가 많습니다. 그런데 이러한 크롭과 관련된 정확한 수치가 기재되어 있지 않은 카메라도 있습니다. 이런 경우에는 트래킹 소프트웨어의 자동 계산을 활용하거나 여러 모드로 촬영한 뒤(일반적으로 사진이나 동영상을 촬영해 본 뒤), 어느 정도 크롭되는지 비율을 계산해서 활용해야 합니다.

◀ 나오키 님이 자주 참고하는 사이트입니다. VFX와 관련된 시네마 카메라, 일반 카메라의 스펙 정보를 볼 수 있습니다. 'VFX Camera Database' (https://vfxcamdb.com/)

해상도

사실 해상도는 트래킹 작업에서 그렇게 중요한 요소가 아닙니다. 크롭하는 것이 아니라면 해상도를 낮춰도 아무 문제가 없습니다. 실제로 해상도를 낮추면 데이터 크기가 작아지므로 성능상 문제를 줄일 수 있어 작업이 훨씬 더 빨라지는 경우가 많습니다. 하지만 오브젝트 트래킹을 할 때 트래킹 포인트가 잘 안 보일 수 있으므로 주의해야 합니다. 트래킹 포인트가 작다면 고해상도 소재로 작업하는 것이 좋습니다. 참고로 녹화 후에 크롭했어도 중심점이 그대로라면 큰 문제는 없습니다. 그래도 화각을 알 수 없게 되어버리거나 트래킹에 활용할 수 있는 트래킹 포인트가 크롭되어 없어질 수 있으므로 추천하지는 않습니다.

화각과 초점 거리

화각은 렌즈의 초점과 센서 크기에 따라 정의됩니다. 합성할 때는 실제 카메라와 CG 안 카메라의 화각을 일치시켜야 합니다. 이때 주의할 것은 초점 거리가 절댓값이 아니라는 것입니다. 손 떨림 보정 기능 등에 의해 자동 크롭되면 초점 거리가 바뀌는 것과 같은 효과가 발생합니다. 따라서 트래킹 소프트웨어가 자동으로 산출해 주는 값을 사용하는 것이 좋은 경우도 꽤 많습니다.

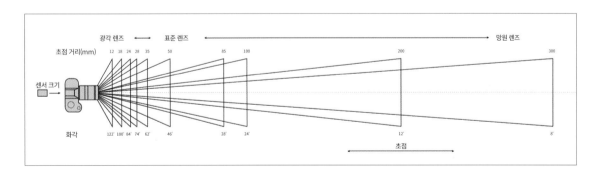

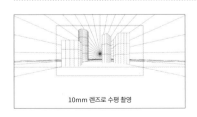

10mm 렌즈로 수평 촬영

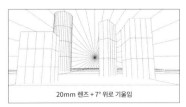

20mm 렌즈 + 7° 위로 기울임

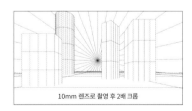

10mm 렌즈로 촬영 후 2배 크롭

앞의 그림에서 왼쪽은 10mm 렌즈, 중앙은 20mm 렌즈로 촬영했다고 가정한 것입니다. 그리고 오른쪽은 10mm 렌즈를 20mm 렌즈와 같은 크기가 되게 크롭한 이미지입니다. 크롭하면서 중심 위치가 달라지고, 윗부분이 잘리면서 전체적인 퍼스펙티브가 달라졌습니다. 3D 카메라에서도 이와 같은 광축 왜곡을 보정할 수 있지만, 매치무브 할 때의 소재로는 좋지 않습니다.

매치무브 시에는 광축이 고정되어 있다고 생각하고 다루는 것이 좋습니다. 안정화와 전자식 손 떨림 보정으로 인해서 프레임마다 중심이 달라지면 보정이 불가능하므로 정확한 공간 해석이 불가능해집니다. 손 떨림 보정은 전자식 보정보다 스테디 캠 또는 짐벌 등의 장비를 사용하는 것이 좋습니다.

전자식 손 떨림 보정은 일반적으로 광축 왜곡이 발생합니다. 또한 디지털 줌을 사용하면 센서 크롭이 발생하므로 실제 화각을 알 수 없게 되어버립니다. 따라서 매치무브를 위한 소재를 촬영한다면 전자식 손 떨림 보정과 전자식 줌은 사용하지 않는 것이 좋습니다.

손 떨림 방지보다 더 문제가 되는 것은 편집 시 스테빌라이즈하는 것입니다. 이는 광축이 무조건 어긋하게 되어버리므로 주의해야 합니다. 특히 Ae의 워프 스테빌라이저는 2D적으로 안정적으로 보일 수 있게 처리하므로 3D 공간 해석 시 문제가 발생하는 경우가 많습니다. 추가로 스케일 보정도 전자식 줌을 하는 것과 같으므로 매치무브는 적합하지 않습니다.

렌즈 중에서 트래킹 난이도를 올리는 렌즈가 있습니다. 일단 디스토션이 심한 렌즈, 초점에 따라 화각이 변하는 브리징 현상이 발생하는 렌즈가 대표적인 예입니다. 그리고 줌 렌즈는 정확한 초점 거리를 맞추기 어려우며 왜곡도 달라질 수 있습니다. 또한 카메라 돌리, 크레인 등으로 카메라 워크에 줌까지 결합된 소재는 해석 난이도가 상당히 높으므로 추천하지 않습니다.

METABONES Speed Booster 같은 리듀서[11](Focal Reducer)가 들어간 렌즈는 화각이 달라질 수 있습니다. 사용하는 것 자체는 문제없지만, '이를 사용했다는 사실 자체'를 모른다면 센서 크기와 초점 거리를 맞췄는데도 화각이 맞지 않는 문제가 생길 수 있으므로 주의해야 합니다. 컨버전, 텔레컨버터, 스마트폰 외장 렌즈 등도 마찬가지입니다.

---

11 (옮긴이) 다른 회사 또는 다른 규격의 렌즈를 낄 수 있게 중간에 삽입하는 마운트를 의미합니다.

렌즈 왜곡(Lens Distortion)

렌즈에 왜곡이 있으면 이를 사용해 촬영한 영상에도 왜곡이 발생합니다. 이는 현실 공간을 해석하고 재현하는 매치무브에 굉장히 큰 문제를 일으킵니다. 물론 왜곡을 3D 해석 시 어느 정도 자동 보정할 수 있지만, 항상 제대로 보정되는 것은 아닙니다. 그래서 일반적으로 VFX 작업을 할 때는 디스토션 차트를 함께 촬영하고, 이를 활용해 보정해서 작업하는 경우가 많습니다. 렌즈에 따라서 발생할 수 있는 왜곡이 모두 다르며, 특히 줌 렌즈의 경우 광각에서 발생할 수 있는 왜곡(통형 왜곡, Barrel Distortion)과 망원에서 발생할 수 있는 왜곡(실패형 왜곡, Pincushion Distortion)이 바뀌므로 이를 보정하는 것이 굉장히 힘듭니다. 저는 VFX 작업을 할 때 주로 Nuke 를 사용해서 왜곡 보정 작업을 하고 있습니다. 디스토션 차트를 활용하면 어느 정도 반자동으로 보정할 수 있으며, 이 때 산출된 값을 블렌더에서 쉽게 활용할 수 있습니다.

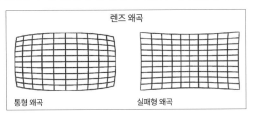

렌즈 왜곡

통형 왜곡　　　　실패형 왜곡

모션 블러

트래킹 시 가장 문제가 되는 부분은 바로 모션 블러입니다. 모션 블러가 심하면 트래킹 포인트를 인식할 수 없으므로 난이도가 굉장히 높아집니다. 최대한 모션 블러가 발생하지 않는 셔터 속도를 잡아서 마커에 어떠한 문제도 없게 만드는 것이 좋습니다.

롤링 셔터 왜곡

현대적인 카메라에서는 거의 발생하지 않지만, 롤링 셔터 왜곡도 카메라 고유의 2D 왜곡이므로 3D 공간을 재현할 때 문제가 될 수 있습니다. 이는 2D적으로도 보정이 굉장히 힘들므로 최대한 롤링 셔터 왜곡이 발생하지 않는 카메라를 사용하는 것이 좋습니다.

트래킹 포인트/마커

트래킹 포인트와 트래킹 마커를 활용하면 매치무브를 더 쉽게 할 수 있습니다. 마커는 컨트라스트 차이가 있기만 하면 왜곡과 모션 블러가 적용돼도 비교적 쉽게 인식할 수 있습니다. 마커가 너무 많으면 이후에 마커를 지우는 작업이 힘들므로 야외 촬영에서는 크게 티 나지 않는 돌이나 나뭇가지를 마커로 사용하기도 합니다. 호리존(Horizont), 크로마키[12] 등의 촬영을 할 경우, 깊이 차이가 보이게 마커를 배치하는 것이 중요합니다. 마커의 깊이 차이를 제대로 인식하지 못하면 해석 결과에 노이즈가 발생하기 쉬워지며, 결과적으로 매치무브 결과가 좋지 않습니다. 또한 사람과 겹치지 않는 위치에 스탠드를 배치하고, 여기에 마커를 놓

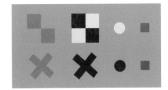

▲촬영 시 활용하는 다양한 종류의 트래킹 마커

12　(옮긴이) 호리존은 벽과 바닥의 이음새를 부드럽게 연결해서 경계가 보이지 않게 만든 촬영 공간을 의미합니다. 크로마키는 특정 색상(일반적으로 초록색)으로 칠해진 공간을 의미합니다. 호리존 촬영과 크로마키 촬영은 이러한 곳에서 촬영하는 것을 의미합니다.

으면 트래킹 정밀도를 높일 수 있습니다. 참고로 블렌더에서 3D 트래킹을 하려면 항상 8개 이상의 트래킹 가능한 지점이 있어야 합니다.

◉ 초보자가 매치무브를 할 때 필요한 기본 지식

최근에는 4K로 촬영을 하고, 마무리를 HD로 편집하는 경우가 많습니다. 즉, 크롭한다는 것인데요. 넓은 화각으로 촬영해 두면 트래킹 포인트를 많이 잡을 수 있으므로 공간 해석에 유리합니다. 또한 모션 블러가 생기면 트래킹이 어려우므로 짐벌 등을 활용해서 카메라 워크를 안정적으로 만드는 것이 좋습니다.

그리고 카메라 워크에서 중요한 것은 깊이의 차이를 알 수 있게 카메라를 움직이는 것입니다. 카메라를 움직이면 트래킹이 어려워질 것이라고 생각해서 카메라를 고정하고 촬영하는 경우가 있습니다. 하지만 그러면 오히려 공간 해석이 제대로 이루어지지 않습니다. CG를 합성할 때 지면에 트래킹할 수 있는 마커를 배치하면 더 쉽게 트래킹할 수 있습니다. 이를 대충하면 캐릭터 등이 땅에 발을 제대로 딛지 않고 미끄러지는 것처럼 보일 수 있어 주의해야 합니다. 최대한 RAW로 촬영[13]하거나 4:2:2 컬러 샘플과 높은 비트레이트에서 촬영해서 압축 노이즈가 없게 만드는 편이 트래킹과 크로마키에 유리합니다.

또한 노출은 매치무브와 관계없지만, 이후에 라이팅과 합성이 힘들어질 수 있으므로 자동 촬영은 피하는 것이 좋습니다. 플레어와 할레이션[14]도 마커를 안 보이게 만들 수 있으므로 플레어와 할레이션이 발생하지 않게 촬영하는 것이 좋습니다.

▍매치무브 기본 조작

지금부터는 블렌더에서 매치무브하는 기본적인 조작 방법에 대해 설명하겠습니다. 일단 트래킹하고 싶은 소재를 읽어 들이는 방법, 2D 트래킹, 3D 트래킹 순서로 설명하겠습니다. 참고로 이번 절에서는 기본 클릭을 마우스 왼쪽 클릭이 아니라, 마우스 오른쪽 클릭으로 설정해서 설명합니다. 따라서 일부 조작이나 단축키가 다를 수 있으므로 감안하고 읽기 바랍니다.

◉ [MotionTracking] 워크스페이스

소프트웨어를 처음 실행했을 때 표시되는 스플래시 화면에서 [VFX]를 선택하거나, [General]로 실행한 뒤 상단 바의 워크스페이스에서 [+]→[VFX]→[MotionTracking]을 누릅니다.

---

13 (옮긴이) RAW는 카메라의 이미지 센서에서 그대로 반영된 처리되지 않은 비디오 데이터를 의미합니다(다만 최근에는 RAW라고 써있어도 일부 보정이 들어가는 경우가 있습니다). RAW 촬영은 이러한 형식으로 촬영하는 것을 의미합니다. 일반적으로 촬영 장비에 이와 관련된 설정이 있습니다.

14 (옮긴이) 플레어는 렌즈가 강한 빛에 직접적으로 닿아 발생하는 원, 고리, 별 모양의 광채를 의미합니다. 할레이션도 플레어와 비슷하게 강한 빛이 센서에서 번지는 현상을 의미합니다.

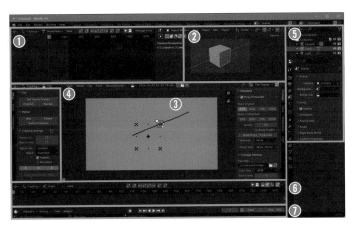

❶ 동영상 클립 에디터 트래킹 모드의 도프 시트 뷰
❷ 3D 뷰포트
❸ 동영상 클립 에디터 트래킹 모드의 클립 뷰, 읽어 들인 소재가 표시되는 영역
❹ 왼쪽 사이드 바
❺ 오른쪽 사이드 바
❻ 동영상 클립 에디터 트래킹 모드의 그래프 뷰
❼ 타임라인

◀ 모션 트래킹 전용 화면

◉ [Preferences] 설정

■1 [Edit]→[Preferences]를 클릭합니다.

■2 [Interface]에서 [Translation]→[New Data]의 체크를 해제합니다. 외부 소프트웨어와 연동하는 작업을 할 때는 이를 반드시 해제하기 바랍니다.

■3 [System]을 클릭하고, [Memory Cache Limit]에 컴퓨터 메모리 크기를 입력합니다. 필자의 컴퓨터는 16GB이므로 '16384'라고 입력하겠습니다. 메모리가 많지 않다면 [Disk Cache]를 클릭합니다.

Tips

소재는 동영상보다 연속된 이미지를 활용하는 것이 좋습니다. 동영상 파일의 경우 Ae에서 합성할 때 프레임 레이트가 맞지 않는 문제가 있을 수 있기 때문입니다. 또한 정말로 추적하고 싶은 부분만 읽어 들여서 활용하는 것이 정밀도 측면에서 좋습니다(다른 장면은 포함하지 않는 것이 좋습니다). 파일 형식은 트래킹 작업에서만은 JPEG 형식을 사용하는 것이 다루기 쉽습니다. TIFF 등의 무거운 파일을 읽어 들일 경우, [Movie Clip Editor]의 오른쪽 사이드 바의 [Footage] 탭에서 [Proxy/Timecode]로 프락시를 만들고, [Footage Settings]에서 소재를 프락시로 변경해서 사용하는 것이 처리가 가벼워 좋습니다.

2D 트래킹 흐름

◉ 화면 왼쪽 아래에서 오른쪽 위로 이동하는 마커 트래킹하기

3D 트래킹의 정확도는 2D 트래킹의 정밀도에 따라 달라집니다. 따라서 2D 트래킹의 정밀도부터 높여봅시다. 동영상을 중앙에 있는 영역(동영상 클립 에디터, 트래킹 모드의 클립 뷰)에 드래그 앤드 드롭해서(또는 영역 상단의 [Open]으로) 소재를 엽니다. 왼쪽 사이드바 [Track] 탭에서 [Clip]의 [Set Scene Frames]를 클릭하면 읽어 들인 소재가 타임라인에 나타납니다.

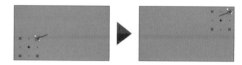

1 왼쪽 사이드바 [Track] 탭에서 [Marker]의 [Add]를 누르고 촬영 소재에서 마커로 설정하고 싶은 부분을 클릭합니다. [Ctrl]+마우스 왼쪽 클릭으로도 마커를 추가할 수 있습니다.

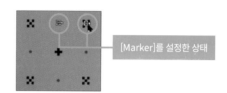

[Marker]를 설정한 상태

2 [Clip Display]의 [Search]에 체크해서 [Search] 영역을 표시합니다. [Pattern]은 트래킹할 때 참조할 영역, [Search]는 다음 프레임에서 해당 패턴이 어느 정도 떨어져 있는지 지정하는 영역입니다.

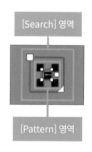

[Search] 영역

[Pattern] 영역

3 [E]를 눌러서 파이 메뉴를 표시하고 [Track Markers]를 선택하면 자동으로 트래킹됩니다.

4 처음 재생했을 때(또는 트래킹했을 때)는 화면 아래 쪽에 파란색 선이 진해지는 것을 볼 수 있습니다. 이는 캐시했다는 것(트래킹 상태를 저장했다는 것)을 나타냅니다.

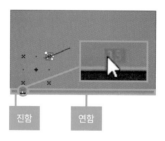

진함　　연함

5 캐시가 한 번 완료되고 나면 두 번째 이후 마커부터 트래킹이 순식간에 끝납니다.

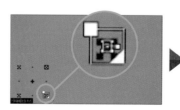

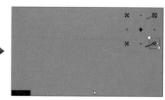

◉ 트래커 설정

1 트래킹과 관련된 설정은 왼쪽 사이드 바의
[Track] 탭과 오른쪽 사이드 바의 [Track]
탭에 모두 있습니다. 왼쪽은 새로 생성할
마커 설정, 오른쪽은 이미 생성한 마커의
설정 변경이라 생각하면 됩니다.

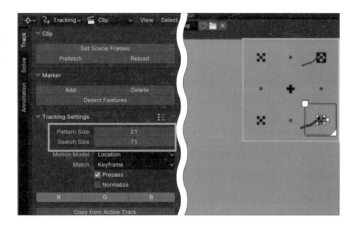

2 [Pattern Size]와 [Search Size]는 숫자
로 하나하나 지정하기가 어려우므로 새로
마커를 만들고 설정하고 싶은 경우 [Copy
from Active Track]을 사용해서 선택한
마커 설정을 복사해서 사용하는 것이 편합
니다.

◉ 회전하면서 뒤로 빠지는 마커 트래킹하기

예제를 보면서 설정 항목을 설명하겠습니다. 이번 예제의 소재는 회전하면서 뒤로 빠지는 움직임을 갖고 있습니
다. 또한 중간에 조명 색도 변화합니다.

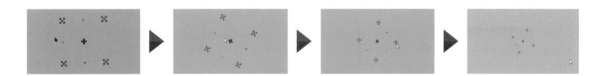

1 [Tracking Settings]→[Motion Model]
을 설정하겠습니다. 기본 설정으로 되어
있는 [Location]으로 이번 예제 영상을 트
래킹하면 중간에 중단됩니다[15]. 따라서 영
상에 맞는 모션 모델로 변경해야 합니다.
이번 예제의 경우 [Location, Rotation &
Scale]로 변경해서 트래킹하겠습니다.

---

15 (옮긴이) 이번 소재 자체가 카메라가 단순하게 위치 이동만 하는 것이 아니라, 방향과 거리까지 변하기 때문입니다.

2 이어서 [Tracking Settings]→[Match]를 설정하겠습니다. 과정 **1**에서 모션 모델을 변경했습니다. 그런데 트래킹해 보면 중간에 멈춰버립니다. 이는 [Match]가 [Keyframe]으로 되어 있기 때문입니다.

[Keyframe]은 이전 키프레임과 비교하면서 트래킹합니다. 키프레임은 마커를 만들 때, 탐색 영역을 변경할 때, 수동

으로 마커를 움직일 때 찍힙니다(화면 아 래의 노란색 부분). 그런데 영상의 변화 가 심해서 이전 키프레임과 비교해도 정 보가 부족해서 트래킹에 실패하는 것입 니다.

이럴 때는 키프레임을 추가로 찍어주면 됩니다. 오른쪽 사이드 바의 [Track] 탭 에서 돋보기 표시 화면을 클릭하면 추가 적인 키프레임을 찍을 수 있습니다. 멈춘 곳 앞뒤로 키프레임을 더 찍고 다시 트 래킹하면 트래킹이 계속 진행됩니다.

하지만 이번 샘플처럼 시간의 변화에 따 라 마커의 변화가 심한 경우, 키프레임을 계속 찍어도 중간에 멈추기가 쉽습니다. 이럴 때는 [Match]를 [Previous frame]으로 변경합니다. [Previous frame]은 이름에서 알 수 있는 것처럼 항상 이전 프레임과 비교하므로 변화가 심한 경우에도 트래킹이 멈추지 않고 계 속됩니다. 이처럼 [Match]는 영상에 맞 게 적절하게 사용하는 것이 좋습니다.

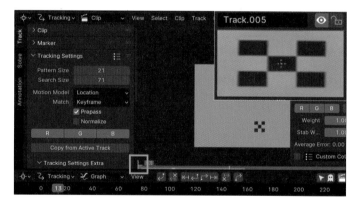

3 이어서 [Tracking Settings]→ [Normalize]를 설정하겠습니다. 이는 밝기와 색 변화를 정규화해 주는 기능입 니다. 이번 영상도 [Normalize]를 설정 해야 중간에 멈추지 않고 한 번에 트래 킹됩니다.

> **Tips**

한 번이라도 트래킹한 후에는 오른쪽 사이 드 바의 [Track] 탭에서 과정 **1**~**3**과 같 은 방법으로 트래킹을 설정할 수 있습니다.

◉ 블렌더의 2D 트래킹

하나의 트래킹 마커로 이렇게 한 번에 완벽한 트래킹을 할 수 있는 소프트웨어는 블렌더 이외에는 없습니다. 특히 회전을 추적하거나 색상과 밝기 등이 변하는 소재를 트래킹하는 기능은 다른 소프트웨어에 아예 없는 기능이므로 블렌더만의 강점이라고 할 수 있습니다. 또한 퍼스펙티브 변화 트래킹, 대상물을 가리는 경우의 트래킹, 초점이 맞지 않아 보케가 발생하는 마커도 트래킹할 수 있습니다.

특정 채널 트래킹하기

그린백 촬영 등에서는 특정 컬러 채널로 전환해야 마커가 훨씬 잘 보이며, 트래킹도 더 잘 되는 경우가 많습니다. 동영상 클립 에디터 트래킹 모드의 클립 뷰 오른쪽 [Track]→[Track]에서 [R/G/B]와 [B/W][16]를 사용하면 트래킹 때 사용할 채널을 선택할 수 있습니다.

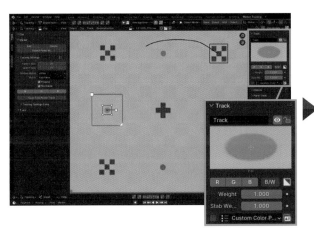
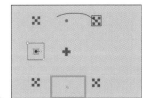
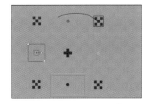

◀ 붉은색 배경 영상에 붉은색 마커를 설치했을 경우, 이를 흑백으로 표시했을 때 마커가 보이지 않게 됩니다. 하지만 컨트라스트를 조정하면 선명하게 보이게 만들 수 있는 경우도 있습니다.

퍼스 변화가 있는 영상도 추적할 수 있음

[Tracking Settings]→[Motion Model]의 [Affine]을 선택하면 퍼스펙티브 변화도 트래킹해 줍니다. 마커도 퍼스펙티브에 맞춰서 [Match]를 [Previous frame]으로 설정하고 [Normalize]에 체크합니다. 이렇게 하면 퍼스펙티스가 적용된 마커도 트래킹됩니다.

---

16 (옮긴이) [B/W]는 [Black/White]를 의미합니다.

다른 물가 마커를 가려서 끊어진 경우에도 다시 보이는 부분으로 트래커
를 이동한 뒤 [Refine Markers]를 실행하면 이전 키프레임을 기반으로 위
치 보간이 일어납니다.

초점이 맞지 않아 흐려져서 배경과 섞여버린 부분 등 다양한 지점을 트래킹
할 수 있습니다.

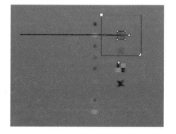

3D 트래킹 흐름

◉ 3D 트래킹에서 중요한 것은 '깊이에 따른 속도 차이'

스마트폰으로 이리저리 움직이면서 촬영한 휴지곽을 3D 트래킹해서 흰색 큐브로 변경하는 과정을 설명하겠습
니다. 3D 트래킹에서 가장 중요한 것은 '깊이에 따른 속도 차이'입니다. 즉, 앞에 있는 물체의 움직임과 뒤에 있
는 물체의 움직임의 차이가 중요하다는 것입니다. 이번 예제에서는 움직이면서 휴지곽을 촬영했으므로 영상을
통해 '깊이에 따른 속도 차이'를 계산할 수 있을 것입니다.

3D 트래킹을 위한 영상을 촬영할 때 이러한 부분을 꼭 의식해야 합니다.

1 영상에 맞게 마커를 추가하고 트래킹합니다. 2D 트래킹을 참고해서 트래킹 설정합니다. 이번 영상에서는 [Tracking Settings]→[Motion Model]을 'Affine'으로 설정하고, 휴지곽과 바닥을 트래킹하게 하겠습니다. 모든 프레임에 항상 8개 이상의 마커가 존재할 수 있게 계속해서 추가합니다.

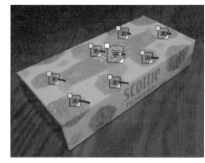 

2 추가했다면 왼쪽 사이드바의 [Solve] 탭을 열고 3D 해석을 시작합니다.

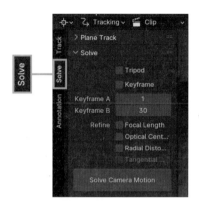

3 이 영상은 핸드 헬드 영상이므로 [Tripod]에 체크하지 않아도 됩니다. 아래에 있는 [Keyframe A], [Keyframe B]는 범위를 지정하는 것입니다. 일단 기본값 그대로 진행해보겠습니다. 영상의 초점 거리를 알지 못하므로 [Focal Length]에 체크해서 자동 해석합니다. 이외에도 Optical Center[Optical Center](광학 중심)와 [Radial Distortion](렌즈 왜곡)을 자동으로 보정할 수 있지만, 이는 영상에 따라서 제대로 되지 않을 수도 있으므로 섣부르게 사용하지 않는 것이 좋습니다.

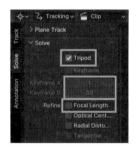

4 [Solve Camera Motion]을 클릭합니다. 해석이 제대로 되었다면 'Solve error'라는 메시지가 표시됩니다. 이 값이 작을수록 오류가 적다는 의미이므로 해석 정밀도가 높다는 것입니다. 기본적으로 0.5 이하라면 문제없습니다. 1 이상이면 트래킹이 제대로 되지 않는 마커가 있는지 다시 한번 확인하고 수정하는 것이 좋습니다.

5 오른쪽 사이드 바의 [Camera]에서 [Lens]를 열고 [Focal Length]를 보면, 계산된 렌즈 초점 거리 값이 나옵니다. 이 값은 기본적으로는 '24'입니다. 하지만 해석을 완료한 후, '26.31'이 되었습니다. 잘 되지 않는 경우, 과정 **4**의 [Solve Camera Motion]을 여러 번 반복해서 해 보세요.

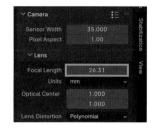

Tips

초점 거리를 알고 있다면 과정 **3**에서 [Focal Length]에 체크하지 말고, 오른쪽 사이드 바에서 [Camera]의 [Sensor Width]와 [Lens]의 [Focal Length]에 값을 직접 입력해 주세요.

Tips

왜곡을 보정할 경우, [Solve] 탭의 [Radial Distortion]에 체크하고 [Solve Camera Motion]을 클릭합니다. 이렇게 하면 자동으로 [Track] 탭의 [Lens]에 보정 값이 지정됩니다. 해석이 잘 됐는지는 [Clip Display]의 [Grid]에 체크하면 확인할 수 있습니다. 그리드를 겹쳤을 때 오른쪽 그림처럼 나온다면 보정이 제대로 되지 않은 것입니다. 이런 경우에는 왜곡의 영향을 많이 받는 화면 가장자리에 마커를 놓고 다시 해석해 보기 바랍니다.

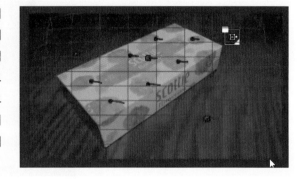

◉ 마커와 3D 모델의 위치 맞추기

1 트래킹 해석 작업이 끝나면 이제 3D 작업을 진행합니다. 왼쪽 사이드바에서 [Scene Setup]→[Set as Background]를 클릭하면 배경이 설정됩니다. 여기에서 마커와 3D 모델의 위치 관계를 맞춰줍니다.

2 [Orientation]에서 바닥에 있는 3개의 마커를 선택하고 [Floor]를 클릭합니다. 미리보기 해보면 주황색 마크가 표시됩니다. 이것이 트래킹된 바닥입니다.

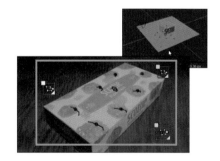

3 바닥면을 설정했다면 3D 뷰포트에 커서를 배치하고 [Ctrl]+[Space]를 눌러서 3D 뷰포트 영역을 최대화합니다. 헤더 중앙의 [Transform Pivot Point]를 [3D Cursor]로 변경합니다.

4 [Transform] 도구를 사용해서 마커를 기준으로 큐브 모델을 조정해서 배경의 휴지곽에 맞추면 됩니다.

5 옆에서 봤을 때도 마커를 통해 휴지곽의 높이를 확인할 수 있으므로 이를 통해 큐브 모델의 높이를 맞춥니다.

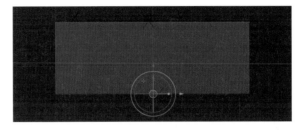

6 높이를 맞췄습니다. 이어서 각도도 조정합니다. 자동 해석이라 퍼스펙티브에 살짝 왜곡이 있지만, 그래도 어느 정도 트래킹이 완료되었습니다.

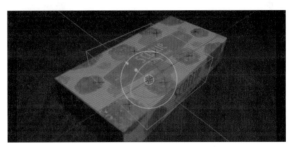

◉ 마커 8개를 배치할 수 없는 경우의 대처 방법

블렌더에서는 마커가 8개가 되지 않으면 모션 해석 자체에 오류가 발생합니다. 조금 더 자세하게 설명하면 키프레임A와 키프레임B 사이에 연속된 마커가 8개 있어야 모션 해석이 가능하다는 의미입니다.

만약 인물이 가려서 마커를 8개 배치할 수 없는 경우, 여러 개의 마커를 같은 위치에 배치해도 상관없으므로 일단 그냥 마커를 8개 찍어주세요.

이 방법으로도 잘 안 되는 경우가 있지만, 최후의 수단이라 생각하면서 해볼 수 있는 방법입니다.

◉ 트래킹 오류 확인하기

트래킹 때는 다음과 같은 방법으로 오류가 있는지 없는지 확인할 수 있습니다.

화면 왼쪽 위에 있는 [Dope Sheet]에서는 마커 정보를 확인할 수 있습니다. 붉은색(오류 마커)이 8개를 넘지

않는 상태에서 마커가 일정 수만 있으면 회색 상태
가 됩니다. 이 회색 상태에서는 확실하게 트래킹할
수 있습니다. 하지만 회색 상태가 아니라고 해도, 기
본적으로 마커가 8개만 있으면 어떻게든 트래킹하
는 데 문제없습니다(이후에 수정하면 됩니다). 초점
거리 등을 모르는 경우, 화면에 최대한 많은 마커를
찍는 것이 좋습니다.

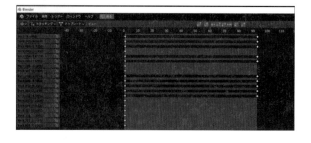

그래프 뷰

화면 하부에 있는 [Movie Clip Editor]의 [Graph]
모드(그래프 뷰)에서는 기본적으로 2D 트래커의 이
동량을 확인할 수 있습니다. 마커가 잘못된 움직임
으로 점프하는 경우, 그래프에도 눈에 띄게 표시되
는 것을 확인할 수 있습니다. 이를 수정하거나 삭제
하면 됩니다.

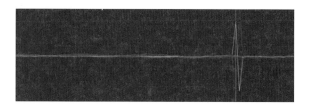

3D 뷰포트

3D 뷰포트를 보면 카메라의 경로가 표시됩니다. 오
류가 있는 경우, 경로가 이상하게 튀어나옵니다. 사
실 이러한 오류는 3D 뷰포트를 봤을 때 움직임이 이
상해서 그래프를 보지 않아도 쉽게 알 수 있습니다.

Refine tracking solution

이 애드온은 오류가 있는 마커, 정확도가 떨어지
는 2D 트래커에 대한 해석 가중치(해당 마커를 계
산에 어느 정도 중요도를 두고 활용할지)를 조정
해 오류를 줄일 수 있게 키프레임을 설정합니다. 기
본 제공되는 애드온이므로 [Preferences]→[Add-
ons]에서 [Video Tools] 카테고리에 있는 [Video
Tools: Refine tracking solution]을 활성화하면
사용할 수 있습니다. 해석 부분에 새롭게 [Refine
solution]이 표시되며, [Refine]을 클릭하면 오류

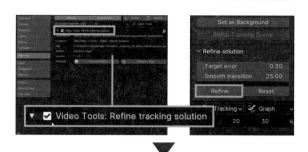

를 일부 제외하고 해석할 수 있습니다. 경우에 따라서는 이를 사용했을 때 전체적인 정밀도가 떨어지는 경우도 있으므로 주의해서 사용하기 바랍니다.

트래킹 실제 예

◉ 일단 오브젝트 배치해 보기

지금부터는 샘플을 활용해서 트래킹 실제 사례를 설명하겠습니다. 트래킹이 잘 되고 있는지 판단하려면 공간에

어느 정도 오브젝트를 배치하고 트래킹해 보는 것이 좋습니다. 그렇지 않으면 실제 모델이 화면에 들어왔을 때 트래킹이 제대로 되지 않는 문제가 생길 수도 있습니다. [Viewport Overlays]의 [Motion Tracking]으로 트래킹 데이터 표시 설정을 변경할 수 있습니다. 작업 중에 더 이상 필요 없어진 마커를 비표시하거나 작게 만들고 싶을 때 사용하면 됩니다.

◉ 왜곡이 있는 영상

이번에는 액션캠처럼 광각 렌즈로 왜곡이 있는 영상을 사용해 설명하겠습니다. 디스토션이 있는 경우, 최대한 화면 가장자리에도 마커를 배치하고 [Radial Distortion]에 체크해서 자동 해석(182페이지 아래 부분 팁 참고)하면 어느 정도 정밀하게 보정할 수 있습니다. 하지만 최대한 디스토션 차트로 미리 보정하는 것이 더 좋습니다(더 정확하게 트래킹할 수 있습니다). 카메라의 [Object Data Properties]→[Background Images]→[Render Undistortion]에 체크하면 3D 상에서 디스토션을 보정한 상태로 배경을 미리 볼 수 있습니다. 이를 활용해 보정이 제대로 이루어졌는지 확인하면 됩니다. 동영상 클립 에디터 트래킹 모드의 클립 뷰에서 오른쪽 사이드 바의 [Footage]→[Proxy/Timecode]→[Build Proxy/Timecode]에서

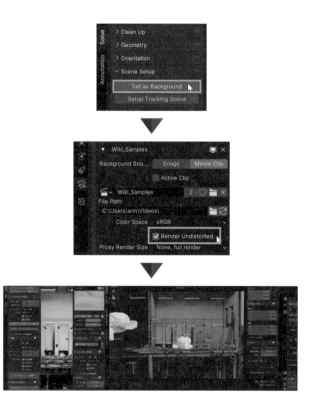

디스토션이 보정된 프락시를 만들어 두면 부드럽게 재생할 수 있습니다.

◉ 퍼스펙티브 확인하기

오른쪽 샘플은 모델에 퍼스펙티브를 맞추고, 안쪽 세트 익스텐션에 메시를 배치한 상태입니다. 이처럼 메시와 오브젝트를 배치해 보고, 해석된 퍼스펙티브가 정확한지 꼭 확인해야 합니다(특히 자동 계산한 경우는 반드시 확인해야 합니다).

◉ 자동차 합성

블렌더의 EEVEE라는 렌더링 엔진으로 배경에 CG 자동차(왼쪽)를 합성한 것입니다. 그런데 이를 만들 때 초점 거리를 자동으로 계산하지 못했습니다. 그냥 50mm라고 직접 설정해도 오차가 적어서 그런지 해석 자체는 가능했지만, 이후 3D 공간 위의 퍼스펙티브가 어긋났습니다. 두 자동차를 비교했을 때 CG 자동차의 퍼스펙티브가 이상하다는 것을 알 수 있습니다. 이처럼 블렌더의 자동 해석은 완벽하게 신뢰할 수는 없습니다. 따라서 실제로 오브젝트를 올려두고 해석을 확인하는 것이 중요합니다.

Tips

소재는 'Pexels'(https://www.pexels.com/)에서 다운로드했습니다. 그림자를 적용하는 방법은 "How to Create a Shadow Catcher for EEVEE – Blender 2.9"(https://bit.ly/cg_tips)를 참고해 주세요.

◉ 책상 합성

오른쪽 영상을 보면 의외로 왜곡이 굉장히 많이 걸려있습니다. 이런 영상은 CG에서 오브젝트를 잘 맞춰도, 다른 프레임으로 이동했을 때 CG와 실사가 제대로 맞지 않는 경우가 많습니다.

이때는 화면 가장자리에 마커를 찍고 [Radial Distortion]에 체크한 뒤, [Solve Camera Motion]을 클릭합니다. 이후 책상 모델을 미세 조정하면 모든 프레임에서 CG와 실사가 잘 맞습니다.

Tips

왜곡과 화각을 알지 못하면 문제의 원인을 찾는 데 굉장히 오랜 시간이 걸립니다. 물론 영상에 처음부터 왜곡이 없다면 이와 같은 문제가 발생하지 않으므로 훨씬 좋습니다. 다만 배경에 인물을 배치하고 움직이는 정도라면 그렇게까지 완벽한 트래킹이 필요하지 않습니다. 따라서 반드시 완벽하게 보정할 필요는 없습니다.

◉ 노달 포인트

노달 포인트(Nodal Point)는 파노라마 촬영과 같은 상황에서 매우 중요합니다. 삼각대를 기준으로 회전할 때 미묘한 시차(Parallax)가 발생할 수 있습니다[17]. 예를 들어, 빨간 기둥 뒤에 파란 기둥이 있고 그 뒤에 초록 기둥이 있는 상황에서 삼각대를 중심으로 회전하면 시차로 인해 기둥의 모습이 달라 보일 수 있습니다. 이런 시차 문제는 노달 포인트를 기준으로 취급함으로써 해결할 수 있습니다. 노달 포인트는 렌즈마다 위치가 다르며, 삼각대 샷 처리 시 시차가 있으면 오류로 간주됩니다. 시차가 존재하면 '3D로 해석해볼까? 하지만 포인트가 부족해서 3D 해석이 잘 안 되네…' 같은 애매한 상황이 발생할 수 있습니다. 참고로 스마트폰 카메라는 초점 거리가 짧아 노달 포인트 없이도 대부분 문제없습니다.

▲삼각대를 중심으로 회전

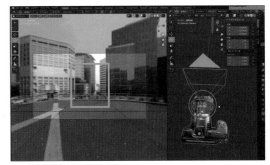
▲노달 포인트를 중심으로 회전

---

17 (옮긴이) 삼각대를 써도 센서를 중심으로 카메라가 회전한다면 시차가 발생하지 않습니다. 하지만 삼각대의 회전 중심과 센서 위치가 조금 틀어져 있다면 회전할 때 센서가 움직여서 시차가 발생할 수 있습니다.

노달 포인트를 기준으로 촬영된 영상에서는 패닝 해석이 3D 해석보다 간단합니다. 패닝 영상을 해석할 때는 기본적으로 '삼각대' 옵션에 체크하는 것으로 충분하며, 8개의 마커가 필요하지 않습니다. 최소한 항상 보이는 마커가 2개 정도 있으면 해석할 수 있습니다.

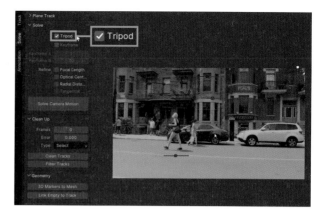

하지만 3D 해석은 불가능하므로 카메라 레이아웃은 화면을 보면서 조정해야 합니다. 오른쪽 그림에서는 구체 위에 마커가 배치되어 있습니다. 평면이 아니므로 스케일 조정이나 '벽'을 마커로 정확히 맞추기 어렵습니다. 따라서 일단 보이는 객체에 맞춰 카메라의 높이나 방향을 조정해야 합니다.

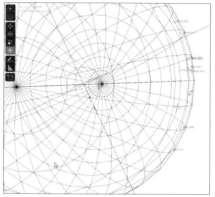

Tips

패닝은 단지 카메라의 회전만을 의미하므로 큰 오차는 발생하지 않습니다. 그러나 왜곡이 심한 경우 화면 가장자리에서 객체의 위치가 맞지 않을 수 있으니 주의해야 합니다. 패닝 해석도 초점 거리의 자동 계산이 가능하지만, 3D 해석에 비해 정확도가 떨어지므로 지나치게 의존하지 않는 것이 좋습니다.

◉ 인물이 움직이는 경우

현업에서는 오른쪽 그림처럼 인물이 함께 움직이는 씬이 많습니다. 이를 애프터 이펙트에서 트래킹할 때는 인물이 방해가 되므로 인물을 마스크해야 합니다. 블렌더는 자동이 아니라 수동으로 트래킹하므로 애프터 이펙트에서 마스크 작업할 시간 정도면 트래킹까지 완료할 수 있습니다. 따라서 해당 컷에 적합한 방법으로 트래킹하는 것이 중요합니다.

◉ 홀드아웃

'홀드아웃(Holdout)'은 특정 영역이나 오브젝트를 일시적으로 제외하는 기능입니다. 예를 들어 오른쪽의 영상은 의자에 앉아있는 남자 옆에 원숭이 오브젝트를 배치한 상태입니다. 의자는 3D 모델이 아니라, 영상 속에 있는 실제 물체입니다. 어떻게 실제 물체로 CG 모델을 가릴 수 있을까요?

이는 3D에서 의자를 재현하고 그 위에 원숭이를 앉힌 뒤, 의자 모델을 홀드아웃한 것입니다. 이렇게 하면 의자와 의자가 가리는 영역이 아예 렌더링되지 않습니다. 홀드아웃은 자주 사용되는 표현이므로 기억해 두기 바랍니다.

◉ 오브젝트 트래킹

오브젝트 트래킹이란 이름 그대로 어떤 대상을 추적하는 것입니다. 예를 들어 아래 영상에서는 손에 들고 있는 손전등에 3D 오브젝트를 추적하게 했습니다. 카메라는 3D 패닝 해석했으며, 오브젝트 하나만 트래킹하고 있습니다.

[Movie Clip Editor]의 [Clip] 모드(클립 뷰) 왼쪽 사이드바의 [Solve]에서 [Link Empty to Track]을 클릭하면 트래킹한 마커에 엠프티가 연결됩니다. 이를 활용해 오브젝트를 배치하면 됩니다. 3D 공간에서 봤을 때는 알 수 없는 위치에 오브젝트가 배치된 것 같지만, 카메라에서 봤을 때는 2D 영상 위에 정확하게 오브젝트가 올라간 것을 볼 수 있습니다. 참고로 오브젝트가 카메라로부터 얼마나 떨어져 있는지는 수동으로 맞춰야 하는 경우도 있습니다. 적당한 크기에 맞춰서 오브젝트에 깊이를 부여하면 됩니다. 현재 예의 영상은 동적인 영상이 아니라서 회전 등도 대충 적당하게 부여하면 잘 맞습니다.

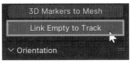

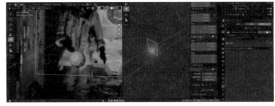

이를 활용하면 다양한 것을 할 수 있습니다. 예를 들어 오른쪽 그림처럼 두 점을 트래킹해서 광선검 오브젝트 등을 트래킹할 수도 있습니다.

◉ 얼굴 트래킹

얼굴을 예로 일반적인 오브젝트 트래킹에 대해
설명하겠습니다. [Track]→[Objects]에서 [+]
를 눌러 오브젝트를 추가하고 마커를 찍습니다.
트래킹을 완료한 뒤, 왼쪽 사이드 바에서 [Solve
Object Motion]를 클릭하면 3D 공간 위에 마
커가 표시됩니다[18].

마커를 선택한 뒤 왼쪽 [Solve] 탭에서
[Geometry]→[3D Markers to Mesh]를 누르
면 메시 오브젝트가 만들어집니다. 이 오브젝트
에 [Object Constraint Properties]의 [Add
Object Constraint]→[Object Solver]를 추
가하고, 씬 내부에 있는 카메라(트래킹하고 있는
카메라)를 선택합니다.

이렇게 만들어진 오브젝트를 활용하면 얼굴 위
에 헬멧을 씌우거나 디지털 메이크업을 하는 등
다양하게 활용할 수 있습니다.

Tips

오브젝트 트래킹의 경우, 카메라 트래킹보다 특정 위치가 어디에 있는지
속이기 쉽습니다. 3D 공간 자체는 무너져도 카메라에서 봤을 때는 크게
문제 없는 것처럼 보입니다. 이를 제대로 설정하려면 오브젝트와 카메라
의 계측 데이터가 있는 것이 좋습니다.

Tips

어떤 두 점 사이의 실제 거리를 알고 있는
경우, 카메라 트래킹과 오브젝트 트래킹
모두 이를 활용해 스케일을 설정할 수 있
습니다.

◉ 자동차 트래킹

자동차가 달리는 영상입니다. CM 등에서는 달리
고 있는 자동차 모델을 아예 바꿔버리는 경우가 있
습니다. 이런 작업도 블렌더로 할 수 있습니다. 카
메라 트래킹 응용입니다.

---

18 (옮긴이) 참고로 얼굴에 펜으로 점을 몇 개 찍고 마커로 활용하면 쉽게 트래킹할 수 있습니다.

고급 합성 지식

보다 정밀도 높은 합성을 할 때 필요한 내용을 설명하겠습니다.

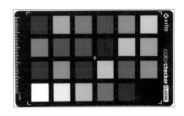

⊙ 컬러 차트

색상 매칭을 확실하게 하고 싶다면 컬러 차트를 함께 촬영해 두는 것이 좋습니다.

⊙ 디스토션 차트

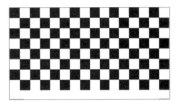

높은 정밀도가 요구되는 경우, 디스토션이 뚜렷하게 보이는 경우 등에는 실제로 사용한 렌즈로 디스토션 차트를 촬영해 두는 것이 좋습니다. SynthEyes 웹 사이트에 공개되어 있는 생성기(https://www.ssontech.com/lensgrid.html) 등을 활용하면 원하는 이미지 크기, 그리드 크기 등을 설정한 디스토션 차트를 다운로드할 수 있습니다. 이를 인쇄해서 사용하면 됩니다.

⊙ HDRI

HDRI는 'High Dynamic Range Image'를 의미합니다. 사진과 영상에서 사용되는 HDR과는 조금 다른 의미입니다. 일반적으로 HDRI는 촬영 당시의 환경을 CG로 재현하기 위해서 조명과 태양광 정보 등을 저장한 것입니다. 영상을 그 자체로 사용하는 것이 아니라, 측정 데이터로 사용하는 것이라 생각하면 됩니다. 따라서 촬영 때 브래킷 촬영[19]하고, 적절한 병합 작업 등이 필요합니다. 'THETA Z1 HDRI' 등을 키워드로 검색해 보면, 자세하고 다양한 정보를 얻을 수 있습니다. 참고로 이는 CG인지 알기 어려울 정도의 고급 합성에 사용되는 도구입니다. 이 정도의 합성이 필요하지 않다면 360도 파노라마 사진 등을 활용해도 괜찮습니다. HDRI와 관련된 자세한 내용은 4-4절에서 설명합니다.

◀HDRI를 사용하면 왼쪽 그림처럼 트래킹을 포함한 합성을 보다 좋은 품질로 할 수 있습니다. 은색 구체에 배경을 360도로 촬영한 이미지가 비춰지고 있습니다. 자동차 광고 등에서는 이와 같이 비춰지는 배경이 움직이는 합성을 하기도 합니다.

---

19 (옮긴이) 브래킷 촬영이란 노출이 부족한 사진, 노출이 적절한 사진, 노출이 과도한 사진까지 모두 촬영하는 것을 의미합니다. HDRI는 조명(과 태양광) 정보를 재현하기 위한 것이므로, 광원과 관련된 정보를 최대한 정확하게 재현하기 위해 브래킷 촬영합니다.

HDRI Sun Aligner

애드온이 무엇인지 이어서 자세하게 소개하겠지만, 일단 여기서는 애드온으로 'HDRI Sun Aligner'를 사용하고 있습니다. 이는 이미지 내부에서 태양의 위치를 자동으로 감지하고 맞춰주는 애드온입니다. 따라서 태양에 대한 추가 정보가 없어도 360도 파노라마 사진만으로도 3D 공간 위에 태양을 추가할 수 있습니다. 참고로 EEVEE는 HDRI 그림자 렌더링을 지원하지 않습니다. 따라서 최종 단계까지

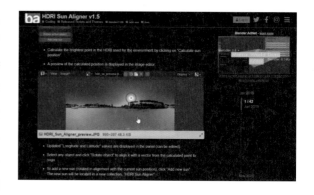

EEVEE로 마무리하고 싶다면, 이후에 HDRI에서 태양을 지우고 3D 공간 위에 태양을 추가해서 사용하는 것이 좋을 수 있습니다. 'Sun Position'이라는 애드온을 활용하면 위도, 경도, 날짜, 시간을 지정했을 때 해당 날짜의 태양을 자동으로 재현해주므로 이를 활용하는 것도 괜찮습니다.

블렌더 외부와 연동할 때 편리한 애드온

마지막으로 외부 연동할 때 편리한 애드온을 소개하겠습니다.

AFX_2d_Track_Exporter

굉장히 정밀도가 높은 블렌더의 2D 트랙을 애프터 이펙트에서도 사용할 수 있게 해주는 애드온입니다. [export track]을 클릭하면 클립보드에 트래킹 포지션 데이터가 복사됩니다. 또한 애프터 이펙트에서 널을 만들어서 붙여 넣으면 트랜스폼 위치 데이터를 그대로 붙여 넣을 수 있습니다.

fSpy

정적 이미지에서 퍼스펙티브를 해석할 수 있는 애드온입니다.

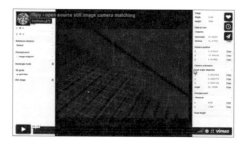

Dolly Zoom & Truck Shift navigation

3D 마커를 기반으로 돌리 줌 카메라 워크를 적용할 수 있습니다. 이를 사용하면 퍼스펙티브를 알 수 없는 씬의 퍼스펙티브를 쉽게 찾을 수 있습니다.

Camera Image Plane for Blender

카메라에 이미지가 붙어 있는 것 같은 상태를 만들 수 있습니다. 블렌더의 배경 이미지는 카메라 뷰에서만 표시되는데, 이를 사용하면 Maya 등의 소프트웨어처럼 화각 등을 맞춰 카메라 앞에 이미지를 고정시켜줍니다.

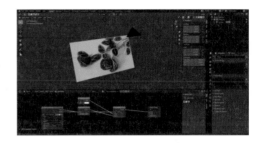

CamTrackAR

블렌더에서 매치무브하지 않아도 iPhone에서 트래킹한 데이터를 그대로 블렌더로 읽어 들일 수 있는 애플리케이션입니다.

3-8

[블렌더 × 애프터 이펙트]

CG와 실사 영상을 합성하는 테크닉과 컴포지트 워크플로

영화. 드라마. 뮤직비디오 등의 세계에서 빼놓을 수 없는 기술이 있다면 바로 컴포지트입니다. 어떻게 해야 CG 소재 등과 실사 소재를 하나의 영상으로 합성할 수 있을까요? 블렌더와 애프터 이펙트를 함께 사용해서 컴포지트하는 방법을 소개하겠습니다. 이번 내용은 아라후네 야스히로 님께서 집필해 주셨습니다.

이 절의 개요

- 컴포지트란?
- 애프터 이펙트로 카메라 움직임 트래킹하기
- 블렌더에서 3D 공간 구축하기
- CG를 요소별로 렌더링해서 내보내기
- 애프터 이펙트에서 컴포지트하기
- 폭발 이펙트와 플레어 등의 디테일 추가하기
- 에지 처리와 컬러 그레이딩하기

예제 영상

「APOCALYPSE CAT」
아라후네 님이 실제로 키우고 있는 고양이를 집에서 실사 영상으로 촬영하고, 세기말 느낌이 감도는 폐허와 몬스터를 합성했습니다. VFX의 스케일이 느껴지는 연출이 포인트입니다.

영상 설명!

http://biy.ly/arafune-1

아라후네 야스히로(荒船泰廣)

1984년 출생으로 맨 위드 어 미션(Man with a Mission), 노기자카 46, 미레이(milet) 등의 뮤직비디오를 담당한 디렉터입니다. 서브 컬처에서 모티프를 얻어 대중적인 영상을 만들어내는 사람으로 유명합니다.

컴포지트란?

◉ 영상 제작 마무리 단계에서 퀄리티를 조정하는 작업

이번에는 블렌더와 애프터 이펙트를 사용해서 컴포지트하는 방법을 소개하겠습니다. 일단 어떤 과정을 거치는지, 간단하게 개요부터 이야기하겠습니다. 컴포지트(Composite)는 '합성의/합성물'이라는 의미입니다. 영상 업계에서는 다양한 소재를 결합하여 최종적인 영상을 만들어내는 과정을 의미합니다.

▲실사에 CG 자료를 올려 만든 영상

컴포지트의 '합성의'라는 단어 의미 때문에 컴포지트는 실사 합성에서만 하는 것이라고 생각하는 사람도 있습니다. 하지만 풀 CG 영상 또는 애니메이션에서도 컴포지트는 반드시 거쳐야 하는 과정입니다.

실사 촬영 자료, 크로마키로 배경을 투명하게 만든 자료, CG, 일러스트 같은 소재가 모두 갖춰진 상태라고 해 봅시다. 이러한 소재들을 어떻게 조합해야 할까요?

▲컴포지트 처리 후

주요 컴포지트 처리

컴포지트 작업은 굉장히 다양합니다. 그 중에서 중요하고 많이 사용되는 몇 가지 작업을 소개하겠습니다.

트래킹

카메라의 움직임을 해석하고, 이를 기반으로 합성한 소재가 따라가게 만드는 것입니다. 예를 들어 피부 보정을 할 때 점을 추적해서 점을 지우는 작업 등이 여기에 해당합니다. 이는 컴포지트 처리 시 빈번하게 하는 처리입니다. 참고로 트래킹(매치무브)과 관련된 내용은 3-7절에서 자세하게 설명했습니다.

매트 페인팅 ~ 이펙트

'매트 페인팅'을 만드는 것 자체는 합성보다 CG에 가까운 영역이라 생각할 수도 있겠지만, 현업에서는 합성 의뢰를 하면서 '배경도 함께 만들어주세요'라는 의뢰를 받는 경우가 꽤 많습니다. 또한 폭발, 연기, 번개 등을 넣는 '이펙트' 작업도 합니다.

마스킹

실사 합성을 할 때 항상 그린백 촬영을 할 수 있는 것은 아니므로 로케 촬영한 인물의 배경에 CG를 넣거나 마스크를 하나하나 만드는 작업이 생깁니다. 굉장히 힘든 작업이지만 크로마키 환경에서는 구현할 수 없는 로케 촬영의 장점을 활용할 수 있게 됩니다. 트래킹과 마찬가지로 빈번하게 하는 작업입니다.

보정

합성한 소재들이 잘 어울리게 만드는 작업입니다. 영상 내부에서 필요 없는 대상을 지우는 작업, 피부 보정 등도 포함됩니다.

◉ 이번 컴포지트에서 사용한 소재

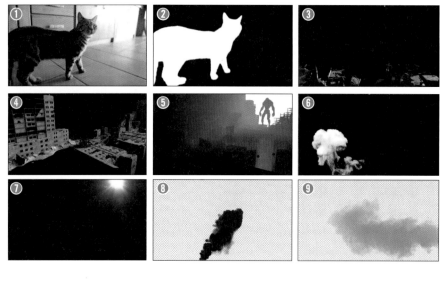

◀ ❶ 촬영 소재 / ❷ 마스크 소재 / ❸ 근경 CG 소재 / ❹ 원경 CG 소재 / ❺ 뎁스 맵(3D 공간의 깊이 데이터) / ❻ 폭발 실사 소재 / ❼ 플레어(Ae 플러그인으로 추가) / ❽❾ 연기 실사 소재

이번 예제 영상은 위와 같은 9가지 소재를 모아 합성한 것입니다. 원본 실사 영상은 물론이고 여기에 고양이와 마스크 소재, 근경과 원경을 구분해서 만든 CG 소재, 뎁스 맵이라고 부르는 깊이감을 가진 소재, 폭발 효과, 플레어 효과, 연기 효과 등 다양한 소재를 사용했습니다.

단순하게 이러한 소재를 결합하는 것만으로는 소재들이 어울리지 않습니다. 따라서 컴포지트 처리를 통해 이 모든 것이 잘 어울리게 만들어야 합니다.

실사 영상 편집 과정에서 컬러 그레이딩에 해당하는 부분이라 생각하면 됩니다. Log로 촬영한 촬영물은 이 자체만으로는 미완성입니다. 여기에 적절한 컬러 그레이딩을 적용해야 소재의 매력이 배로 높아지는 것처럼 컴포지트도 마찬가지입니다. 소재를 적절하게 조정하면 그 잠재력을 끌어낼 수 있습니다. 이것이 바로 컴포지트의 묘미이면서 컴포지터(컴포지트 하는 사람)의 실력을 보여줄 수 있는 부분입니다.

◉ 주요 블렌딩 작업

색 보정

가장 기본적인 블렌딩 작업입니다. 소재마다 색감과 컨트라스트 차이가 있으므로 이를 최대한 자연스럽게 보일 수 있게 조정하는 것입니다.

보케 보정

보케를 보정해서 맞추면 리얼하게 표현할 수 있습니다. 기본이 되는 실사 영상의 보케 정도를 파악하고, 이를 합성할 소재에도 적용하면 됩니다.

공간감과 안개 설정

공간감과 안개도 중요합니다. 안개로 흐려진 상태, 그리고 그 빛을 재현하면 현실감을 높일 수 있습니다.

이번에 사용하는 애드온과 3D 모델 다운로드 사이트

그럼 본격적인 작업에 들어가기 앞서, 이번 작업에 사용할 애드온과 모델을 소개하겠습니다.

AE2Blend

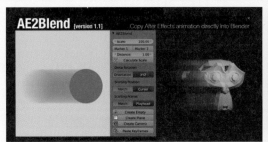

▲Ae에서 만든 3D 데이터를 복사해서 블렌더에서 붙여 넣어 활용할 수 있는 애드온입니다. 다운로드는 Blender Market(https://blendermarket.com/)에서 할 수 있습니다.

KitBash3D

▲이번 예에서는 KitBash3D에서 구입한 폐건물 모델을 사용했습니다. 실제 현장에서 사용하는 수준의 퀄리티입니다. 이러한 모델을 활용하면 시간을 많이 단축할 수 있습니다(https://kitbash3d.com/).

애프터 이펙트로 카메라 움직임 트래킹하기

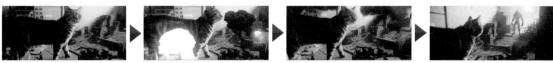

▲이곳저곳에서 연기가 피어오릅니다. 고양이가 이곳저곳을 보다가 창문을 바라봅니다. 그곳에는 괴물이 있습니다. 실사 카메라는 고양이가 목을 흔드는 움직임에 따라 패닝합니다.

이번 예처럼 실사 카메라가 움직일 경우, CG의 카메라도 함께 움직여야 할 것입니다. CG 카메라를 실사 카메라에 맞춰 움직이려면 실사 카메라의 움직임을 해석해야 합니다. 일단 애프터 이펙트(이후로는 'Ae'라고 표기하겠습니다)에서 카메라를 검출하고 움직임을 해석한 후, 이 움직임을 블렌더로 읽어 들인 뒤 CG를 배치해 보겠습니다.

◉ Ae의 [Track Camera]로 실사 카메라의 움직임 검출하기

1 카메라의 움직임을 해석할 때 움직이는 물체가 있으면 해석이 제대로 되지 않습니다. 따라서 Ae의 펜 툴❶을 사용해 마스크해서 고양이를 잘라내야 합니다. 선을 정확하게 그을 필요는 없고, 오른쪽 그림처럼 대충 그어도 괜찮습니다. 영상을 재생해 보면 카메라와 고양이가 계속해서 움직이므로 고양이가 마스크를 벗어날 것입니다. 따라서 키프레임을 설정하고 마스크 패스를 고양이에 맞게 계속 조정합니다. 키프레임❷은 마스크 패스의 ◎❸을 클릭해서도 설정할 수 있습니다.

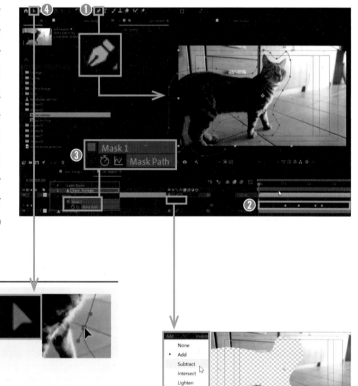

Tips

키프레임은 일단 영상의 시작 부분과 끝 부분을 설정합니다. 재생해 보면서 마스크에 문제가 있는 부분이 있다면 선택 도구❹를 사용해 패스를 선택하고 조금씩 수정합니다.

2 마스크 모드를 [Subtract]로 선택하면 고양이가 제외됩니다❶. 이 상태에서 [Layer] 메뉴에서 [Pre-compose]를 선택합니다. 이름(여기에서는 'mask_track')을 입력하고, 오른쪽처럼 설정한 뒤 [OK]를 클릭합니다❷. 이어서 프리컴포즈한 레이어를 선택한 상태로 [Animation]→[Track Camera]를 클릭합니다❸.

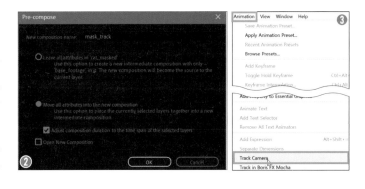

3 카메라 해석이 완료되면 화면 이곳저곳에 트래킹 포인트가 추가됩니다. 영상 내부의 같은 지점이 다른 프레임과 비교해서 얼마나 움직였는지를 계산해서 입체 공간과 카메라 공간을 검출합니다.

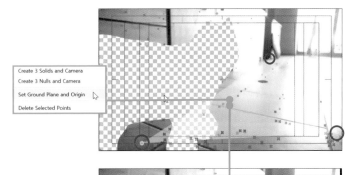

4 바닥면이 될 3점 트래킹 포인트를 선택합니다. 3개의 점이 만드는 삼각형 위[20]를 마우스 오른쪽 버튼으로 클릭한 후 [Set Ground Plane and Origin]을 선택합니다. 이렇게 하면 3D 공간에서 여기가 바닥이라는 것을 설정할 수 있습니다.

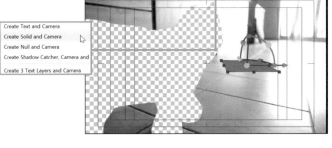

5 과정 **4**와 같은 점 3개를 선택하고, 삼각형 위에서 마우스 오른쪽 클릭→[Create Solid and Camera]를 선택합니다. 이렇게 하면 오른쪽처럼 붉은색 평면이 만들어집니다. 이를 드래그해서 확대하면 바닥을 따라 움직이는 평면이 만들어집니다.

6 평면을 바닥에 맞게 배치할 때 과정 **5**에서 만든 그리드를 선택하고, [Effect]→[Generate]→[Grid]를 적용합니다. 이렇게 하면 위치를 맞추기 쉬워집니다. 같은 방법으로 벽에도 3D 레이어를 만들고 그리드를 적용합니다.

---

20 (옮긴이) 트래킹 포인트 위에 마우스 커서를 올리면 알아서 선택됩니다.

◉ Ae에서 만든 3D 카메라, 바닥, 벽을 블렌더에서 읽어 들이기

1 Ae의 [3D Camera Tracker] 레이어를
선택하고 [U]를 누른 뒤, [Transform]의
[Position]과 [Orientation] 키프레임을
모두 선택하고 복사합니다.

2 블렌더를 실행합니다. 미리 설치한 [AE2Blend]
애드온을 열고 [Create Camera]를 클릭하
면❶, 블렌더에서도 방금 Ae에서 만든 카메라
가 만들어집니다. 같은 방법으로 Ae에서 바닥
과 벽면 레이어의 [Position], [Scale], [XYZ
Rotation]을 복사하고, 블렌더에서 [Create
Plane]을 클릭합니다❷.

▲AE2Blend로 붙여 넣은 카메라

▲AE2Blend로 붙여 넣은 바닥과 벽 평면

Tips

[Object Data Properties]에서 [Background Images]를 체크하고, [Add Image]로
실사 고양이 영상을 읽어 들여 3D 데이터와 잘 맞는지 확인합니다.

3 Ae에서 만든 3D 카메라,
바닥, 벽을 블렌더에 붙여
넣었는데, 실사 영상을 올
려봤을 때 왜곡이 발생하는
경우가 있을 수 있습니다.
이때는 카메라 센서 크기와
초점 거리를 확인해야 합니
다. Ae에서 [3D Tracker
Camera] 레이어를 더블

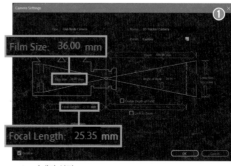

▲Ae 카메라 설정

클릭하면 오른쪽과 같은 화면이 열립니다❶. 여기에 있는 센서 크기와 초점 거리
값을 블렌더 카메라의 [Object Data Properties]에 직접 입력합니다❷.

Tips

블렌더의 카메라가 너무 작아서 제대로 보이지 않을 경우, [Object Data Properties]→[Viewport Display]의 [Size]를 크
게 설정합니다. 기본으로 1m로 되어 있지만, 현재 예제에서는 15m로 조정했습니다.

4 블렌더에서 [Shift]+[A]를 누르고 [Add] 메뉴에서 [Empty]→[Plane Axes]로 엠프티를 추가합니다.

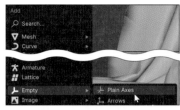 

5 바닥, 벽, 카메라가 독립적으로 움직이면 작업이 힘들므로[21] 이를 선택한 상태에서 과정 **4**에서 만든 엠프티를 선택한 뒤, [Ctrl]+[P]의 [Set Parent To]→[Object(Keep Transform)]을 클릭해 부모 자식 관계로 연결합니다.

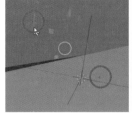 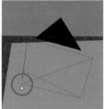 

6 [Z]를 누르고 파이 메뉴에서 [Wireframe]을 선택해 와이어프레임 표시로 전환합니다. 이어서 벽과 바닥 사이에 틈새가 없게 폭을 조정합니다. 벽의 기울기도 바닥면에 맞게 수정합니다.

7 배치할 모델의 크기에 맞게 공간의 크기를 조정하겠습니다. 예를 들어 건물은 15m 정도, 고양이는 괴수와 같은 크기로 표현하고 싶으므로 큐브를 만들고❶, [Transform]의 [Dimensions(XYZ)]를 20m로 설정합니다❷.

카메라 조작과 결과를 쉽게 확인할 수 있게 영역을 2분할합니다. 또한 카메라를 선택한 상태에서 [Object Data Properties] 의 [Background Images]에 체크하여 실사 영상을 읽어 들입니다❸. 그리고 고양이의 크기를 큐브에 맞게 조정합니다❹.

 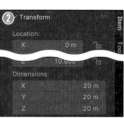

 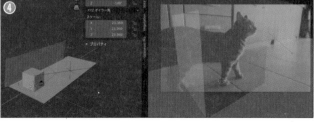

---

21 (옮긴이) Ae에서 카메라와 오브젝트를 붙여 넣었을 때 기본적으로 축과 수평/수직하게 붙여 넣어지지 않습니다. 그래서 전체를 엠프티의 자식으로 만들고, 엠프티를 조정해서 축과 수평/수직하게 조정해 두면 편리합니다.

블렌더에서 3D 공간 구축하기

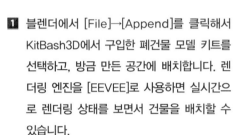

◀주황색으로 선택한 오브젝트들은 KitBash3D에서 구입한 폐건물 키트입니다. 여러 개의 건물 모델 중 필요한 것을 선택해서 배치하면 됩니다.

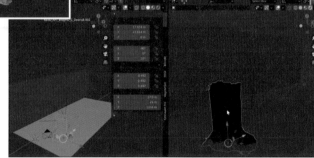

1 블렌더에서 [File]→[Append]를 클릭해서 KitBash3D에서 구입한 폐건물 모델 키트를 선택하고, 방금 만든 공간에 배치합니다. 렌더링 엔진을 [EEVEE]로 사용하면 실시간으로 렌더링 상태를 보면서 건물을 배치할 수 있습니다.

▲헤더 오른쪽 끝에 있는 [Shading]에서 [Rendered]를 클릭하면, 렌더링 상태를 바로 보면서 작업할 수 있습니다.

2 라이팅 설정을 조금 해서 빛과 그림자를 확인하겠습니다. 추가 메뉴에서 [Light]→[Sun]을 클릭합니다. 이를 실사 영상의 창문 부분에 배치합니다. 이렇게 하면 건물 그림자가 지면에 깔립니다.

 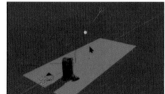

3 [Render Properties] 📷에서 [Film]→ [Transparent]에 체크하면 실사 영상을 블렌더 공간 위에 중첩해서 확인할 수 있습니다.

4 이후에 설명하겠지만, 마스크를 잘라서 고양이만 있는 소재를 읽어 들입니다. 이렇게 하면 고양이를 보면서 건물을 배치할 수 있습니다. 오른쪽 그림은 고양이 소재를 뒷배경으로 읽어 들인 상태입니다.

5 바닥면과 벽면을 와이어프레임으로 표시하면 배치하기 쉽습니다. 건물을 원하는 위치에 배치하면서 라이팅 위치도 함께 조정합니다. 그런데 건물 모델에는 조명이 들어가지만, 지면에 그림자가 나타나지 않습니다.

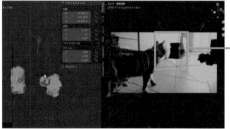 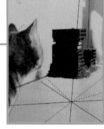

6 지면에 그림자를 반영할 수 있게 머
티리얼을 설정하겠습니다. 일단 와
이어프레임 표시로 설정했던 바닥면
과 벽면을 [Object Properties]■에
서 [Viewport Display]→[Display
As]를 [Textured]로 변경합니다❶.
이렇게 하면 지면에도 건물 그림자
가 드리워집니다❷. 이어서 [Material
Properties]■의 [New]를 누르고 머

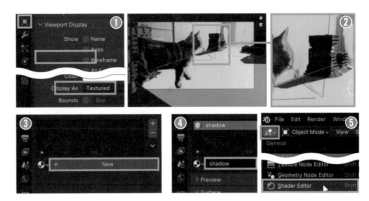

티리얼을 추가합니다❸. 이름을 [Shadow]로 변경합니다❹. 왼쪽 영역 헤더 끝에 있는 [Editor Type] ■을 클릭하
고, [Shader Editor]로 변경합니다❺.

7 바닥의 흰색 머티리얼을 홀드아웃해서 그림자만 보이게 노드를 구성했습니다. ❶은 머티리얼을 홀드아웃하는 노드,
❷는 검은 그림자를 남기는 노드입니다. 그리고 ❸으로 홀드아웃해야 하는 부분을 설정했으며, ❹로 전체를 믹스했습
니다. 벽면도 마찬가지의 방법으로 셰이더 노드를 설정해서 건물 그림자만 보이게 만들었습니다. 이제 건물 모델과 괴
물 모델을 배치하고 조명을 조정해서 실사 영상과 잘 섞이게 블렌딩합니다.

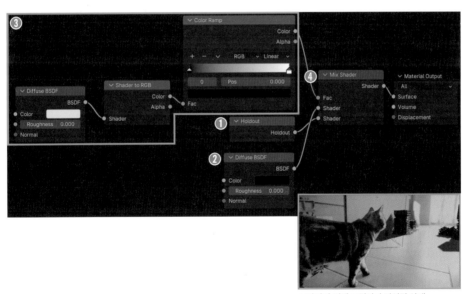

▲바닥과 벽에 그림자가 반영된 상태

하나의 모델을 다양하게 활용해 보기

▶ 이 예에서는 고양이를 근경, 폐허를 원경에 배치했습니다. 깊이감을 강조할 수 있게 모델을 배치했습니다. 또한 건물이지만 건물의 옆면을 바닥으로 활용하기도 했으며, 옥상을 확대해 부숴진 벽 느낌도 주었습니다. 모델을 하나만 사용하더라도 이처럼 다양한 방법으로 배치하면 다양하게 연출할 수 있습니다.

공간감과 빛 조정해 보기

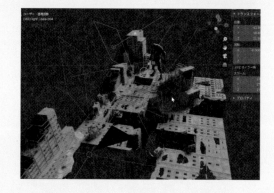

▶ EEVEE는 반사광이 제대로 반영되지 않습니다. 따라서 빛이 벽에서 반사되어 건물을 비추는 모습을 직접 연출해야 합니다. 리얼한 질감을 표현할 수 있게 조명을 추가로 넣어 디테일을 표현합니다.

CG를 요소별로 렌더링해서 내보내기

◉ 레이어와 패스를 활용해서 블렌더 렌더링 설정하기

블렌더에서 만든 CG를 오른쪽 그림처럼 소재별로 렌더링해서 Ae로 들고 갑니다. 컴포지트 작업 때 다루기 쉽게 전체를 하나로 내보내지 말고 레이어별로 구분해서 내보내는 것입니다. CG 부분은 기본적으로 근경, 원경, 그림자 정보, 카메라에서 오브젝트까지의 거리 정보(Depth Map, 뎁스맵)로 구분해서 각각의 씬 컬렉션에 모아둡니다.

원경

근경

그림자

뎁스 맵

1 블렌더의 아웃라이너에서 [New Collection]█을 클릭하고, 이름을 'near(근경)'로 지정합니다.

2 카메라에서 봤을 때 고양이보다 앞에 있는 건물을 모두 선택하고, [M]을 누릅니다. 이어서 과정 [1]에서 만든 [near]를 선택하면 컬렉션 내부에 모델이 추가됩니다. 같은 방법으로 'light(조명)', 'camera(카메라)', 'shadow(그림자)', 'far(원경)' 요소별로 컬렉션을 만들어 정리합니다.

3 과정 **2**에서 분류한 씬 컬렉션별로 출력할 수 있게 뷰 레이어를 설정합니다. 일단 near부터 하겠습니다. 상단 바 오른쪽에 있는 뷰 레이어 이름 란을 선택하고, 이름을 입력합니다①. ◉로 내보내고 싶은 씬 컬렉션(camera, light는 모든 레이어에서 포함해야 합니다)만 활성화합니다②. [Add View Layer]█→[Copy Settings]를 선택합니다③. 새로운 뷰 레이어를 만들고 이름을 'shadow'로 지정합니다④. 그림자의 경우, 아래 레이어에도 그림자가 떨어질 것이므로 [far]를 표시하고 [far]에는 홀드아웃도 설정합니다⑤. 이렇게 하면 그림자가 떨어지는 부분 이외의 부분이 마스크되어 ⑥처럼 그림자만 내

▲근경만 내보내는 설정

▲그림자만 내보내는 설정

▲바닥과 벽에 그림자가 반영된 상태

▲원경만 내보내는 설정

보낼 수 있습니다. 그리고 원경에도 'far'라는 이름을 붙여서 뷰 레이어를 만듭니다⑦. 원경의 경우 그림자 부분을 마스크로 적용해야 하므로 [shadow]에 홀드아웃을 설정합니다⑧.

4 에디터 타입을 [Compositor]█로 전환합니다①. [Use Nodes]에 체크하면② [Render Layers]③와 [Composite] ④ 노드가 표시됩니다. 헤더에서 [Add]→[Output]→[Viewer] 노드를 추가하고, [Render Layers] 노드의 [Image] 소켓과 연결합니다⑤. 사이드 바의 [View]에서 [Backdrop]에 체크하면⑥ [Render Layers] 노드에서 선택한 레이어가 배경 부분에 표시됩니다⑦. [View Layer Properties]█⑧에서 [Passes] 안에 있는 항목들에 체크하면 [Render Layers] 노드에 소켓이 추가됩니다⑨.

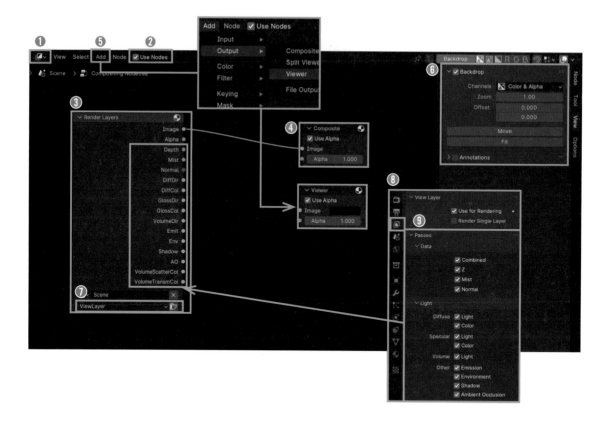

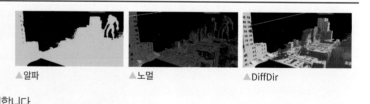

Tips

렌더 패스는 알파값, 노멀(입체의 정보를
기록한 것), 빛, 심도 등의 정보를 개별적
으로 출력할 때 사용합니다. 이러한 패스
를 작성해서 내보내면 컴포지트 과정에서
밝기 등을 개별적으로 조정할 수 있어 편리합니다.

▲알파　　　　　　▲노멀　　　　　　▲DiffDir

5 [Render Layers] 노드를 2개 복
사하고, 적용 레이어를 [near]
와 [shadow]로 변경합니다.
[Add]→[Output]→[File Output] 노
드를 추가합니다. 이를 선택한 상태에
서 사이드 바의 [Note]→[Properties]
를 엽니다. [Add Input]을 클릭하고
[near], [far], [shadow] 각각의 이름을
지정해서 개별적인 파일로 내보낼 수
있게 설정합니다.

▲[File Subpath]로 이름을 지정하면 [File
Output] 노드에 소켓이 추가됩니다.

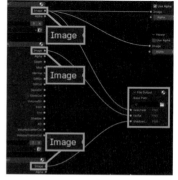

▲near, far, shadow의 [Render Layers]
노드의 [Image]에서 [File Output] 소켓에
연결합니다.

6 far 레이어에서 [Depth]를 내보냅니다. 과정 **5**를 참고해서 [File Output] 노드에 [depth]를 추가합니다. 그리고 [Add]→[Vector]→[Map Value] 노드와 [Add]→[Converter]→[Color Ramp] 노드를 추가하고, 오른쪽 그림처럼 노드를 연결합니다. [Map Value] 노드의 [Offset]과 [Size] 값을 앞에서부터 깊이가 표시되게 조정하고, 상단 바에서 [Render]→[Render Animation]을 눌러 파일을 내보냅니다.

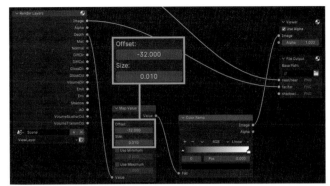

▲ [Render Layers]의 [depth]→[Map Value]의 [value]→[Color Ramp]의 [Fac], [Color Ramp]의 [Image]→[File Output]의 [depth]와 [Viewer]의 [Image]를 연결했습니다.

애프터 이펙트에서 컴포지트하기

◉ 블렌더에서 내보낸 CG를 읽어 들이고, Ae에서 고양이 마스크 처리하기

1 블렌더에서 합성했던 CG 소재를 Ae에 배치하겠습니다. 위에서부터 '실사 소재(마스크 전용)→근경→원경→그림자→실사 소재(배경 전용)→깊이(일단 표시 안 함)' 순서로 배치합니다.

2 일단 고양이 윤곽을 [Roto Brush]로 표시합니다❶. 선택하지 못한 부분은 추가로 추적하고❷, 선택 해제하고 싶은 부분은 [Alt]를 누르면서 추적합니다❸.

3 재생해 보면 고양이의 움직임을 마스크가 어느 정도 추적하는 것을 볼 수 있습니다. 마스크가 불완전한 부분은 한 프레임씩 이와 같은 작업을 반복합니다.

4 잘라낸 고양이 레이어를 [near] 아래에 배치해서 근경 과 원경 사이에 올 수 있게 합 니다.

◉ 본격적인 컴포지트 작업 시작, 색감과 불투명도 조정하기

지금부터는 블렌딩 작업을 하겠습니다. 오른 쪽 그림은 블렌더에서 내보낸 CG를 실사 영 상 위에 그냥 올려둔 상태입니다. 대충 봐도 "딱 봐도 합성이네"라는 말이 나올 느낌입니 다. 여기에 다양한 블렌딩 처리(색감 조정, 빛 조정, 디스토션, 필름 그레인 추가 등)를 해서 CG와 실사 영상이 어느 정도 잘 어울 리게 만들겠습니다.

1 [shadow] 레이어에 [Effect]→[Color Correction]→[Curves]를 적용합니 다. 이펙트 컨트롤에서 [Curves]의 [Channel]을 [Red]로 설정합니다. 오른 쪽처럼 커브의 어두운 부분을 올립니다.

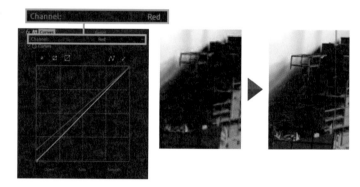

2 실사 배경과 비교했을 때 모델의 그림자 가 너무 짙습니다. 따라서 [shadow] 레 이어를 선택한 상태로 [T]를 눌러 불투명 도를 낮췄습니다.

3 CG의 흰색 윤곽이 부자연스러우므로 [far] 레이어에 [Effect]→[Matte]→[Simple Choker]를 적용합니다. [Choke Matte]를 조정해서 두껍게 만듭니다. 여기까지 작업 이 끝나면 [far]와 [shadow] 레이어를 프리컴포즈해서 하나로 합칩니다.

◉ 보케와 깊이감 표현하기

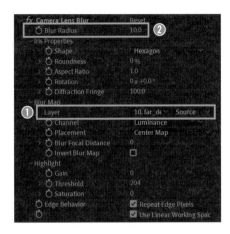

1 프리컴포즈한 소재에 [Effect]→[Blue&Sharpen]→ [Camera Lens Blur]를 적용합니다. 블렌더에서 만든 깊이 정보에 맞게 보케를 적용할 것이므로 [Blue Map]의 [Source]를 [depth] 레이어로 설정하고**①**, [Blur Radius] 값을 조정해서 보케 정도를 조정합니다 **②**. 추가로 [near] 레이어에도 추가적인 블러를 적용해 보케를 추가하면 입체감이 더욱 살아납니다.

◉ 실사 촬영에 맞춰 빛 조정하기

1 휘도가 높은 부분에는 소프트 포커스를 적용해서 효과를 줍니다. 모든 소재 앞에 조정 레이어를 만들고**①** [Effect]→[Stylize]→[Glow]를 적용합니다. [Glow Radius] 값을 200으로 올리고**②** 이어서 [Glow Operation]을 [Screen]으로 설정합니다**③**. [Glow Intensity] 값을 0.3으로 낮춥니다**④**. 자연스러운 역광이 나올 수 있게 조정합니다. 고양이에 글로우가 너무 심하므로 방금 만든 조정 레이어를 마스크로 자른 고양이 레이어 아래에 배치합니다**⑤**. 이로 인해 고양이가 너무 선명해진다면 조정 레이어를 복제하고, 마스크로 자른 고양이 레이어 위에 배치한 뒤 불투명도를 낮춥니다. 이렇게 하면 고양이에 적절한 글로우가 걸립니다**⑥**.

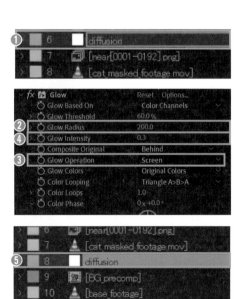

▲(왼쪽 위) 조정 전, (오른쪽 위) 글로 적용 후, (왼쪽 아래) 조정 레이어를 마스크로 자른 고양이 레이어 아래에 배치, (오른쪽 아래) 조정 레이어를 복제하고 마스크로 자른 고양이 레이어 위에 배치

◉ 안쪽으로 갈수록 안개 낀 것처럼 만들기

1 프리컴포즈했던 far와 shadow 컴포를 더블 클릭해서 열고, 뎁스 소재를 배치합니다❶. 뎁스 아래 레이어에 조정 레이어를 만들고, 트랙 매트를 [Luminosity]로 설정합니다[22]. 이렇게 하면 흰색 부분만 조정 레이어의 효과가 적용되며, 검은색 부분은 효과가 적용되지 않습니다❷. 추가한 뎁스에 [Curves]를 설정하고, 컨트라스트를 강하게 만듭니다❸. 조정 레이어에 [Curves]를 설정하고 어두운 부분을 더 어둡게 만들면 안쪽 부분(뒤에 있는 부분)으로 갈수록 안개가 낀 것처럼 표현할 수 있습니다❹. 원래 컴포지션으로 되

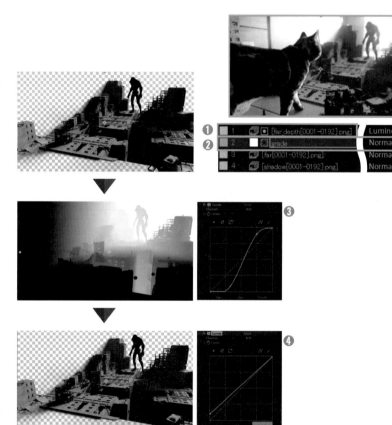

돌리면 오른쪽과 같은 영상이 됩니다. 이렇게 기본적인 블렌딩 작업을 완료했습니다.

---

22 (옮긴이) 트랙 매트 관련 칼럼이 표시되지 않는 경우, 칼럼 헤더 부분에 마우스 오른쪽 클릭→[Columns]→[Modes]를 눌러 모드를 표시합니다.

폭발 이펙트와 플레어 등의 디테일 추가하기

◉ 블렌더에서 만든 3D 카메라를 Ae에서 읽어 들이기

이제 폭발과 플레어 등의 효과를 추가해서 영상을 더 재미있고 임팩트 있게 만들어 봅시다. 블렌더에서도 이러한 처리를 할 수 있지만, 모델의 수가 많아질수록 렌더링 처리에 오랜 시간이 걸립니다. Ae는 블렌더에 비해 가벼우므로 렌더링 비용(시간 등)을 줄일 수 있습니다.

1 이펙트를 배치하려면 3D 카메라와 위치 데이터가 필요합니다. 블렌더에 미리 무료 애드온 'io_export_after_effects.py'(https://developer.blender.org/)를 설치해 둡니다[23]. 블렌더를 실행하고 카메라를 선택하고, [File]→[Export]→[Adobe After Effects]를 클릭하고 .jsx 형식으로 내보냅니다. 파일 이름은 camera.jsx라고 붙입니다.

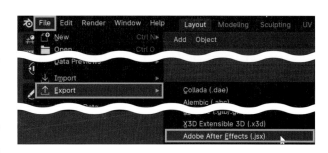

2 Ae로 전환하고 [File]→[Scripts]→[Run Script File]을 클릭해서 블렌더에서 만든 카메라를 읽어 들입니다.

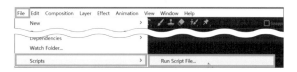

3 읽어 들인 카메라를 컴포지션에 배치하고❶ 처음에 사용한 카메라를 비표시합니다❷. [Null Object]를 만들고❸[24], ⏣를 활성화해서 3D 레이어로 설정합니다❹. 이렇게 하면 Ae에서도 블렌더에서 설정했던 원점과 같은 위치에 3D 레이어가 표시됩니다❺.

▲ 블렌더에서 설정한 원점

---

23 (옮긴이) 사이트에서 애드온을 찾아 들어가기 조금 힘들므로 구글에서 'io_export_after_effects.py'로 검색해서 나오는 GitHub 사이트에서 다운로드 버튼을 눌러 사용하는 것을 추천합니다.

24 (옮긴이) [Layer]→[New]→[Null Object]로 만들 수 있습니다.

VFX 전용 폭발과 연기 소재를 사용했습니다. 직접 촬영한 것부터 CG로 만들어진 것까지 다양한 소재를 인터넷에서 구입할 수 있습니다. 이러한 소재를 많이 모아두면 많은 도움이 됩니다.

◉ 폭발 푸티지를 배치하고, 위치와 각도 조정하기

작품의 세기말 분위기를 연출할 수 있게 폭발과 연기 푸티지를 사용하겠습니다. 이와 같은 소재도 자연스럽게 보일 수 있게 배치하는 노하우가 있습니다. 이번 절에서는 이와 같은 예를 소개하겠습니다.

1 폭발 푸티지 'CG-GasBomb-002a'를 읽어 들이고❶, 211페이지의 과정 **3**과 마찬가지로 3D 레이어로 만들어서❷ 원하는 위치에 배치합니다. 현재 상태에서는 폭발이 접지면보다 아래에서 일어나는 것처럼 보이므로❸ 앵커 포인트를 조정해서 높이를 원점에 맞춰줍니다❹. 평면 영상이라는 것이 티 나지 않게 회전도 살짝 조정합니다❺.

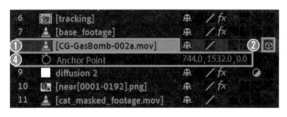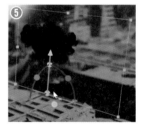

2 폭발 푸티지를 작게 만들어서 사용했기 때문에 마지막의 연기가 살짝 작습니다❶. 따라서 푸티지 부분을 확대해 줍니다❷. 추가로 3D 공간에 2D 폭발 소재를 배치하는 것이므로 너무 비스듬하게 배치하면 평면이라는 것이 티가 납니다❸. 이를 해소할 수 있게 푸티지가 카메라를 향해 어느 정도 정면을 바라볼 수 있게 X축(왼쪽 오른쪽)으로 회전합니다❹.

3 폭발과 배경이 잘 어울리게 만들겠습니다. ❶은 현재 상태입니다. ❷는 보케를 추가할 수 있게 [Gaussian Blur]를 적용한 상태입니다(블러 값은 12로 설정했습니다). 추가로 폭발 때의 빛을 더 표현하고 싶어서 푸티지를 복제하고 새로 만들어진 레이어를 [Add]로 설정했습니다❸. 다만 빛이 너무 두드러지므로 마찬가지로 [Gaussian Blur]를 적용하고, 수치를 500 정도로 설정했습니다. 또한 [Opacity]는 75% 설정했습니다❹. 주변과 어울리게 채도를 더 떨어뜨리

겠습니다. [Hue/Saturation]을 적용하고 [Master Hue]를 −35 정도로 설정합니다❺. 이후에 나오는 검은 연기 부분은 주변 배경에 비해서 너무 어두우므로 [Curves]를 활용해서 밝게 만들어주었습니다❻.

◉ 창문과 몬스터 눈에 플레어 넣기

마지막으로 디테일을 올릴 수 있게 플레어를 넣어보겠습니다. 창문을 통해서 들어오는 햇빛과 몬스터의 눈에서 빛나는 플레어를 추가하겠습니다.

1 블렌더의 3D 뷰포트 헤더에서 [Add]→[Empty]→[Plane Axes]를 추가한 뒤❶, 창문 위치에 배치합니다❷. 몬스터 양쪽 눈에도 엠프티를 추가한 뒤 추적하게 하고❸, 이 위치 정보도 함께 내보냅니다. 몬스터 모델에는 애니메이션이 적용되어 있는데, 이러한 정보도 Ae에 가져갈 수 있습니다.

2 생성한 엠프티 3개를 선택한 상태로, 211페이지의 과정 **1**처럼 [File]→[Export]→[Adobe After Effects]를 클릭합니다. [Selected Objects]에 체크했는지 확인하고, [Export to Adobe AfterEffects]를 클릭해서 .jsx 형식으로 내보냅니다. 이름은 'Flare'로 지정합니다.

3 Ae에서 211페이지의 과정 **2** 처럼 'Flare.jsx' 파일을 읽어 들입니다①. 읽어 들인 파일을 열고 3개의 엠프티를 복사합니다②. 컴포지트의 컴포에 붙여 넣습니다③.

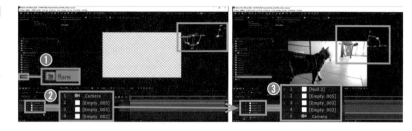

4 평면을 새로 만들고① [Effect]→ [Optical Flares][25]로 플레어를 적용합니다. 태양 위치에 있는 엠프티의 이름을 'sun'으로 변경합니다②. 평면 [OF]를 선택하고, [E]를 누른 뒤 [Optical Flare]에서 [Position XY]의 ◉를 [Alt] 키를 누른 채 클릭해서③ 표현식으로 연결합니다④.

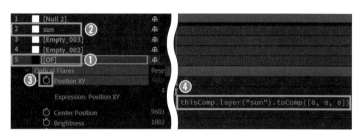

5 몬스터 양쪽 눈의 엠프티 이름을 'eye'와 'eye2'로 변경합니다. 평면 'OF'를 각각의 눈 만큼 복제하고, 각각의 눈과 표현식으로 연결합니다.

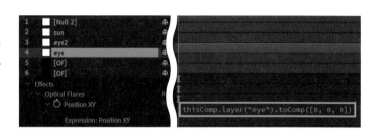

에지 처리와 컬러 그레이딩하기

◉ [Refine Soft Matte]로 고양이 에지 조정하기

다음 왼쪽 사진은 마스크로 잘린 고양이 레이어의 윤곽이 너무 선명하게 보여서 조금 부자연스럽습니다. 이러한 에지 처리에는 다양한 방법을 활용할 수 있습니다. 이번 절에서는 Ae에서 간단하게 적용할 수 있는 [Refine Soft Matte]라는 에지 처리 방법을 활용해 보겠습니다. 수치를 잘 조정하면 고양이 털의 디테일을 살리면서도 3D 모델과의 경계를 자연스럽게 보이게 만들 수 있습니다.

---

25 (옮긴이) 별도로 구매해야 하는 플러그인입니다.

1 Ae에서 [Effect]→[Matte]→[Refine Soft Matte]을 클릭합니다. [Additional Edge Radius]를 조정하고, [Decontaminate Edge Colors]에 체크합니다.

◉ 세계관에 맞는 컬러그레이딩

실사 합성과 컴포지트에서 컬러 그레이딩(컨트라스트와 색감 조정)은 굉장히 중요한 작업입니다. 카메라의 기본적인 색감을 피하고 연출된 색감만으로 표현하면 오히려 CG를 더욱 현실적으로 보이게 만들 수 있습니다.

현재 예제는 전체적으로 디퓨전[26]을 적용해서 부드러운 느낌이 되었습니다. 일단 이러한 부드러운 느낌을 줄일 수 있게 컨트라스트를 조정하겠습니다. 또한 RGB 톤 커브로 색감을 조정하여 비현실적인 색감을 만들겠습니다. 이를 통해 폐허와 폭발과 같은 포스트 아포칼립스(세기말)적인 세계관 느낌을 강조할 수 있을 것입니다.

1 Ae에서 [Effect]→[Color Correction]→[Curves]를 클릭합니다. '모든 컴포지트 소재를 프리컴포지트한 것' 위에 새로운 조정 레이어를 만들고, [Curves]를 적용합니다.

2 S자 커브를 그리듯 곡선의 밝은 부분을 올리고, 어두운 부분을 낮추어 컨트라스트를 강하게 만듭니다.

---

26 (옮긴이) '디퓨전 필터'라는 카메라에 장착하는 필터가 있습니다. 이를 활용하면 빛을 퍼뜨려서 영상을 부드럽게 만들 수 있습니다. 이 문장에서는 영상을 부드럽게 만드는 모든 처리를 '디퓨전'이라고 표현하고 있습니다. 예를 들어 가우시안 블러, 안개 효과 등도 디퓨전입니다.

3 붉은색 채널을 조
정합니다. 어두운
부분과 밝은 부분을
약간 낮추고, 파란
색을 추가합니다.

4 파란색 채널 커브를 선택하고, 중간보다 약간 밝은 부분 쪽을 들어 올려서 파란색을 살짝 추가합니다.

컴포지트를 배우는 것의 장점

마지막으로 컴포지트를 공부하면 좋은 점에 대해 이야기해 보겠습니다. 일단 '표현의 폭이 직접적으로 넓어진다'
라는 장점이 있습니다. 3D CG를 시작하면서 모델링과 애니메이션까지 모두 공부하는 분은 있을 수도 있겠지
만, 최종적인 결과물까지 혼자서 모두 완성하는 사람은 거의 없습니다. 이런 점에서 컴포지트는 실사 촬영 제작
경험이 조금이라도 있다면, 이를 기반으로 '어떻게 리얼하게 보이게 만들 것인가?'만 이해하면 곧바로 마무리 작
업에 참여해 볼 수 있습니다.

추가로 어떤 결과물을 위해 사전에 어느 정도의 퀄리티가 필요한지 판단할 수 있게 됩니다. 예산이 많은 프로젝
트라면 외부 사람에게 CG 제작을 의뢰할 것입니다. 이때도 컴포지트와 관련된 지식이 있다면 어떤 지시를 내릴
수 있는지 가이드라인을 잡을 수 있습니다. 이것도 큰 장점이라 생각합니다. 실제로 컴포지트 작업을 해보면 어
떤 작업이 컴포지트 후에 어느 정도 결과를 뽑아낼 수 있는지 알 수 있게 됩니다. 따라서 컴포지트 전에 어느 정
도의 퀄리티가 필요한지도 구체적으로 파악할 수 있게 됩니다. 컴포지트와 관련된 내용을 잘 알고 있다면 다른
직원에게 어떤 지시를 내릴 때도 유용할 것입니다.

블렌더 VFX
영상 제작을 위한
블렌더 실사 합성 작업
워크플로

4장

알아두면
좋은 지식

칼럼⑤
3가지 노드

블렌더에서 빼놓을 수 없는 기능이 바로 '노드'라는 개념입니다. 노드는 '매듭'을 의미합니다. 블렌더는 노드 기반 소프트웨어로 플로우 차트처럼 여러 명령어를 매듭으로 연결해서 처리할 수 있습니다. 블렌더에는 셰이더 노드, 컴포지트 노드, 지오메트리 노드라는 3가지 종류의 노드가 있습니다. 각각의 특징을 소개하겠습니다.

타카 타치바나

포스트 프로덕션 전용 소프트웨어는 '레이어 기반'과 '노드 기반'으로 구분할 수 있습니다. 애프터 이펙트와 포토샵처럼 레이어를 쌓아서 작업하는 것이 '레이어 기반'이며, 블렌더와 DaVinci Resolve처럼 노드를 연결해 작업하는 것이 '노드 기반'입니다. Adobe 제품 군에 익숙한 분이라면 이러한 노드 기반 소프트웨어가 익숙하지 않을 수 있겠지만, 익숙해지고 나면 레이어 기반에는 없는 장점을 찾을 수 있을 것입니다. 예를 들어 레이어 기반은 레이어가 늘어날수록 어떤 처리를 하는 것인지 보기 힘들어지지만, 노드 기반은 플로우 차트처럼 어떤 처리를 하는지 어느 정도 쉽게 파악할 수 있습니다. 또한 하나의 소재와 효과를 만든 뒤, 이를 여러 대상에 간단하게 적용할 수 있습니다.

셰이더 노드

'셰이더 노드'는 주로 머티리얼을 만들 때 사용하는 기능입니다. 이미 3장에서 텍스처 매핑을 설명하면서도 셰이더 노드를 사용해 봤습니다. 이때는 이미지를 활용해 표면의 질감을 만드는 방법에 대해 소개했지만, 머티리얼을 만드는 다른 접근 방법이 있습니다. 바로 '프로시저럴 텍스처링'입니다. '프로시저럴 텍스처링'은 이미지 소재 등을 사용하지 않고 다양한 노드의 효과와 노드의 연결을 활용해 머티리얼을 만들어냅니다. 조금 복잡 할 수 있는 내용이지만, 벡터 이미지처럼 확대해도 해상도에 문제가 없으며 확장성을 가진 좋은 기능입니다.

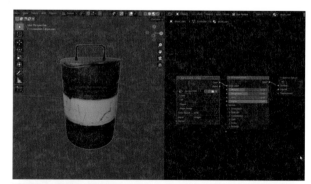

컴포지트 노드

'컴포지트 노드'는 이름 그대로 컴포지트(합성)를 위해 사용합니다. 실사 배경에 CG를 합성하는 작업은 컴포지트 노드를 기반으로 이루어지며, 색보정, 다양한 이펙트 처리, 동영상 순서 변환, 렌더링 후 패스 출력 처리 등 다양한 작업을 할 수 있습니다. 이 노드는 DaVinci Resolve의 컬러와 비슷하므로 DaVinci Resolve를 사용하던 분이라면 쉽게 다룰 수 있을 것입니다. 하지만 컴포지트는 블렌더에서 하지 않고, 애프터 이펙트와 Fusion 등의 외부 소프트웨어로 사용하는 사람도 많습니다. 이를 선택하는 것은 취향의 차이라고 생각합니다. 물론 블렌더 내부의 컴포지트 기능만으로도 완성하는 데는 큰 문제 없습니다.

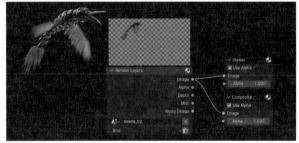

지오메트리 노드

'지오메트리 노드'는 2021년에 새로 등장한 노드 시스템입니다. 앞으로의 발전이 기대되는 기능으로, 모델링에 활용됩니다. 모델링 작업이란 하나하나 손으로 하는 것이라는 느낌이 있지만, 노드들을 활용해서 프로그래밍적으로 만들수도 있습니다. 비슷한 기능으로 Cinema4D의 MoGraph라는 기능이 있습니다.

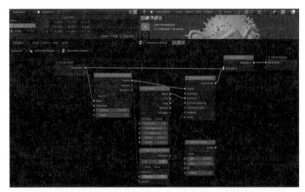

이번 장의 4-1, 4-2절에서는 실사 합성 목적으로 사용되는 '셰이더 노드'와 '컴포지트 노드'를 중심으로 설명하겠습니다.

또한 '지오메트리 노드'는 현재 시점에 필수적인 기능이 아니지만, 발전성이 있는 기능이므로 4-3절에서 간단하게 소개하고 넘어가겠습니다.

4 - 1

[텍스처에서 이펙트 제작까지]

블렌더 노드 기초 지식과 실전 테크닉

블렌더에서 오브젝트에 질감을 부여할 때는 '셰이더 노드'를 사용합니다. 셰이더 노드는 굉장히 필수적인 기능이지만, 초보자가 배우기 어렵고 어느 정도 익숙한 사람도 고민하게 만드는 기능이라고 할 수 있습니다. 일단 '노드'라는 것이 대체 무엇일까요? Sphere Cube 님께서 기본적인 부분부터 차근차근 설명해 주셨습니다.

이 절의 개요

- 셰이더 노드 기초
- 실사 소재 위에 바위 합성하기
- 홀드 아웃으로 합성해서 싱크홀 만들기
- EEVEE에서 섀도우캐처를 만드는 노드
- [Brick Texture] 노드와 [Math] 노드 결합해 보기

Sphere Cube

회사원 시절부터 영상 제작 경험이 있었으며, 2015년부터 프리랜서로 활동 중이다. 이벤트 영상, 기업 PV 제작을 메인 업무로 하고 있다. 이외에도 영화, 드라마, CM, MV, 콘서트, 프로젝션 매핑 등에도 참여하고 있다. 2020년 10월 20일부터 YouTube에서 블렌더와 관련된 강의도 올리고 있다.
Twitter@SphereCube_

SPHERE CUBE

YouTube

https://bit.ly/sphere_cube

셰이더 노드 기초

노드란 무언가와 무언가를 연결하고 있는 것 그 자체를 의미합니다. 노드를 설명하는 유명한 방법이 있어서 이를 소개하겠습니다. 컴퓨터와 인터넷이 노드입니다. 노드와 노드를 연결하는 것이 선(링크, 에지, 와이어 등 다양한 표현으로 부릅니다)입니다. 그리고 이 전체를 '노드 네트워크'라고 부릅니다. 다만 일반적으로 '노드'라고 하면 '노드 네트워크'를 의미한다고 생각하면 됩니다.

블렌더의 셰이더 노드는 ❶입력, ❷디자인과 질감, ❸출력이라는 3가지 노드로 구분할 수 있습니다. 이번 절에서는 ❷에 해당하는 노드에 대해 설명하겠습니다.

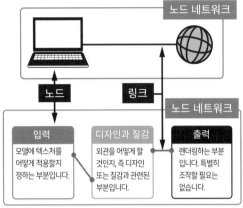

▲ 노드와 블렌더의 셰이더 노드

◉ 셰이더 노드로 만든 텍스처과 이미지 텍스처의 차이

이미지 텍스처와 관련된 내용은 3-5절에서 다룹니다. 촬영한 사진을 소재로 오브젝트에 붙여 넣으므로 사실적으로 보이는 것이 당연합니다. 또한 텍스처를 따로 디자인할 필요가 없으므로 노드가 굉장히 간단하게 구성됩니다.

셰이더 노드를 사용해서 만든 머티리얼을 '프로시저럴 텍스처' 또는 '프로시저럴 머티리얼'이라고 부릅니다. 여기에서 '프로시저럴'은 '절차형'이라는 의미로 직접 처리를 하나하나 만들어 나가는 것을 의미합니다. 프로그래밍으로 만드는 텍스처 또는 머티리얼이라고 생각하면 좋습니다.

직접 모든 과정을 만들므로 모든 값을 직접 관리할 수 있습니다. 따라서 미세 조정이 가능하며 크리에이터의 개성을 살릴 수 있다는 점이 특징입니다.

이미지 텍스처

• 매우 사실적인 외관을 만들 수 있음
• 노드의 수가 적음

셰이더 노드로 만든 머티리얼

• 미세 조정할 수 있음
• 크리에이터의 개성을 살릴 수 있음

다음 페이지부터는 실제로 블렌더를 다뤄보면서 셰이더 노드를 설명합니다. 그 전에 일단 노드의 각 항목에 있는 동그란 아이콘을 설명하겠습니다. 이는 '소켓'이라고 부릅니다. 소켓을 사용하면 노드들을 연결하고 제어할 수 있습니다. 노드는 4가지 종류가 있으며, 서로 다른 색상끼리도 연결할 수 있습니다. 예를 들어 파란색 소켓과 노란색 소켓을 연결하면 블렌더가 자동으로 X→R, Y→G, Z→B 형태로 변환해 줍니다. 소켓끼리 제대로 연결되지 않아 문제가 있다면 링크가 붉은색으로 표시됩니다. 이는 오류를 나타냅니다.

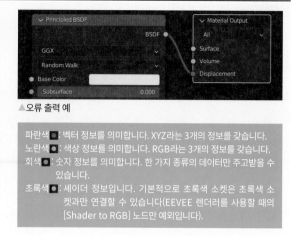

▲오류 출력 예

파란색 ◉: 벡터 정보를 의미합니다. XYZ라는 3개의 정보를 갖습니다.
노란색 ◉: 색상 정보를 의미합니다. RGB라는 3개의 정보를 갖습니다.
회색 ◉: 숫자 정보를 의미합니다. 한 가지 종류의 데이터만 주고받을 수 있습니다.
초록색 ◉: 셰이더 정보입니다. 기본적으로 초록색 소켓은 초록색 소켓과만 연결할 수 있습니다(EEVEE 렌더러를 사용할 때의 [Shader to RGB] 노드만 예외입니다).

◉ 애드온 설정하기

[Edit]→[Preferences]→[Add-ons]를 선택하고, 검색 란에 [Wrangler]라고 입력합니다. [Node: Node Wrangler]라는 애드온이 표시되면 이를 활성화합니다.

이를 활용하면 노드 출력을 바로 [Material Output]으로 보내 결과를 확인할 수 있는 단축키([Ctrl]+[Shift]+노드 클릭) 등 다양한 단축키를 활용할 수 있습니다. 이를 활용해 결과를 확인하며 머티리얼을 조정하면 편합니다.

◉ 기본 노드

[Shader Editor] 또는 [Material Properties]의 [New]를 클릭해서 머티리얼을 추가하면 셰이더 에디터에 2개의 노드가 기본적으로 표시됩니다. 오른쪽에 있는 [Material Output] 노드는 렌더링 또는 화면 표시 등 출력을 위한 머티리얼입니다. 딱히 조작하지 않아도 괜찮습니다. 왼쪽에 있는 [Principled BSDF] 노드는 규칙에 맞춰 다양한 요소를 정확하게 계산해 질감을 만들어내는 노드입니다. 기본적으로 [Principled BSDF] 노드만으로도 다양한 표현을 할 수 있습니다. 일단 기초 단계이므로 4가지 중요한 속성만 소개하겠습니다.

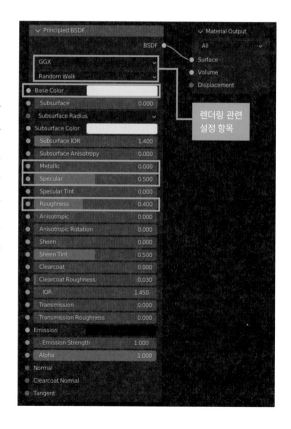

렌더링 관련 설정 항목

Base Color

오브젝트에 기본적인 색을 적용하기 위한 항목입니다.

Metallic

1.000으로 설정하면 오브젝트가 완전한 금속이 되어 주변 풍경을 비춥니다.

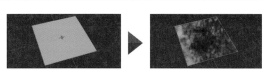

Specular

거울처럼 반사하는 광택을 표현합니다. 0.000으로 설정하면 광택이 전혀 없는 오브젝트가 됩니다.

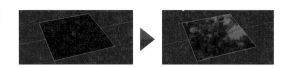

Roughness

표면의 거칠기를 표현합니다. 1.000으로 설정하면 거친 질감을 만들 수 있습니다. [Metalic]과 [Rouchness]를 모두 1.000으로 설정하면 광택 없는 금속 질감을 만들 수 있습니다.

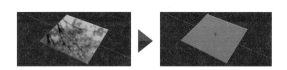

Tips

본문에서는 다루지 않았지만, [Subsurface]는 오브젝트 내부에서 빛이 산란하는 것을 계산해 주는 항목입니다. 예를 들어 태양 빛을 손으로 가려보면 손이 약간 붉게 보일 것입니다. 이것이 바로 서브서피스 스캐터링(표현 아래에서 산란하는 것)으로 인해 발생하는 현상입니다. Blender 3.X부터는 [Subsurface]와 관련된 항목이 많아졌습니다.

◉ 셰이더 노드 기본❶ 검은색이 0, 흰색이 1

블렌더 노드에서 가장 먼저 기억해야 하는 것은 검은색이 0, 흰색이 1을 나타낸다는 것입니다. 이것이 거의 모든 것의 기본이 됩니다.

색을 다루는 노드(현재 [RGB] 노드)에서 컬러 필드를 클릭하면 컬러 피커가 표시됩니다. 색 공간은 기본적으로 HSV(Hue=색조, Saturation=채도, Value=명도)로 이루어집니다. 여기에서 [V]가 중요합니다. [V]를 '0.000'으로 하면 검은색이 됩니다.

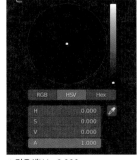

▲ 검은색: V=0.000

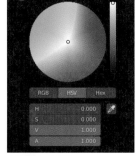

▲ 흰색: V=1.000

한번 검은색(V=0.000)으로 설정한 [RGB] 노드의 [Color] 소켓을 드래그해서 [Principled BSDF] 노드의 [Metallic] 소켓에 연결해 보세요. 이렇게 하면 1.000이었던 [Metallic] 값이 [RGB] 노드의 값(0.0000)으

로 변합니다. 이 상태에서 [RGB] 노드의 색을 흰색(Value=1.000)으로 설정하면 [Metallic]도 1.000이 되어 금속 질감을 냅니다. 마찬가지로 [RGB] 노드의 [Color] 소켓을 [Specular] 소켓 또는 [Roughness] 소켓에 연결하면 [RGB] 노드의 [V]가 값으로 반영됩니다.

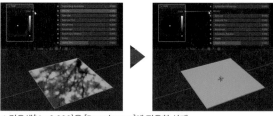

▲검은색(V=0.000)을 [Roughness]에 적용한 상태

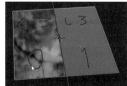

▲[Texture Coordinate], [Separate XYZ], [Math] 노드를 추가하고 다양한 설정을 활용해 흑백 텍스처를 만든 뒤, 이를 [Principled BSDF]의 [Roughness] 소켓에 연결했습니다. 이러한 흑백 텍스처 맵을 만들면 한 머티리얼 내부에서도 위치별로 색상과 질감이 다르게 구성할 수 있습니다.

◉ 셰이더 노드 기본❷ 위의 것이 0, 아래 것이 1

오른쪽 예는 [Diffuse BSDF] 노드(색을 적용하는 노드)를 2개 만들고, 색을 각각 파란색과 붉은색으로 설정했습니다. 그리고 각각의 [BSDF] 소켓과 [Mix Shader] 노드의 [Shader] 소켓을 위아래에 연결했습니다. 이제 [Fac]을 조작하면 연결되어 있는 노드의 효과를 특정 비율로 섞어서 활용할 수 있습니다. [Fac]이 0.000일 때 위의 [Shader] 소켓에 연결된 노드, [Fac]이 1.000일 때 아래의 [Shader] 소켓에 연결된 노드가 100%로 설정됩니다. 이것도 검은색(0)과 흰색(1)을 사용해서 제어할 수 있습니다. 위의 것이 0, 아래 것이 1이라고 외워 두기 바랍니다.

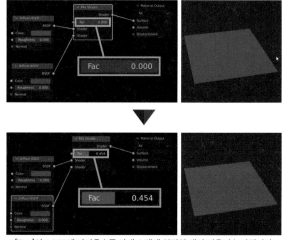

▲[Fac]이 1.000에 가까울수록 아래 소켓에 설정된 색의 비율이 높아집니다.

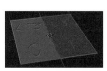

◀흑백 텍스처로 적용한 예

실사 소재 위에 바위 합성하기(섀도우캐처 활용)

실사 합성 과정

❶ 배경(카메라 설치)
촬영한 영상을 기반으로 3D 공간에 카메라를 배치합니다.

❷ 오브젝트
오브젝트를 준비합니다.

❸ 빛과 그림자
빛과 그림자에 맞춰서 오브젝트에 존재감을 부여합니다.

❹ 머티리얼
오브젝트의 외관을 결정합니다.

❺ 합성(색보정)
렌더링과 컴포지트합니다.

여기서는 주로 '❹머티리얼'을 다루겠습니다. 사용하는 배경 텍스처(라이팅 전용 HDRI)와 배경 이미지는 'Poly Haven'(https://polyhaven.com/hdris)에서 다운로드할 수 있습니다. 일단 어느 정도 설정을 마친 프로젝트 파일을 기반으로 설명을 시작하겠습니다. 렌더링 엔진은 Cycles로 설정합니다.

환경 텍스처와 배경 이미지 / 완성

◉ 오브젝트(바위) 배치하기

1 일단 바위를 만들겠습니다. 원숭이 메시와 그림자가 드리워질 수 있는 지면 전용 메시를 배치했습니다. 또한 어느 정도 스케일 조정을 했으며, 원숭이에는 [Subdivision Surface] 모디파이어를 적용해서 표면을 부드럽게 만들었습니다.

 Tips

3D 공간에 지면이 없으면 그림자가 생기지 않습니다. 따라서 그림자를 생성하려면 지면을 배치해야 합니다.

2 지면을 배치했다면 원숭이가 땅에 박히거나 공중에 뜨지 않게 위치를 조정합니다. 일단 오른쪽 그림의 경우 지면을 월드 포지션 Z=0 지점에 배치했으므로 원숭이가 Y축(녹색 선)에 딱 닿게 배치했습니다❶. 이어서 그림자가 잘 보일 수 있게 추가로 각도를 조정했습니다❷.

◉ 섀도우캐처(지면) 설정하기

1 뷰포트를 [Rendered]로 설정합니다**①**. 지면을 선택한
상태에서 [Object Property]→[Visibility]→[Mask]의
[Shadow Catcher]에 체크하면 지면이 지면의 그림자
만 표시합니다**②**.

Tips

섀도우캐처를 활성화하면 '그림자'와 '반사로 인한 반사광'
이외의 부분은 렌더링되지 않습니다.

2 [Ray Visibility]의 Glossy 체크를 해제합니다. 오른쪽
그림은 알기 쉽게 원숭이 오브젝트에 메탈릭 머티리얼을
적용했습니다. 광택이 있는 오브젝트를 배치할 때는 바
닥 색상이 영향을 받지 않게 비활성화해 두는 것이 좋습
니다.

3 섀도우캐처(지면)에 배경의 지면 색은 따로 입히겠습니
다. 지면을 선택한 상태에서 셰이더 에디터에서 [New]
를 클릭하려면 머티리얼을 새로 만들고 [Principled
BSDF]→[Base Color]의 스포이트를 사용해서 배경 지
면의 진한 색 부분을 클릭합니다. 지면에서 반사되는 빛
의 색이 변하면서 원숭이에 살짝 갈색 톤이 추가되었습
니다(Diffuse 효과).

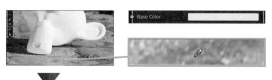

4 섀도우캐처(지면)를 모두 완성했으므로 오브젝트를 잠그
겠습니다. 아웃라이너에서 지면 오브젝트의 [아이콘]를 클릭합
니다.

◉ 색 노드 조합하기

셰이더 노드는 크게 입력 계열, 출력 계열, 처리 계열로 구분할 수 있습니다. 지금까지는 출력 계열([Material
Output] 노드 등)과 처리 계열([Color Ramp] 노드 등)만 활용했습니다. 이번에는 입력 계열의 노드인
[Texture Coordinate]와 [Ambient Occlusion(AO)] 노드 등을 활용해 보겠습니다.

1 일단 색을 지정합니다. 원숭이를 선택한 상태에서 셰이더 에디터에 [Add](또는 [Shift]+[A])→[Input]→[Texture Coordinate] 노드를 추가합니다.

2 [Vector]→[Mapping] 노드(텍스처를 이동하거나 회전할 수 있는 노드)를 추가합니다. 이어서 [Vector] 소켓과 [Texture Coordinate] 노드의 [Object] 소켓을 연결합니다.

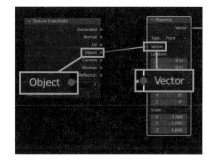

3 배경에 있는 바위와 비슷하게 색을 재현하겠습니다. [Texture]→[Noise Texture] 노드를 추가합니다. 이어서 [Vector] 소켓과 [Mapping]의 [Vector] 소켓을 연결합니다. 또한 [Fac]과 [Principled BSDF]의 [Base Color] 소켓을 연결합니다.

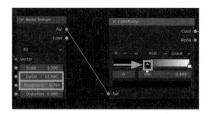

4 [Noise Texture] 노드와 [Principled BSDF] 노드 사이에 [Converter]→[Color Ramp] 노드를 삽입합니다. 검정색 컬러 스톱을 오른쪽으로 드래그해서 대비(컨트라스트)를 높이고, 색상이 얼룩지는지 확인합니다. 얼룩의 거친 정도가 배경에 있는 바위보다 부족하다는 생각이 든다면 [Noise Texture]의 [Detail]과 [Roughness]를 조정합니다. 확인을 완료했다면 컬러 스톱을 다시 원래대로 돌려 둡니다.

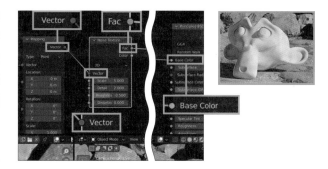

Detail=2.000
Roughness=0.500

Detail=12.600
Roughness=0.500

Detail=12.600
Roughness=0.794

5 [Color Ramp] 노드로 색을 적용하겠습니다. 자연
물을 만들 때는 일단 검정색과 흰색 컬러 스톱에 각
각 사진에서 어두운 부분 색과 밝은 부분의 색을 선
택합니다. 그리고 전체적인 컨트라스트를 보면서
컬러 스톱을 늘리거나 조정하는 것이 좋습니다.

Tips

컬러 스톱의 색조 위치를 변경하면서 자연물과 같은 형태가 나올 수 있게 조정하는 것이
포인트입니다. 색과 관련된 작업은 대충하면 실패하는 경우가 많으므로 시간을 갖고 신중
하게 작업해 주세요.

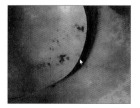

6 바위의 색이 단조로우므로 군데군데 검은 부분
을 만들어주겠습니다. [Color Ramp] 노드를
하나 더 추가하고, 과정 **5**의 [Color Ramp] 노
드의 [Color] 소켓과 [Fac] 소켓을 연결해서 색
상 정보를 활용해 흑백 이미지를 만들어냅니
다. 과정 **5**에서 만든 검은 얼룩만 남도록 컬러
스톱을 조정하고, [Color] 소켓과 [Principled
BSDF] 노드의 [Roughness] 소켓을 연결합
니다.

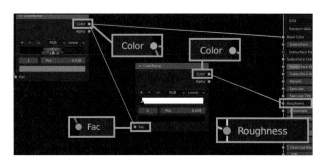
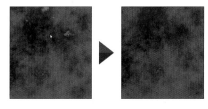

7 3D 뷰포트를 머티리얼 프리뷰 모드로 전환
해 둡니다. 이어서 [Principled BSDF] 노드의
[Specular]를 '0.500'으로 설정합니다. 현재 상
태만으로는 너무 선명하게 빛나게 반사되므로
흰색과 검정색을 설정한 [Color Ramp] 노드에
서 검정색 부분을 회색으로 변경해서 빛이 반사
되는 정도를 줄입니다. 조정을 완료했다면 3D
뷰포트를 렌더 프리뷰 화면으로 되돌립니다.

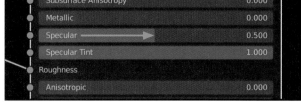

Tips

[Specular Tint]를 올리면 빛이 받는 부분에 베이스 컬러가 더 많이 적용되어 부드러운 느낌을 줍니다.

8 지면과 접지면 사이를 더욱 더 어둡게 만들겠습니다. [Input]→[Ambient Occlusion] 노드를 추가합니다. 추가로 [Color Ramp] 노드와 [Color]→[Mix Color] 노드를 추가합니다. 이어서 [Ambient Occlusion] 노드의 [AO] 소켓과 [Color Ramp] 노드의 [Fac] 소켓을 연결합니다. 또한 [Color Ramp] 노드의 [Color] 소켓과 [Mix Color] 노드의 [Fac] 소켓도 연결합니다. 바위 색을 나타내는 [Color Ramp] 노드의 [Color] 소켓을 [Mix Color] 노드의 [Color2] 소켓(밝은색)에 연결합니다. [Color1]은 어두운 갈색 등으로 어두운 계열의 색으로만 변경합니다. 마지막으로 [Principled BSDF] 노드의 [Base Color]를 [Mix Color] 노드의 [Color]와 연결하면 적용됩니다.

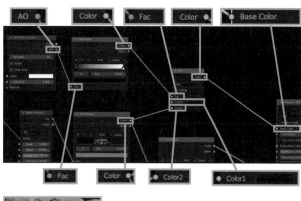

◉ 범프 노드 활용하기

1 이제 바위 표면의 굴곡을 만들겠습니다. [Vector]→[Bump] 노드를 추가하고, [Normal] 소켓을 [Principled BSDF] 노드의 [Normal] 소켓에 연결합니다.

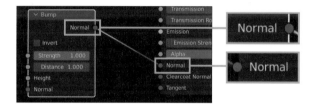

2 이후에 굴곡 위치를 조정할 수 있게 [Vector]→[Mapping] 노드를 추가합니다. 그리고 [Texture Coordinate] 노드의 [Object] 소켓과 [Mapping] 노드의 [Vector] 입력 소켓을 연결합니다. 일반적으로 바위는 크고 작은 굴곡이 있습니다. 이를 재현할 수 있게 [Texture]→[Voronoi Texture] 노드를

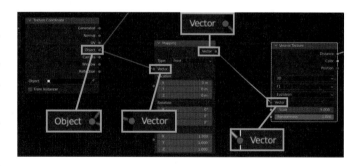

추가합니다. 그리고 [Mapping] 노드의 [Vector] 출력 소켓과 [Voronoi Texture] 노드의 [Vector] 소켓을 연결합니다.

> **Tips**
>
> [Voronoi Texture] 노드는 원형 그러데이션이 랜덤하게 배치되어 있는 텍스처입니다. 그러데이션의 경계는 선처럼 되며, 불규칙한 모양을 갖습니다.

3 [Voronoi Texture] 노드의 [Distance] 소켓과 [Bump] 노드의 [Height] 소켓을 연결해서 기본적인 굴곡을 만듭니다. 굴곡의 크기는 [Voronoi Texture] 노드의 [Scale]로 조정합니다.

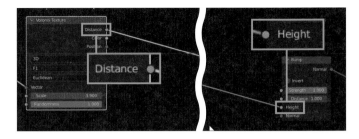

4 [Voronoi Texture]의 선이 너무 각져서 조각한 바위처럼 보입니다. [Mapping] 노드와 [Voronoi Texture] 노드 사이에 새로 [Mix Color] 노드를 삽입하고, 모드를 [Linear Light]로 변경합니다.

5 [Texture]→[Noise Texture] 노드를 추가하고 [Mapping] 노드의 [Vector] 소켓을 [Noise Texture] 노드의 [Vector] 소켓, [Noise Texture] 노드의 [Color] 소켓을 [Mix Color(Linear Light)] 노드의 [Color2] 소켓과 연결합니다. 이어서 [Fac] 값과 [Noise Texture] 값을 조정합니다.

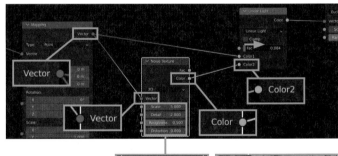

Tips

[Mapping] 노드와 [Voronoi Texture] 노드 사이에 직접 [Noise Texture] 노드를 연결하면 벡터 정보가 깨져서 [Noise Texture]를 제대로 재현할 수

없습니다. 그래서 [Mix Color]를 활용해 간접적으로 연결했습니다.

6 [Voronoi Texture]의 선을 강조하겠습니다. 일단 [Voronoi Texture] 노드를 선택하고, [Shift]+[D] 노드를 복제합니다❶[1]. 그리고 복제한 [Voronoi Texture] 노드의 [F1]을 클릭하고, [Distance to Edge]로 변경합니다❷.

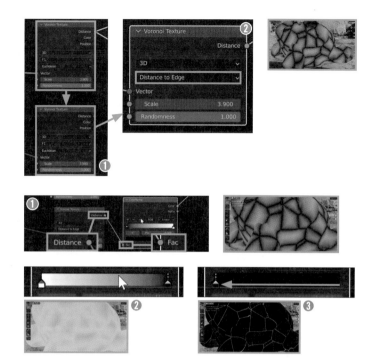

7 [Converter]→[Color Ramp] 노드를 추가하고, 복제한 [Voronoi Texture] 노드의 [Distance] 소켓과 [Color Ramp] 노드의 [Fac] 소켓을 연결합니다❶. ☑→[Flip Color Ramp]를 클릭해서 흰색과 검은색을 반전하고❷, 검은색 컬러스톱을 왼쪽으로 드래그해서 흰색 선 형태가 나오게 만듭니다❸[2].

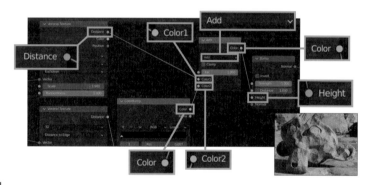

8 [Color]→[Mix Color] 노드를 추가하고, 모드를 [Add]로 설정합니다. 복제 원본인 [Texture Coordinate] 노드의 [Distance] 소켓과 [Color Ramp] 노드의 [Color] 소켓을 각각 [Color1], [Color2] 소켓에 연결합니다. 그리고 [Add] 노드의 [Color] 소켓과 [Bump] 노드의 [Height] 소켓을 연결하면 에지가 또렷하게 보입니다.

홀드 아웃으로 합성해서 싱크홀 만들기

바위와 마찬가지로 환경 텍스처(라이팅 전용 HDRI)와 배경 이미지를 미리 배치한 프로젝트를 사용해 설명하겠습니다. 노드(머티리얼)는 바위를 만들 때 사용한 것을 활용하겠습니다(따라서 이전 머티리얼을 제거하지 말고 저장해 두세요).

---

1 (옮긴이) 복제 후 [Mix Color(Linear Light)] 노드의 [Result] 소켓과 복제한 [Voronoi Texture] 노드의 [Vector] 소켓을 연결합니다.
2 (옮긴이) 흰색 선만큼 경계 부분이 더 강조되므로 경계가 너무 진하다 싶으면 흰색을 회색으로 변경해주세요.

환경 텍스처와 배경 이미지 | 완성

◉ 싱크홀 모델 만들기

1 [Cylinder] 메시를 추가하고 오른쪽 그림
처럼 모델링합니다. 모자의 가장자리처럼
펼쳐진 부분은 지면의 위치에 맞게 적절
하게 조절합니다.

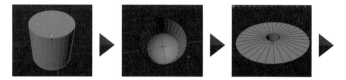

Tips

오브젝트의 원점(Origin)을 싱크홀 아래 부
분으로 설정해 두세요.

◉ 바위 머티리얼 읽어 들이고 조정하기

1 [File]→[Append]를 선택하고❶, 바위
프로젝트 내부의 [Material] 폴더에서 읽
어 들일 머티리얼을 선택합니다. 이어
서 [Append]를 클릭해서 프로젝트 내
부로 머티리얼을 읽어 들입니다❷. 셰이
더 에디터에서 ◉→읽어 들인 머티리
얼을 선택해서 적용하고, 3D 뷰포트를
[Rendered]로 설정해서 결과를 확인합
니다❸.

2 그럼 모래처럼 보이게 만들어 보겠습니다. 일단 두 [Voronoi Texture] 노드의 [Scale]을 함께 조절할 수 있게 [Input]→[Value] 노드를 추가합니다. 이어서 [Value] 소켓을 두 [Voronoi Texture] 노드의 [Scale] 소켓에 연결합니다.

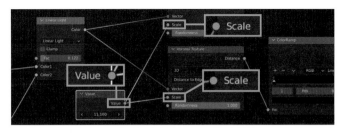

3 모래가 싱크홀 안으로 무너져 들어가는 모습을 만들겠습니다. 231페이지의 단계 **2** 에서 추가했던 [Mapping] 노드 내부에 있는 [Scale]의 [Z] 값을 조정합니다.

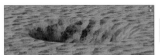
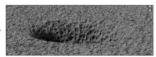

4 [Noise Texture] 노드의 [Roughness] 값을 크게 만들어서❶ 모래처럼 보이게 만듭니다. 그리고 베이스 컬러와 연결된 [Color Ramp] 노드를 살짝 붉은색으로 조정합니다❷.

◉ 싱크홀 주변 자연스럽게 만들기

[Texture Coordinate] 노드의 [Object]를 사용하면 오브젝트의 원점(Origin)을 기준점으로 사용할 수 있습니다. 그럼 노드를 조합해서 기준점으로부터의 거리(길이)를 기반으로 흑백을 제어하는 마스크를 만들어보겠습니다.

1 [Converter]→[Vector Math] 노드를 추가하고, 모드를 [Length]로 변경합니다. 이어서 [Texture Coordinate] 노드의 [Object]와 연결합니다.

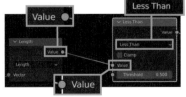

2 [Converter]→[Math] 노드를 추가하고, 모드를 [Less Than]으로 변경합니다. 이어서 [Vector Math(Length)] 노드의 [Value]와 연결합니다.

[Less Than]은 [Threshold] 값보다 작으면 '1', 이외의 경우 '0'을 출력하는 노드입니다. 현재 예제에서는 [Length] 소켓을 입력받고 [Threshold]가 0.50이므로, 원점으로부터 0.5m 이상 떨어진 부분을 모두 1(흰색)로 출력합니다(블렌더에서는 1을 1m로 생각하면 됩니다[3]).

3 [Math(Less Than)] 노드의 [Threshold] 값을 조정해서 싱크홀의 가장자리 부근까지 흰색이 되게 만듭니다. 이를 마스크로 활용해서 검정색 부분을 투명하게 만들 것입니다.

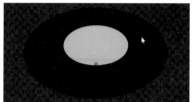

4 [Shader]→[Holdout] 노드와 [Shader]→[Mix Shader] 노드를 추가합니다. '검은색=0=위'라는 것을 생각하면서 [Mix Shader] 노드 위의 [Shader] 소켓에 [Holdout] 노드의 [Holdout] 소켓, 아래의 [Shader] 소켓에 [Principled BSDF] 노드의 [BSDF] 소켓을 연결합니다.

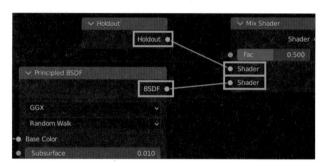

5 [Mix Shader] 노드를 출력에 연결하고 [Math(Less Than)] 노드의 [Value] 소켓과 [Mix Shader] 노드의 [Fac] 소켓을 연결하면 마스크의 검은색 부분이 사라집니다.

검은 영역은 [Math(Less Than)] 노드의 [Threshold]로 조정할 수 있습니다.

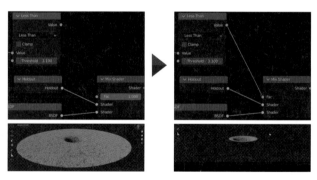

6 마스크의 흰색과 검은색 경계를 모래처럼 부드럽게 만들겠습니다. 232페이지의 과정 **4**~**5**를 참고해서 [Mix Color(Linear Light)] 노드와 [Noise Texture] 노드를 추가하고, 오른쪽 그림처럼 연결합니다. 이어서 [Noise Texture] 노드의 [Detail]과 [Roughness]를 조정합니다.

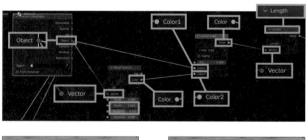

---

3 (옮긴이) 블렌더에서 크기는 다양한 요소에 의해 결정될 수 있습니다. 따라서 절대적인 값을 너무 의식하는 것보다는 눈으로 결과를 보면서 실제로 파라미터를 움직여보면서 결과를 보는 것이 좋습니다.

머티리얼을 투명하게 만드는 노드로 [Shader]→[Transparent BSDF] 노드도 있습니다. 그런데 과정 ❹에서 [Holdout] 노드 대신에 [Transparent BSDF] 노드를 적용하면 오른쪽 그림처럼 구멍의 측면이 보입니다. 반면 [Holdout]은 투명하게 만들면서 머티리얼 뒤에 가려진 부분을 모두 표시하지 않습니다.

▲[Tranparent BSDF] 노드   ▲[Holdout] 노드

EEVEE에서 섀도우캐처를 만드는 노드

렌더 엔진을 EEVEE로 설정했을 경우, 227페이지의 방법으로 섀도우캐처를 만들 수 없습니다. 그럼 어떻게 해야 할까요? 이번에는 바닥 오브젝트에 셰이더 노드를 추가해서 EEVEE에서도 섀도우캐처를 구현하는 방법에 대해 설명하겠습니다.

1 227페이지를 참고해서 원숭이와 바닥 오브젝트를 배치합니다. 렌더 엔진은 [EEVEE]로 설정합니다([Render Properties]📷에서 확인할 수 있습니다).

2 3D 뷰포트를 [Rendered]로 설정합니다. EEVEE로 섀도우캐처할 때는 광원을 태양으로 설정해서 빛에 의한 색 왜곡을 없애는 것이 좋습니다. 라이트를 선택한 상태에서 [Object Data Properties]💡→[Light]→[Sun]을 클릭하고, [Strength]를 조정합니다.

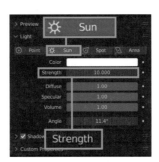 

3 기본값만으로는 그림자가 제대로 나오지 않으므로 [Render Properties]📷→[Shadows]의 [Cascade Size]를 '4096'으로 올리고, [Object Data Properties]💡→[Light]의 [Angle]을 '0°'로 설정합니다.

[Cascade Size]는 빛 전용 에지 샘플 수라고 생각하면 됩니다[4]. Angle은 각도가 높을수록 그림자가 부드럽게 만들어집니다.

---

4 (옮긴이) 값이 높을수록 빛이 더 정교하게 재현된다는 의미입니다.

4 섀도우캐처를 만들겠습니다. 바닥 오브젝트를 선택하고 머티리얼을 추가합니다. [Principled BSDF] 노드의 [Specular]를 '0.000'으로 설정합니다.

5 [Converter]→[Shader to RGB] 노드를 [Principled BSDF] 노드와 [Material Output] 노드 사이에 삽입합니다.

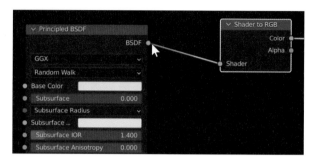

Tips

컬러 정보를 얻었으므로 그림자만 남기고 다른 것들은 투명하게 만들면 섀도우캐처가 구현됩니다.

6 [Converter]→[Color Ramp] 노드, [Shader]→[Tranparent BSDF] 노드, [Shader]→[Diffuse BSDF] 노드(그림자를 칠할 셰이더), [Shader]→[Mix Shader] 노드를 추가하고 오른쪽 그림처럼 연결합니다. [Diffuse BSDF] 노드의 Color는 검은색으로 설정해 둡니다.

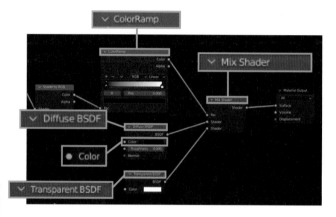

Tips

[Color Ramp] 노드로 이후에 그림자의 농도를 조정할 수 있습니다.

7 [Material Properties]▦→[Settings]→[Blend Mode]를 [Opaque]에서 [Alpha Blend]로 변경합니다❶. 섀도우캐처가 제대로 동작하는지 확인하고 싶다면 [Render Properties]▦→[Film]→[Transparent]에 체크해보세요. 배경이 투명해지므로 조금 더 쉽게 확인할 수 있습니다❷.

[Brick Texture] 노드와 [Math] 노드 결합해 보기

[Brick Texture] 노드는 폭과 너비를 조정할 수 있기는 하지만, 벽돌 하나하나를 무작위로 쌓아 올린 듯한 느낌을 구현할 수 없습니다. 여기에 [Math] 노드를 결합하면 '랜덤하게 쌓아 올려진 벽돌'이라는 독특한 텍스처를 만들 수 있습니다.

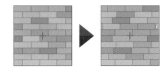

1 Plain 오브젝트에 [Texture]→[Brick Texture] 노드를 추가하고, [Principled BSDF] 노드의 [Base Color]와 연결합니다. [Row Height(줄 높이)]를 '1.000'으로 설정하면 [Scale]에 입력한 숫자와 줄의 수가 같아집니다. 다른 항목들은 취향에 따라 조정해주세요.

2 [Input]→[Texture Coordinate] 노드를 추가하고, 왼쪽 아래가 중심점이 되게 [Generated] 또는 [UV]를 사용합니다❶. 수평선을 만들 수 있게 벡터 데이터를 XYZ로 나누어 주는 [Converter]→[Separate XYZ] 노드를 추가하고, [Y]의 데이터를 사용합니다❷. [Converter]→[Math] 노드를 추가하고, 모드를 [Snap]으로 변경합니다❸.

3 [Math(Snap)] 노드의 [Increment]에 1/10이라는 값을 지정해 보겠습니다. 일단 [Converter]→[Math] 노드를 추가하고 모드를 [Divide]로 변경합니다. [Divide]는 위의 [Value]를 아래 [Value]로 나누므로 위의 [Value]에 '1.000', 아래의 [Value]에 '10.000'을 입력합니다.

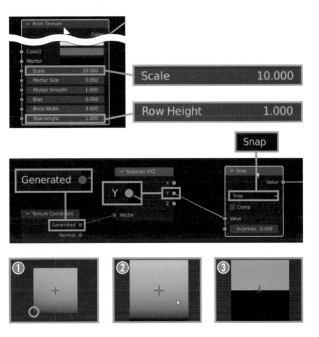

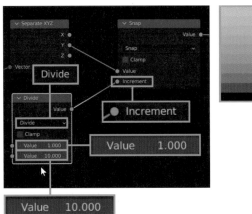

Tips

아래의 [Value]에 [Input]→[Value] 노드를 연결해 두면 실수로 위의 [Value]를 조작하는 실수를 방지할 수 있습니다.

4 휘도(밝은 정도)를 랜덤하게 설정합니다.
[Texture]→[White Noise] 노드의 [Value]
를 사용합니다. 모드를 [4D], [W] 파라미터
를 표시해 둡니다.

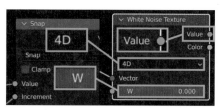

5 XYZ를 벡터 데이터로 결합하는
[Converter]→[Combine XYZ] 노드를 추
가합니다. [Y] 소켓에는 [Separate XYZ]
노드의 [Y] 소켓을 연결합니다.

6 [Converter]→[Math] 노드(Add)를 추가하
고, 위의 [Value] 소켓과 [White Noise] 노
드의 [Value] 소켓, 아래의 [Value] 소켓과
[Separate XYZ] 노드의 [X] 소켓을 연결합
니다.

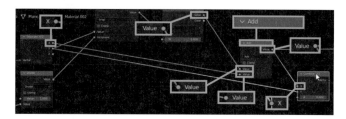

7 [Combine XYZ] 노드의 [Vector]
소켓과 [Brick Texture] 노드의
[Vector] 소켓을 연결하면 벽돌들이
교차합니다. [White Noise] 노드의
[W]로 벽돌의 교차 정도를 조정할 수
있습니다.

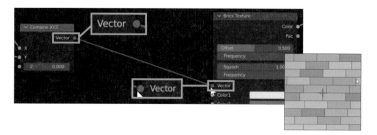

◉ 셰이더 노드의 가능성

실사 합성에서도 노드는 항상 고민해야 하는 부분입니다. 여러 시행 착오를 거치다 보면 원하는 머티리얼을 만
들어낼 수 있을 것입니다. 현업에서 감독 또는 연출가 등의 요구를 곧바로 대응할 수 있게 다양한 노드 조합을
공부해 두면 좋습니다.

4 - 2

블렌더 컴포지트 노드

3장에서 애프터 이펙트로 컴포지트(합성)하는 방법을 소개했습니다. 그런데 사실 블렌더 내부에서도 컴포지트할 수 있습니다. 표지 이미지의 작품은 블렌더에서 렌더링 작업과 컴포지트 작업을 모두 해서 마무리했습니다. 이번 절에서는 컴포지트 노드를 활용해서 컴포지트하는 방법과 관련된 테크닉을 소개하겠습니다.

이 절의 개요

· 합성을 위한 소프트웨어
· 컴포지트 노드의 기본적인 사용 방법

타카 타치바나

합성을 위한 소프트웨어

블렌더는 통합형 3D CG 소프트웨어입니다. 따라서 모델링부터 합성까지 다양한 기능을 갖고 있습니다. 따라서 실사 합성도 블렌더만으로 할 수 있습니다. 다만 컴포지트와 관련된 기능이 조금 부족하다고 느껴질 수 있습니다. 기능적인 측면을 제외한다고 해도, 조작이 조금 쓸데없이 복잡합니다. 따라서 컴포지트는 애프터 이펙트, Fusion, Nuke 등의 외부 소프트웨어를 활용하는 것도 좋습니다.

하지만 블렌더의 컴포지트 노드를 어느 정도 공부해 두면 간단하게 블렌더만으로도 합성을 완료할 수 있습니다. 또한 블렌더만으로 합성을 완료하지 않더라도 외부 소프트웨어로 보내기 전에 어느 정도 결과를 미리 보는 느낌으로 활용할 수 있습니다.

컴포지트 노드의 기본적인 사용 방법

그럼 표지에 있는 작품을 예로 컴포지트 노드의 기본적인 사용 방법에 대해 설명하겠습니다. 초보자도 쉽게 따라할 수 있는 간단한 예제이지만, 설명하면서 합성과 관련된 추가적인 지식과 테크닉 등을 함께 설명하겠습니다. 컴포지트(합성)는 크게 '소재 읽어 들이기'→'이펙트 올리고 어울리게 만들기'→'블렌딩'이라는 흐름으로 이루어집니다.

이번 예제에서 소재는 실사 배경, 벌새 로봇 오브젝트, 파티클입니다. 실사 이미지를 배경으로서 불러오고, 이에 맞춰 오브젝트를 배치하고 렌더링합니다. 렌더링 때 레이어를 분리해 두면 각각의 레이어를 이후에 독립적으로 조정할 수 있습니다(레이어를 분리하는 방법은 3-8절을 참고해주세요).

❶ 실사 배경(BG) / ❷ 벌새 로봇 오브젝트(Bird) / ❸ 파티클(PTC)

◉ 소재 읽어 들이기

1 렌더링 후 상단 바에서 [Compositing]을 클릭해
서 워크스페이스를 전환합니다. 이어서 헤더 왼
쪽에 있는 [Use Nodes]에 체크합니다.

2 [Ctrl]+[Shift]를 누르면서 [Render Layers]
노드를 클릭하면 [Viewer] 노드가 자동으로
연결됩니다. 그리고 여기에 씬과 레이어가 미
리보기 상태로 표시됩니다. [Composite] 노
드에는 연결된 데이터가 출력됩니다❶. 만약
[Viewer] 노드와 [Composite] 노드 모두에
같은 것을 출력하고 싶다면 [Shift]를 누르면
서 두 링크 위를 마우스 오른쪽 버튼으로 드
래그해서 분기점을 만들면 됩니다❷.

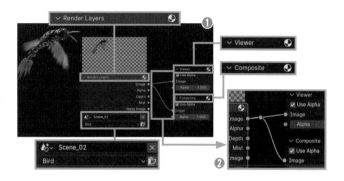

3 [Shift]+[A]를 누르고, [Color]→[Alpha
Over] 노드, [Input]→[Image(또는 Movie
Clip)] 노드를 추가합니다. 오른쪽 그림처럼
연결하면 실사 배경 위에 렌더링 결과를 배치
할 수 있습니다. 컴포지트 노드는 이처럼 미
리보기가 표시되므로 이를 보면서 작업하면
됩니다. 그럼 소재를 하나 더 배치해 보겠습
니다.

4 [Alpha Over] 노드와 [Render Layers] 노드를 복제하고, 다음과 같이 연결합니다. 그리고 [Render Layers] 노드
에서 다른 레이어를 선택하면 다른 소재를 읽어 들일 수 있습니다. 이렇게 하면 여러 소재를 겹칠 수 있습니다. 다만 이
렇게 단순하게 소재들을 겹치는 것만으로는 서로 어울리지 않으므로 여러 가지를 조정하고 효과를 추가해야 합니다.

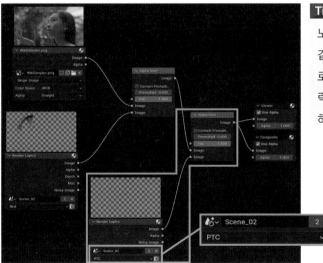

Tips

노드의 기본적인 조작 방법은 셰이더 에디터와 거의
같습니다. 추가로 배경 뷰는 [V]로 축소, [Alt]+[V]
로 확대할 수 있습니다. 또한 [Alt]+마우스 가운데 클
릭으로 이동할 수 있습니다. 보기 쉽게 위치를 조정
하면서 작업하는 것이 좋습니다.

▲애프터 이펙트 등의 레이어 기반 소프트웨어와 다르게, 노드 기반의 작업은 이처럼
노드를 추가하고 연결하면서 작업합니다.

◉ 블렌딩

실사 합성에서 블렌딩은 매우 중요한 단계입니다. CG 부분이 실제 이미지와 잘 어우러지지 않으면 최종 영상이 어색해 보일 수 있습니다. 어우러지지 않는 것에는 다양한 이유가 있을 수 있습니다. 다음과 같은 사항에 주의를 기울인다면 어느 정도 자연스러운 결과를 얻을 수 있습니다.

밝기, 대비, 색조 조정

밝기, 대비, 색상을 조절해야 합니다. 눈으로 보고 조정하는 것이 어렵다면, 파형 모니터를 사용하여 확인하는 것이 좋습니다. 화면을 나누고 에디터 타입을 [Image Editor]로 설정한 후, 표시할 이미지를 [Render Result] 또는 [Viewer Node]로 설정합니다. 이 영역에서 [N] 키를 누른 후 사이드바의 [Scopes] 탭을 클릭하면 파형을 볼 수 있습니다. 이처럼 화면을 분할하여 파형을 항상 표시해 두면 작업하기 편리합니다.

가장 밝은 부분과 가장 어두운 부분을 생각하며 조정하는 것이 중요합니다. 예를 들어, 이 사진에서는 머리카락의 그림자 부분이 가장 어두울 것입니다. CG 소재를 단순히 겹치면 로봇 벌새의 어두운 부분이 너무 어둡게 보일 수 있습니다. 잘 보이지 않는다면 파형을 다시 확인해 보세요.

이 작업의 핵심은 가장 밝은 부분과 가장 어두운 부분을 생각하며 조정하는 것입니다. 예를 들어, 다음 이미지에서는 머리카락의 그림자 부분이 가장 어두울 것으로 예상됩니다. 하지만 CG 소재를 그대로 겹쳤을 때 파형을 통해 벌새 로봇의 어두운 부분이 더 극단적으로 어둡게 나타나는 것을 알 수 있습니다(표시되는 화면에서 밝은 부분은 파형 상단에, 어두운 부분은 파형 하단에 분포합니다).

[Compositor]에서 [Color]→[Adjust]→ [Color Correction] 노드를 추가하고, 파형을 보며 실사의 질감에 가까워지도록 각 파라미터를 조정합니다. 사람의 눈은 밝기에 민감하기 때문에 밝기 조정이 매우 중요합니다. 이 조정만으로도 이미지가 상당히 잘 어우러질 것입니다. 채도와 색조 등의 색상도 조정해 주세요. 이러한 작업을 미리 해 두면 다음 단계인 컬러 그레이딩 작업도 더 쉬워집니다.

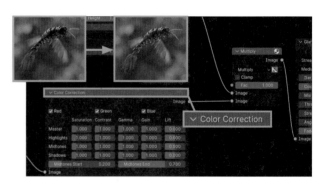

실사와 CG의 선명도가 비슷해지게 조정합니다. CG 렌더링은 블랜더 카메라의 [f] 값을 1.4 등으로 설정해도 실사처럼 부드러운 느낌이 아니라 매우 선명하게 출력합니다. 따라서 CG 부분을 조금 더 부드럽게 처리하거나 실사의 선명도를 올리면 위화감을 줄일 수 있습니다. [Filter]→[Filter] 노드를 추가하면 [Soften]와 [Box Sharpen] 등의 모드를 사용할 수 있습니다. 이를 활용해 조정해 보세요. 오른쪽 벌새로봇 예에서는 CG에 [Soften], 실사에 [Box Sharpen]을 적용하고 균형을 맞췄습니다.

모션 블러도 실사와 CG 사이에 차이가 생기면 위화감이 발생할 수 있습니다. 이번 작품 예에서는 모델이 정적이므로 모션 블러 없이도 큰 이질감이 없습니다. 그러나 모션 블러를 적용하면 더 생동감 있는 연출이 가능합니다.

모션 블러는 [Render Properties]의 [Motion Blur]를 체크해서 활성화하면 됩니다. 또한 렌더링 때는 비활성화 해두고, 컴포지트 노드의 [Filter]→[Blur]→[Vector Blur] 노드를 사용해 나중에 조정할 수도 있습니다. [View Layer Properties]■→[Passes]→[Data]에서 Z(심도)와 [Vector]에 체크하고, 오른쪽과 같이 연결하면 됩니다.

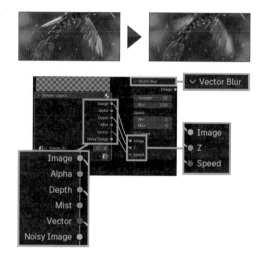

◉ 컬러 그레이딩

실사와 CG의 균형이 어느 정도 잘 어우러졌다면 마지막 단계로 컬러 그레이딩합니다. 영상 편집하면서 컬러 그레이딩을 해 본 적 있다면 비슷한 느낌으로 작업할 수 있습니다. [Color Correction], [RGB Curves] 등의 노드를 추가하고 조정해서 원하는 색감이 나오게 만듭니다. 예제 이미지처럼 [Ellipse Mask] 노드와 [Soften] 노드를 연결하고 [Mix Color(Multiply)] 노드를 조합하면 비네팅 효과를 추가할 수 있습니다. 또한 [Filter]→[Glare] 노드 등으로 다양한 이펙트를 추가할 수 있습니다. [F11]을 누르면 [Composite] 노드에 연결된 결과가 표시됩니다. 마지막 노드가 [Composite] 노드와 잘 연결되었는지 확인하고 [Alt]+[S]를 눌러 원하는 형식으로 저장하면 완성입니다.

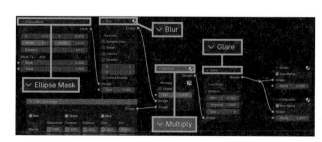

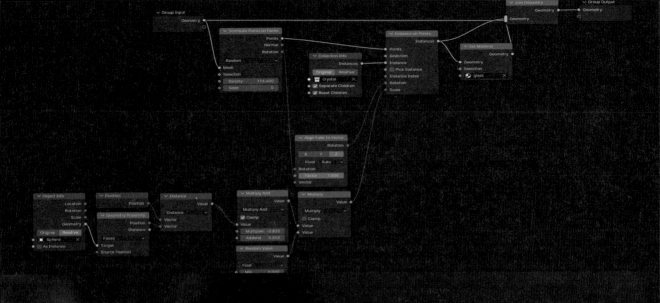

4-3

[블렌더에서 주목해야 하는 기능]

지오메트리 노드 첫 걸음

Blender 3.0부터 등장한 지오메트리 노드도 앞으로도 주목해야 하는 기능 중 하나입니다. 이번 절에서는 지오메트리 노드를 사용해 어떤 작업을 할 수 있는지, 간단한 예제를 만들며 알아보겠습니다.

이 절의 개요

· 지오메트리 노드의 특징

· 지오메트리 노드 연습

Taka Tachibana

지오메트리 노드의 특징

◉ 프로시저럴 모델링

CG에서 기억해 두면 좋은 단어가 있습니다. 바로 '프로시저럴(procedure)'입니다. 한국어로는 '절차적'이라고 직역할 수 있지만, '프로그래밍적'이라고 생각하는 것이 더 이해하기 쉬울 것입니다. 지오메트리 노드를 활용하는 것이 바로 '프로시저럴 모델링'입니다. 이를 활용하면 컴퓨터의 전

프로시저럴 모델링의 장점
• 대량의 오브젝트에 복잡한 움직임을 부여할 수 있음
• 대량의 오브젝트를 자동 생성할 수 있음
• 수정이 쉽고, 시간을 단축할 수 있음

문 분야라고 할 수 있는 대량, 고속, 연속적인 처리를 쉽게 구현할 수 있습니다.

◉ 모델링부터 모션그래픽까지

이번 절에서는 왼쪽 페이지의 그림처럼 특정 부위에서 금속 같은 것이 자라나는 표현을 만들어보겠습니다. 이는 특정 범위를 갖는 오브젝트를 활용해서 해당 범위 안에만 금속이 만들어지게 하는 것입니다. 이 오브젝트(트리거 오브젝트라고 부릅니다)의 위치와 크기를 옮기면 금속이 돌출되는 부분이 움직일 것입니다. 메시를 하나하나 편집해서 이를 만드는 것은 거의 불가능합니다. 하지만 지오메트리 노드를 활용하면 쉽게 할 수 있습니다. 처음에는 노드의 종류와 그 조합 방법을 배우는 것이 힘들 수 있겠지만, 한 번 배워 두면 다양한 곳에 응용할 수 있습니다.

지오메트리 노드 연습

1 원숭이 오브젝트를 추가하고, [Modifier Properties]에서 [Generate]→[Subdivision Surfaces]를 추가합니다**❶**. 원숭이를 마우스 오른쪽 버튼으로 클릭하고, [Shade Smooth]를 클릭합니다**❷**. 이렇게 하면 원숭이가 부드러워집니다.

2 워크스페이스를 [Geometry Nodes]로 전환합니다. 아래에 있는 [Geometry Node Editor]에서 [New]를 클릭하면 자동으로 지오메트리 노드가 설정됩니다.

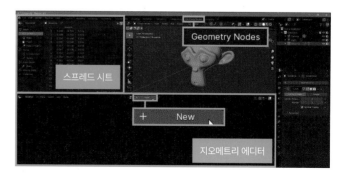

[Modifier Properties]에도 [Geometry Nodes] 모디파이어가 추가됩니다. 왼쪽 위의 [Spreadsheet]에서는 어떤 정보를 기반으로 어떤 정보를 생성하는지와 관련된 지오메트리 데이터를 확인할 수 있습니다.

3 지오메트리 에디터에서 [Shift]+[A]를 눌러서 새로운 노드를 추가할 수 있습니다. [Instances]→[Instances on Points]와 [Mesh]→[Primitives]→[Cylinder]를 선택하고, 그림처럼 연결합니다.

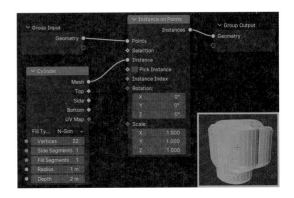

4 실린더 설정을 [Vertices]=8, [Radius]=0.01m, [Depth]=0.05m로 설정해 보면, 원숭이 오브젝트의 각 버텍스에서 원기둥이 생기는 것을 볼 수 있습니다①. [Geometry]→[Join Geometry]를 아래 그림처럼 연결하면 원래 오브젝트도 동시에 표시할 수 있습니다②.

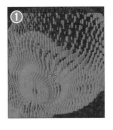

5 [Utilities]→[Random Value]를 추가하고 그림처럼 [Scale]에 연결하면 실린더의 크기가 랜덤해집니다. 지오메트리 노드를 사용하면 이렇게 대량의 오브젝트를 한 번에 제어할 수 있습니다.

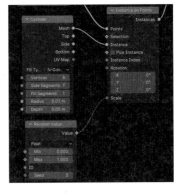
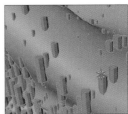

6 [Point]→[Distribute Pointes on Faces] 와 [Utilities]→[Rotation]→[Align Euler to Vector]를 추가하고, 그림처럼 연결합니다. 이렇게 하면 실린더가 노멀(페이스와 수직한 방향)을 향하게 바뀝니다. [Distribute Pointes on Faces]로 밀도를 설정할 수 있으므로 이 숫자를 크게 하면 더 많은 실린더를 생성할 수 있습니다.

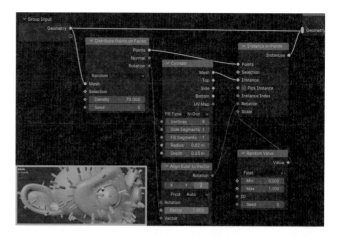

7 그럼 이제 원하는 부분에만 실린더가 생성되게 만들어보겠습니다. 새로운 UV 구체를 추가하고, [Object Properties]의 뷰포트 표시에서 표시 방법을 [Wireframe]으로 변경합니다. [Input]→[Scene]→[Object Info],

[Geometry]→[Geometry Proximity], [Geometry]→[Read]→[Position], [Utilities]→[Vector]→[Vector Math]를 추가하고 그림처럼 연결합니다. [Object Info]의 입력 란에 방금 만들었던 UV 구체를 선택하고, [Relative]를 선택합니다. [Vector Math]는 타입을 [Distance]로 선택합니다.

8 [Utilities]→[Math]→[Math] 노드를 두 개 추가하고, 하나는 [Multiply Add]로 전환하고 [Clamp]에 체크합니다. 또 다른 하나는 타입을 [Multiply]로 설정하고, [Multiply Add]와 과정 **5**의 [Random Value]를 연결합니다. 그리고 그 결과를 그림처럼 [Instances on Points]의 [Scale]에 연결합니다.

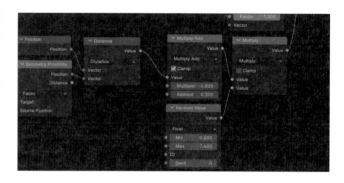

9 이 상태에서 UV 구체를 움직이면 구체가 다가갈 때 실린더가 만들어지고 구체가 멀어질 때 실린더가 소멸합니다. 이처럼 메시를 직접 편집하지 않고 노드를 연결하고 지시를 내리는 것만으로 오브젝트를 생성하거나 애니메이션을 적용할 수 있습니다. 비파괴적 모델링[5]이므로 다른 위치에 실린더를 만들고 싶거나 실린더가 아닌 다른 형태로 만들고 싶을 때 쉽게 수정할 수 있습니다.

 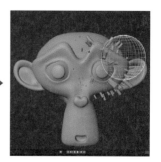

---

5 (옮긴이) 비파괴적 모델링이란 메시 구조를 직접적으로 수정(파괴)하지 않고 위에 효과를 추가해서 변형하는 방식을 의미합니다.

◉ 인스턴스를 원하는 오브젝트로 설정하기

예제에서는 과정 **3**에서 [Instances]를 [Cylinder]로 설정했습니다. 여기에 다른 오브젝트 또는 컬렉션을 할당할 수도 있습니다. [Input]→[Scene]→[Object Info] 또는 [Collection Info]에서 노드를 추가하고 대상을 지정합니다. 다음 예에서는 크리스탈 오브젝트를 적용했습니다. 만약 생성 방향이 잘못되었다면 [Align Euler to Vector]로 축을 변경해 주세요.

지오메트리로 생성한 것에 머티리얼을 적용하고 싶다면 [Material]→[Set Material]을 연결하고 설정합니다.

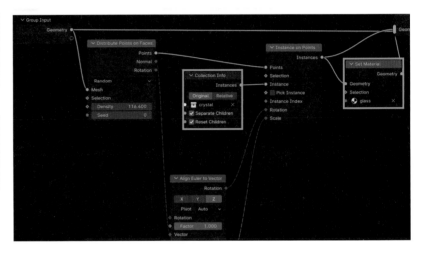

Tips

지오메트리 노드와 비슷한 기능으로 애니메이션 노드(Animation Nodes)가 있습니다. 이는 블렌더가 기본적으로 제공하는 기능은 아니고, 원래부터 유명했던 별도의 애드온입니다. 둘 다 노드를 기반으로 한다는 점은 같지만, 애니메이션 노드는 시간의 흐름과 관련된 것, 고급 애니메이션과 관련된 표현에 적합합니다. 무료 애드온이므로 노드를 좋아하는 분이라면 한 번 살펴봐도 좋을 것이라고 생각합니다. 다운로드는 https://animation-nodes.com/에서 할 수 있습니다.

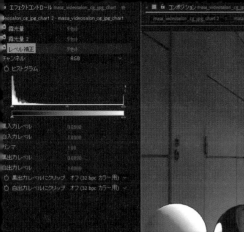

4-4

[CG를 더욱 리얼하게]
CG 전용 환경광을 만드는
방법과 기초 지식

실사 합성은 실사 소재와 CG 소재를 결합해서 현실에서는 촬영할 수 없는 영상을 만드는 과정입니다. 실사 합성을 보다 자연스럽게 하려면 CG 전용 환경광을 잘 활용해야 합니다. TV 광고, 뮤직비디오 등에서 VFX, 모션그래픽 작업을 하고 계신 Mihara Masaya 님께서 관련된 내용을 집필해 주셨습니다.

이 절의 개요

• 현업에서 3D CG로 실사 합성 영상을 제작할 때 해야 하는 일

• 환경 맵 만들어서 실사 합성하기

Twitter

미하라 마사야(Mihara Masaya)

프리랜서로 활동하고 있는 VFX 디자이너입니다. 포스트 프로덕션 경험을 기반으로 TV 광고와 뮤직비디오의 VFX와 모션그래픽 작업을 담당하고 있습니다.

https://twitter.com/
masaya_c7

현업에서 3D CG로 실사 합성 영상을 제작할 때 해야 하는 일

◉ 실사 합성 때 필요한 소재 촬영하기

실사 소재에 3D CG를 합성하려면 현장에서의 소재 촬영, 블렌더와 애프터 이펙트 등의 소프트웨어를 활용한 환경 맵 생성, 컴포지트 등의 작업이 필요합니다. 이때 현장에서의 소재 촬영이란 "환경 전용 소재 촬영", "컬러 차트 촬영", "마커 배치" 등을 모두 의미합니다.

촬영 현장에서 해야 하는 것

> 환경 소재 촬영
> 컬러 차트 촬영
> 마커 배치

환경 맵

3D CG 공간 전체에 라이팅을 할 때 사용하는 이미지를 환경 맵이라고 부릅니다. 환경 맵을 배치하면 해당 환경의 라이팅을 재현할 수 있습니다. 따라서 이를 활용하면 CG 소재와 실사 소재가 잘 어우러지게 만들어서 사실적인 합성 영상을 만들 수 있습

환경 맵 소재 사용
(텍스처 사용)

환경 맵 소재 사용하지 않음
(회색 단색)

니다. 일반적으로는 360도 이미지이며, 블렌더에서 이를 읽어 들이면 3D 공간 전체에 표시됩니다.

HDRI

HDRI는 High Dynamic Range Images의 약자로, 환경 맵으로 사용하는 360도 이미지 형식을 의미합니다. JPEG 등의 이미지 형식과 다르게 밝은 부분 및 어두운 부분과 관련된 정보를 굉장히 광범위하게 갖고 있습니다. HDRI는 밝기가 다른 여러 이미지를 하나의 이미지로 병합해서 만듭니다. 따라서 현장에서 카메라의 ISO, F값 등을 다양하게 설정해서 밝기 차이가 있는 이미지를 여러 개 촬영해야 합니다.

환경 맵 = 360도 이미지

> HDRI

HDRI를 만들 때 저의 경우는 RICOH의 'THETA'[6]라는 360도 카메라를 사용합니다. 한 번 촬영으로 360도 환경을 모두 촬영할 수 있습니다. 일반적으로 360도 카메라는 공식 플러그인으로 밝기가 다른 여러 장의 이미지를 한꺼번에 촬영할 수 있는 기능이 있어서 HDRI를 만들 때 편리합니다. 360도 카메라가 아니더라도 일반 카메라에 어안 렌즈를 장착하고 앞, 뒤, 왼쪽, 오른쪽 4방향을 촬영한 뒤, 소프트웨어를 활용해 360도 사진으로 결합하는 방법도 있습니다. 어두운 환경에서는 정밀도가 높은 일반 카메라를 사용하는 경우도 많습니다. 상황에 맞게 선택해서 사용하는 것이 좋습니다.

▲THETA(360도 카메라)

---

6 (옮긴이) 한국에서 찾기 힘든 제품인데요, 한국에서 많이 볼 수 있는 Insta 360의 360도 카메라 등으로도 촬영 가능합니다. 또한 360도 카메라가 아니라도 아이폰의 파노라마 사진으로도 어느 정도 촬영 가능합니다.

▲HDRI를 만드는 일반적인 흐름

환경 맵 만들어서 실사 합성하기

⊙ Photoshop에서 밝기가 다른 이미지 읽어 들이기

1 Photoshop에서 [File]→[Automate]→ [Merge to HDR Pro]를 클릭합니다.

2 [Browse]를 클릭하고, 결합하고 싶은 이 미지를 선택한 뒤 [OK]를 클릭합니다❶. [Merge to HDR Pro] 화면이 표시되면 [OK]를 클릭합니다❷.

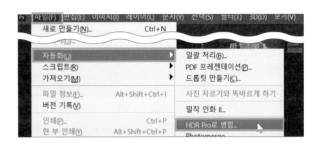

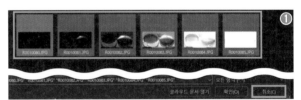

3 결합된 HDRI가 표시됩니다. [Mode]가 '8bit'로 되어 있다면 '32bit'로 변경합니다. 32bit가 아니면 HDRI가 적절하게 처리되 지 않습니다.

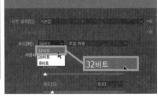

Tips

과정 **3**의 화면에서 [Complete Toning in Adobe Camera Raw]에 체크하거나 해제하면 이미지의 밝기가 기준값에 가까워 져서 적절한 밝기로 조정할 수 있습니다.

4 [Complete Toning in Adobe Camera Raw]의 체크를 해제한 뒤 [확인]을 클릭하면 HDRI가 표시됩니다.

'8bit'는 0부터 255까지, '16bit'는 0부터 32768까지, '32bit'는 거의 무한에 가까운 색을 표현할 수 있습니다. 8bit와 16bit는 255가지와 32768가지의 색상만 사용하지만, 32bit 는 소수점 값을 활용하므로 수치적으로 거의 무한한 값을 가질 수 있습니다. 32bit로 설정해서 만들어야 HDRI가 넓은 색 정보를 유지할 수 있으며, 전체적으로 굉장히 밝은 이미지 또는 어두운 이미지에서도 정확한 정보를 전달할 수 있게 됩니다.

◉ HDRI 내보내기

1 이미지 저장 형식을 지정할 수 있게 [File]→[Save As]를 클릭합니다.

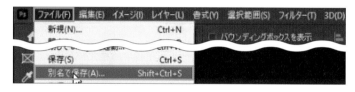

2 [Format]을 [Radiance][7]로 변경하고 [Save]를 클릭하면, 이미지가 HDRI로 저장됩니다.

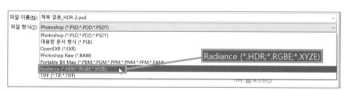

◉ 블렌더에서 HDRI 읽어 들이기

1 블렌더에서 [World Properties] →Color의 [Environment Texture] →[Open]을 클릭합니다.

2 이전에 만든 HDRI를 선택하고 [Open Image]를 클릭합니다.

---

7 (옮긴이) [Radiance]가 표시되지 않는다면 [Image]→[Mode]→[32bits/Channel]을 누르고 다시 해보세요.

3 HDRI가 읽어 들여집니다. 이제 읽어 들인 HDRI를 사용해서 라이팅해 봅시다.

Tips

일반적으로 JPEG 이미지는 노출값을 낮췄을 때 태양이 비치는 부분을 포함해 전체가 어두워집니다. 하지만 여러 장의 이미지를 결합해서 만든 HDRI는 정확한 색 정보를 갖고 있으므로, 노출을 낮췄을 때 햇빛이 비치는 부분은 밝게 유지됩니다. 이는 JPEG 이미지보다 HDRI 이미지가 태양 빛을 더 잘 재현할 수 있다는 것입니다. HDRI는 정확한 빛의 강약을 3D 공간에 배치하여 환경광으로 활용해 더 사실적인 라이팅을 하기 위한 형식입니다. 이처럼 정보가 더 많이 남아있는 형식을 사용할수록 더 리얼하게 빛을 재현할 수 있습니다.

▲노출값을 낮춘 JPEG 이미지

▲노출값을 낮춘 HDR 이미지

◎ 태양광 설정하기

1 [HDRI Sun Aligner] 애드온을 사용해서 3D CG 위에 태양을 추가하겠습니다. 사이드바의 [HDRI Sun Aligner]**1**→[Calculate sun position]**2**→[Add new sun]을 클릭합니다**3**.

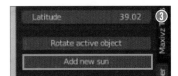

Tips

태양광 정도의 밝기는 THETA 등의 카메라로 완벽하게 촬영할 수 없습니다. 그래서 CG 공간의 태양 위치에 라이트를 추가로 배치해 주는 것입니다.

Tips

과정 **1** 화면에서 [Preview]를 클릭하면 블렌더가 자동으로 태양의 위치를 감지해서 붉은색 원으로 표시해 줍니다. [Add new sun]을 클릭하기 전에 반드시 이를 활용해 태양 위치가 제대로 감지되었는지 확인해 주세요.

2 아웃라이너에서 [HDRI Sun]을 클릭하고 [Object Data Properties]**⬤**의 [Strength] 값을 변경해서 태양광의 강도를 자연스럽게 조정합니다. 일단 예제에서는 '10.000'으로 설정했습니다.

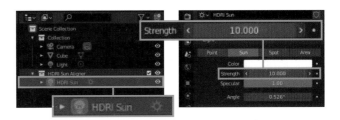

3 [Render Properties]🖼를 클릭하고, [Render Engine]을 [EEVEE]에서 [Cycles]로 변경합니다. 처리가 무거워지지만 라이팅이 정확해져서 더 사실적으로 표현할 수 있습니다.

4 사이드바에서 [Add rotation driver]를 클릭합니다.

5 오브젝트의 그림자를 렌더링할 수 있게 [Shift]+[A]로 [Add] 메뉴를 표시하고 [Mesh]→[Plane]을 클릭해서 평면을 추가합니다. 그리고 이를 오브젝트의 그림자가 도달하는 위치에 배치합니다. 이어서 [Object Properties]🔲→[Visibility]를 클릭하고, [Shadow Catcher]에 체크합니다.

6 아웃라이너에서 [HDRI Sun]→프로퍼티의 [Object Data Properties]🔲를 클릭하고, [Angle] 값을 조정해서 HDRI 내부의 그림자와 오브젝트의 그림자가 어느 정도 어울리게 조정합니다.

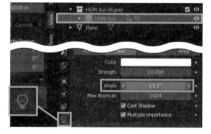

◉ 컬러 차트 읽어 들이기

1 같은 방법으로 평면 오브젝트(Plane)을 추가하고, 오브젝트를 선택한 상태에서 [Material →[Base Color]의 🔵①→[Image Texture]를 클릭합니다②.

Tips

컬러 차트는 실사 소재와 CG 소재의 색과 빛 강도를 맞출 때 사용합니다.

2 [Open]을 클릭하고 컬러 차트를 선택한 뒤 [Open Image]를 클릭하면, 과정 **2**에서 추가한 오브젝트에 컬러 차트가 읽어 들여집니다.

3 카메라에 오브젝트와 컬러 차트가 담기게 위치를 조정합니다.

◉ 뷰 레이어별로 내보내기

1 [Output Properties]◘→[Output]을 클릭하고, [File Format]을 [Open EXR]로 변경합니다. 참고로 EXR 형식은 JPEG와 GIF 형식과 비교해서 훨씬 더 많은 정보를 저장할 수 있습니다.

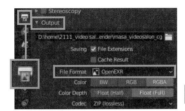

2 컬러 차트 전용 뷰 레이어, 모델 전용 뷰 레이어, 그림자 전용 뷰 레이어로 레이어를 3개 생성해서 각각 내보냅니다.

◉ 애프터 이펙트에서 컴포지트하기

1 애프터 이펙트를 열고 [Project]❶→[Project Settings]❷→[Color]를 클릭하고, [Bit Depth]를 [32bit per channel(float)], [Working Color Space]를 [sRGB], [Linearize working color space]를 활성화합니다❸.

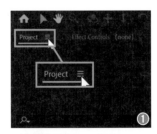

Tips

읽어 들인 영상을 너무 어둡다면, ◘→[Use Display Color Management]를 클릭해서 활성화해 주세요.

2 내보냈던 CG 소재①와 실사 소재②를 읽어 들이고, CG 소재와 실사 소재를 넣을 컴포지션을 만들고 각각 배치합니다. 배경과 CG의 크기가 자연스럽게 어울리게 크기를 조정합니다.

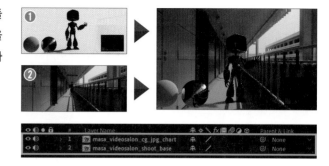

3 CG 소재 컴포지션을 클릭해서 레이어를 표시하고, [New]→[Adjustment Layer]를 클릭해서 조정 레이어를 맨 위에 추가합니다.

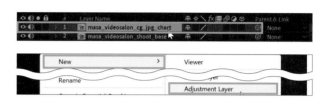

4 [Effects&Presets][8]에서 [Gaussian Blur]를 추가하고, 조정 레이어의 [Blurriness] 값을 조정합니다. 여기에서는 '10.0'으로 설정했습니다.

5 [Effects&Presets]에서 [Exposure]를 추가하고, 조정 레이어의 [Exposure] 값을 조정해서 컬러 차트의 오른쪽 아래에서 왼쪽으로 3번째의 색①의 RGB 값을 모두 0.2에 가깝게 만듭니다②.

Tips
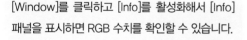

[Window]를 클릭하고 [Info]를 활성화해서 [Info] 패널을 표시하면 RGB 수치를 확인할 수 있습니다.

6 RGB 중 하나라도 0.2가 되지 않는다면 [Exposure]의 [Channels]를 [Individual Channels]로 변경하고 [Red], [Green], [Blue]를 조정해서 RGB 값을 개별적으로 변경합니다. 조정을 완료했다면 ◉를 클릭해서 조정 레이어를 숨기고, 조정 레이어를 복사해서 CG 소재 컴포지션 위에 붙여 넣습니다.

---

8 (옮긴이) 애프터 이펙트가 처음인 분이라면 보이지 않을 수 있는데, [Window]→[Effects&Presets]로 활성화했을 때 표시되는 패널입니다.

7 마찬가지로 실사 소재도 컬러 차트의 RGB가 0.2가 되게 조정합니다. 조정한 실사 소재의 [Exposure]를 복사하고, CG 소재 컴포지션을 클릭합니다.

8 CG 소재 컴포지션에 [Effects&Presets]→ [Exposure]를 추가하고, 과정 **7**에서 복사한 [Exposure]을 붙여 넣습니다. CG 소재 컴포지션에는 과정 **6**에서 추가한 [Exposure]와 이번 과정에서 추가한 [Exposure 2]가 표시될 것입니다. 실사 소재의 **fx**를 클릭해서 과정 **7**에서 만들었던 [Exposure] 이펙트를 비활성화합니다.

9 [Exposure 2]를 표시하고, 각각의 [Exposure] 값 앞에 '-'를 입력하면 영상 합성이 완료됩니다.

Tips

CG 소재와 실사 소재의 색상을 더 비슷하게 만들고 싶다면 [Levels]를 사용해서 색상을 조정하면 됩니다. CG 소재 컴포지션에 [Effects&Presets]→[Levels]를 추가하고 [Input Black] 값을 변경하면 CG 소재의 검은색 부분을 조정할 수 있습니다.

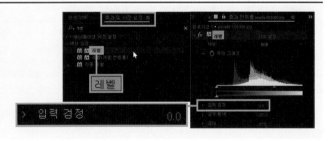

칼럼 ❻
iPhone을 블렌더의 카메라로 사용해 보기

블렌더로 카메라 워크를 구현할 때는 3-6절에서 설명했던 것처럼 숫자, 키프레임, 오브젝트 컨스트레인트를 사용하는 것이 일반적입니다. 그런데 iPhone을 사용해서 현실의 카메라를 조작하는 형태로도 블렌더 내부의 카메라를 조작할 수 있습니다. 'VirtuCamera'라는 애플리케이션을 사용하면 카메라맨과 비디오그래퍼라면 평소와 같은 느낌으로 사실적인 카메라를 재현할 수 있습니다.

Taka Tachibana

'VirtuCamera' 다운로드

https://virtucamera.com/

▲'VirtuCamera는 4.99달러입니다. 이외 같이 다양한 애드온이 있다는 것이 블렌더의 매력 중 하나라고 할 수 있습니다(2022년 10월을 기준으로 iOS 장치에서만 동작합니다).

⊙ 'VirtuCamera' 사용 방법

▲ 블렌더 화면

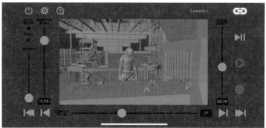

▲iPhone에서 Rec 버튼을 누르고 움직이며 촬영합니다. 정말 실사를 촬영한다는 느낌을 받을 수 있을 것입니다. 화면 상단에 있는 [Camera]를 탭하면 씬 내부에 있는 다른 카메라로 전환할 수 있습니다.

사용 방법은 굉장히 간단합니다. 일단 iPhone과 블렌더에 각각 애플리케이션과 애드온을 설치합니다. 이어서 블렌더에서 [N]을 눌러 사이드 바 메뉴를 열고, [VirtuCamera] 탭에 표시되는 QR 코드를 아이폰으로 스캔해서 연결합니다.

▲iPhone의 움직임에 따라서 블렌더 내부의 카메라도 함께 움직이며, 키프레임도 움직임에 맞게 찍힙니다.

블렌더에서 움직이기 원하는 카메라를 선택하고 iPhone을 들고 자유롭게 움직여보세요. iPhone을 오른쪽으로 움직이면 연동되어 있는 블렌더 내부의 카메라도 오른쪽으로 움직입니다. 또한 걸어 다니면서 촬영하거나 줌하거나 스태빌라이징을 사용해 짐벌 또는 크레인샷[9] 등의 움직임도 표현할 수 있습니다.

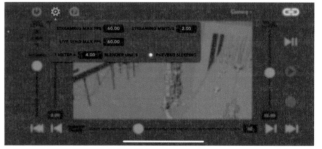

▲스트리밍 프레임 레이트와 스케일 설정

또한 설정에서 스케일을 조정할 수 있습니다. 최대한 iPhone에서의 스케일과 블렌더에서의 스케일을 원하는 느낌에 맞춰 사용하는 것이 좋습니다. 그렇지 않으면 iPhone을 들고 한 걸음 걸었을 뿐인데, 블렌더에서 10m를 이동하는 등의 극단적인 움직임이 발생할 수 있습니다. 따라서 최대한 스케일을 맞춰야 핸드 헬드 촬영의 느낌을 살릴 수 있습니다. 물

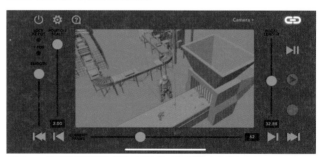

▲iPhone으로 드론 촬영하는듯한 카메라 워크를 구현할 수도 있습니다.

론 스케일을 일부러 키워서 항공 촬영 또는 드론 촬영하는 느낌을 의도적으로 연출할 수도 있습니다.

> **Tips**
>
> 이 애플리케이션은 카메라 워크를 만들기 위한 목적이므로 동작이 가벼운 [Object Mode]에서 실행하면 실시간 재생도 가능합니다. 복잡한 씬의 경우 [Shading] 메뉴에서 [Color]를 [Random]으로 설정해서 각 오브젝트를 구별할 수 있는 상태로 만들어서 촬영하면 오브젝트를 인식하기 쉽습니다.

9 (옮긴이) 크레인샷: 크레인에 카메라를 달아서 촬영하는 것을 의미합니다.

칼럼❼
블렌더 단축키 모음

블렌더는 기본적으로 굉장히 많은 단축키(Hotkeys)를 제공합니다. 이번 컬럼에서는 자주 사용하는 단축키와 이 책에서 소개했던 단축키를 정리하겠습니다.

시스템

새 파일	[Ctrl]+[N]
열기	[Ctrl]+[O]
저장	[Ctrl]+[S]
블렌더 끝내기	[Ctrl]+[Q]
실행 취소	[Ctrl]+[Z]
다시 실행	[Ctrl]+[Shift]+[Z]

마우스 조작

시점 이동	[Shift]+마우스 중간 클릭
시점 회전	마우스 중간 드래그
시점 확대(줌)	마우스 휠/[Ctrl]+마우스 중간 드래그
선택	마우스 클릭
컨텍스트 메뉴 표시	마우스 오른쪽 클릭
조작 확정	마우스 클릭/[Enter]
조작 취소	마우스 오른쪽 클릭/[Esc]
3D 커서 이동	[Shift]+마우스 오른쪽 클릭

시점 전환

카메라 뷰	[0](숫자 패드)
프런트 뷰(앞)	[1](숫자 패드)
백 뷰(뒤)	[Ctrl]+[1](숫자 패드)
라이트 뷰(오른쪽)	[3](숫자 패드)

레프트 뷰(왼쪽)	[Ctrl]+[3](숫자 패드)
탑 뷰(위)	[7](숫자 패드)
바텀 뷰(아래)	[Ctrl]+[7](숫자 패드)
현재 시점 반전	[9](숫자 패드)
퍼스펙티브 활성화/비활성화	[5](숫자 패드)
선택 오브젝트만 로컬 뷰로 표시/비표시	[/](숫자 패드)
선택한 부분에 초점 맞추기	[.](숫자 패드)
모든 오브젝트가 한 화면에 담기게 표시	[Home]
모든 오브젝트가 한 화면에 담기게 표시하고, 3D 커서를 월드 중심으로 이동	[Shift]+[C]

에디터 조작

사이드바 표시/비표시	[N]
툴바 표시/비표시	[T]

모드와 표시 변경

모드 변경	[Tab]
모드 변경 파이 메뉴 표시	[Ctrl]+[Tab]/[Tab]을 길게 누름※
셰이딩 파이 메뉴 표시	[Z]/[Z]를 길게 누름※
X-Ray 표시 전환	[Alt]+[Z]
오버레이 표시/비표시	[Alt]+[Shift]+[Z]

※34페이지의 키맵 설정을 활성화한 경우

추가

추가 메뉴 표시	[Shift]+[A]

선택

제거	[X]/[Delete]
전체 선택	[A]
선택 해제	[Alt]+[A]/[A]→[A]/빈 공간 클릭
선택 반전	[Ctrl]+[I]
선택 도구 모드 변경	[W]
박스 선택	[B]
원형 선택	[C]
올가미 선택	[Ctrl]+마우스 오른쪽 클릭
버텍스 선택	[1]
에지 선택	[2]
페이스 선택	[3]
여러 버텍스/에지/페이스 선택	[Shift]+마우스 클릭
루프 선택	[Alt]+마우스 클릭
마우스 위치의 메쉬와 연결된 메쉬 선택(링크 선택)	[L]
현재 선택한 메쉬와 연결된 메쉬 선택(링크 선택)	[Ctrl]+[L]
선택 확장	[Ctrl]+[+](숫자 패드)
선택 축소	[Ctrl]+[−](숫자 패드)

오브젝트 정리

선택 대상 숨기기	[H]
선택 이외의 대상 숨기기	[Shift]+[H]
숨긴 대상 표시하기	[Alt]+[H]
분리 메뉴 표시	[P]
여러 오브젝트 결합	[Ctrl]+[J]

공통	오브젝트 모드([Object Mode])	편집 모드([Edit Mode])	동영상 클립 에디터의 트래킹 모드([Movie Clip Editor]→[Tracking])

기본 변형 조작

이동	[G]
회전	[R]
확대와 축소	[S]
축을 따라 조작	[G][R][S]→[X][Y][Z]
해당 축을 제한하고 조작	[G][R][S]→[Shift]+[X][Y][Z]
오브젝트 이동, 회전, 확대축소 상태 초기화	[Alt]+[G][R][S]
슬라이드 이동	[G]→[G]
비례 편집 활성화/비활성화	[O]
스냅 활성화/비활성화	[Shift]+[Tab]

메시 편집

버텍스/에지/메쉬 생성[1]	[Ctrl]+마우스 오른쪽 클릭
돌출(Extrude 조작)	[E]
돌출 메뉴 표시	[Alt]+[E]
페이스 인셋	[I]
루프 컷	[Ctrl]+[R]
베벨	[Ctrl]+[B]
나이프(Knife조작)	[K]
전단(Rip 조작)	[V]
분할(Split 조작)	[Y]
페이스/에지 채우기	[F]
버텍스 경로 연결	[J]

---

1 (옮긴이) 선택한 요소를 클릭한 위치에 복제해서 생성한 뒤, 연결까지 합니다.

머지(버텍스 결합) 메뉴 표시	[M]
노멀 메뉴 표시	[Alt]+[N]

복제와 링크 복제

복제	[Shift]+[D]
링크 복제	[Alt]+[D]

부모 자식 관계 설정

부모 자식 관계 설정	[Ctrl]+[P]
부모 자식 관계 해제	[Alt]+[P]

컬렉션

오브젝트를 컬렉션으로 이동	[M]
오브젝트를 컬렉션에 링크	[Shift]+[M]

원점과 좌표 조작

스냅 파이 메뉴 표시	[Shift]+[S]
피벗 포인트 파이 메뉴 표시	[.]
좌표계 관련 파이 메뉴 표시	[,]
오브젝트 모드에서의 이동과 변형 적용	[Ctrl]+[A]

매치무브

트래킹 파이 메뉴 표시	[E]
마커 전방으로 트래킹	[Ctrl]+[T]
마커 후방으로 트래킹	[Shift]+[Ctrl]+[T]
전체 표시	[F]
마커 잠금	[L]

UV 전개

에지 메뉴 표시	[Ctrl]+[E]
UV 맵핑 메뉴 표시	[U]

애니메이션

키 프레임 삽입 메뉴 표시	[I]
키 프레임 보간 설정	(키 프레임에 커서를 두고) [T]
재생/일시정지	[Space]
첫 프레임으로 이동	[Shift]+[←]
마지막 프레임으로 이동	[Shift]+[→]
다음 키 프레임으로 이동	[↑]
이전 키 프레임으로 이동	[↓]

렌더링

렌더링 실행	[F12]
애니메이션 렌더링	[Ctrl]+[F12]
렌더링 이미지 표시	[F11]
렌더링 애니메이션 표시	[Ctrl]+[F11]
렌더링 범위 지정	(카메라 뷰에서) [Ctrl]+[B]
렌더링 범위 해제	[Ctrl]+[Alt]+[B]
렌더링 중지	[Esc]

이외의 조작

즐겨찾기 추가	[Q]
도구 메뉴 표시	[Shift]+[Space]
오브젝트 이름 변경	[F2]
명령어 검색	[F3]
마지막 조작 조정	[F9]
마지막 조작 반복	[Shift]+[R]